PURE NARD

여정의 시작
The Journey Begins

릭 조이너
Rick Joyner

김영민 옮김

The Journey Begins
by Rick Joyner
Copyright © 1992, 1997

Whitaker House
30 Hunt Valley Circle
New Kensington, PA 15068

Korean translation Copyright © 2007 by Pure Nard
2F 774-31, Yeoksam 2dong, Gangnam-gu, Seoul, Korea

The Korean edition is published by Arrangement with, Whitaker House
All rights reserved.

본 제작물의 한국어판 저작권은 Whitaker House와의 독점 계약으로
한국어 판권은 '순전한 나드'가 소유합니다.
저작권자의 허락 없이 이 책의 일부 또는 전체를 무단 복제, 전재, 발췌하면
저작권법에 의해 처벌을 받습니다.

여정의 시작

The Journey Begins

릭 조이너
Rick Joyner

김영민 옮김

The Journey Begins

Contents

제 1 부
영적 성숙을 위한 기초

1장 홍해의 세례 _11 | 2장 죽음에 이르는 길 _20
3장 부활의 생명 _29 | 4장 사도직의 위임 _40

제 2 부
여 정

5장 광야 _57 | 6장 시험을 보화로 바꾸기 _67 | 7장 믿음과 인내 _75
8장 믿음의 기초 _82 | 9장 약속의 성취와 소멸 _91
10장 익숙한 일들의 횡포 _100 | 11장 획일성의 횡포 _109
12장 피조물이 창의력을 얻게 될 것이다! _119 | 13장 연합과 권능 _134
14장 도하 _146 | 15장 하늘의 만나와 제칠일의 안식 _157
16장 회복과 구속 _171 | 17장 반석에서 나오는 물 _182

제 3 부
기록된 말씀을 주신 하나님

18장 성육신해야하는 말씀 _197 | 19장 성경해석상의 문제들 _212
20장 마음 해석학 _216 | 21장 말씀의 씨앗 _241
22장 성경해석상의 기본 원칙들 _253
23장 영적인 법칙들에 있는 보편적인 문제점들 _259
24장 현대 교회의 커다란 약점 _271
25장 신약성경이 제2의 율법이 될 때 _277
26장 우리는 여기에서 어디로 가고 있는가? _292

The Journey Begins

제 1 부
영적 성숙을 위한 기초
A Foundation for Spiritual Maturity

Chapter 1   1장

홍해의 세례

The Red Sea Baptism

    하나님의 전체 계획을 알고 있어야만 어떤 한 가지 부분에 대한 이해를 더 잘할 수 있습니다. 하나님의 전반적인 계획을 이해하고 있으면 우리가 사는 이 시대와 그 안에서 우리 자신의 역할에 대해 더 잘 이해하게 될 것입니다. "큰 그림"에 대한 우리의 이해도가 높으면 높을수록, 우리 자신의 사명 완수를 위한 우리의 믿음도 그만큼 더 커지게 될 것입니다. 본서는 일곱 권으로 계획된 시리즈물 중 두 번째 책입니다. 본 시리즈가 완성되게 되면, 다가올 시대에 대한 성서적인 조망뿐 아니라, 현시대를 향한 하나님의 계획 전반에 걸친 성서적 개요를 제공하게 될 것입니다.

    본 시리즈는 단순히 탐구심 많은 성서 학도들 보다는, 하나님의 뜻을 실천하는데 자신의 삶의 의미를 두고, 이에 진지하게 헌신하고 있는 그

리스도인들을 위하여 쓰여졌습니다. 본 시리즈의 목적은 현시대 말에 교회가 용기를 가지고 담대하게 전진할 수 있도록 믿음과 확신을 나누어 주는데 있습니다. 각각의 그리스도인은 이 세상의 빛으로서 우리 하나님의 영광을 드러내는 빛을 발해야 할 의무가 있습니다. 우리가 하나님의 도를 알면 알수록, 우리는 그만큼 더 담대하게 그 도를 전파하게 될 것입니다. 본서를 향한 나의 기도제목은, 독자 제현(諸賢)들로 하여금 진리를 사랑하기 때문에 주님의 도를 알고자 노력하게 함으로써, 성경 속에 그 뿌리를 더욱 깊이 내릴 수 있도록 독려하는데 있습니다.

본 시리즈의 첫 번째 책은, 하나님의 백성들이 애굽의 속박에서 벗어나 유월절 후에 이들 전체가 하나님과 함께 동행하기 시작하는 것으로 끝을 맺고 있습니다. 두 번째 책인 본서에서는, 광야 여정의 시작을 필두로 하여, 하나님의 임재를 준비할 목적으로 이스라엘에게 주어지는 광야의 경험들을 이어서 기술하게 됩니다. 본서에서 필자는 우리 하나님에 대한 보다 깊은 이해와 더불어, 우리의 "약속의 땅"을 정복함에 있어서 하나님의 백성들 사이에서 완전히 준비되어져야 할 모든 일들에 대해 보다 깊은 이해를 모색하고자 합니다.

속박으로부터
Out of Slavery

400년 이상의 속박을 당한 후에, 이스라엘은 자유 민족이 되어 애굽을 나서게 됩니다. 단 한 번의 무력도 쓰지 않고, 이 비천한 노예의 무리들은 지구상의 가장 위대한 나라를 패퇴시키고, 이 나라의 보화까지 챙

긴 채, 길을 떠나게 됩니다. 20세기 말에 일어난 극적인 변화를 감안한다 손 치더라도, 인류 역사에 있어서 이스라엘이 애굽으로부터 해방된 것에 필적할 만한 역전의 정치 드라마는 결코 없습니다. 수일 전만 해도 이 노예들에게 소망이라곤 없었습니다. 그런데, 갑자기 이들은 자유롭게 되었을 뿐 아니라, 상상을 초월하는 부를 지니게 되었습니다. 정말 놀라우신 하나님이 이들의 곤궁을 돌아보시고 이들을 해방시키기 위해 오신 것입니다.

당연히 큰 기쁨이 있었습니다. 메시야를 내도록 선택받은 후손이, 여지껏 가인의 후손과 가장 극적인 대치상황에 직면하여 압도적인 승리를 일구어 냈습니다. 그러나, 그 승리는 아직 완성되지 않았습니다. 바로는 여전히 남아있는 군대를 활용하여 이스라엘 자손에게 과감한 최후의 일격을 가하려 하고 있습니다.

우리는 바로에게서, 성서에 나오는 사단의 대표적인 원형 중 하나를 발견하게 됩니다. 사단의 가장 큰 우선순위는 하나님의 백성을 속박 가운데 계속해서 묶어두는 데 있습니다. 사단은, 우리를 속박할 수 없을 때, 우리를 죽이려 듭니다. 바로에게서 도망쳐 나온 이스라엘 사람들처럼, 사단에 대한 우리의 승리는 우리가 홍해를 건널 때까지 완결되지 않습니다. 홍해는 성서에 나오는 세례의 실례, 즉 일종의 전형입니다. 우리의 원수가 몰살되는 것은 세례를 통해서입니다. 세례를 통하여 우리는 우리를 구속하는 속박의 영역에서 영원히 벗어나게 됩니다. 사도 바울은 이것을 다음과 같이 밝혔습니다.

형제들아, 너희가 알지 못하기를 내가 원치 아니하노니, 우리 조상들이 다

구름 아래 있고, 바다 가운데로 지나며, 모세에게 속하여 다 구름과 바다에서 세례를 받고 (고전 10:1-2).

무릇 그리스도 예수와 합하여 세례를 받은 우리는 그의 죽으심과 합하여 세례 받은 줄을 알지 못하느뇨 (롬 6:3).

바로가 우리를 속박 가운데 묶어두려 하는 성서에 나오는 사단의 전형이었던 것처럼, 모세는 우리를 해방시키러 오신 그리스도의 전형이었습니다. 고린도전서에 언급된 대로, 우리가 그리스도 예수 안에서 받게 될 세례에 대한 예표로써, 이스라엘 사람들은 홍해에서 모세에게 속하여 상징적인 의미의 세례를 경험케 되었습니다.

참된 세례
True Baptism

그리스도 안에서 세례를 받는다는 것은 무엇을 의미합니까? '세례를 주다' 라는 단어는 글자 그대로 '(물속에) 잠기게 하다' 라는 뜻을 담고 있습니다. 이스라엘이 구름과 바다 가운데서 모세에게 속하여 세례를 받은 것과 똑같이 우리도 그리스도 안에서 세례를 받았다고 바울은 말하고 있는 것입니다. '어떤 곳 안으로 이동하다' 라는 말은 밖에 있었던 위치가 안으로 옮겨질 때 쓰입니다. 이 말은 물건의 질은 바뀌지 않고 위치만 바뀔 때 쓰입니다. 그리스도 밖에 있었던 우리의 위치가 그리스도 안에 거하는 위치로 옮겨지게 되는 것은 바로 세례를 통해서입니다.

성경은 유월절을 기점으로 이스라엘이 애굽으로부터 벗어나게 된 과정을 기록하고 있습니다만, 이들이 정작 모세에게 속하게 된 것은 바로 홍해를 통과할 때와 광야에서 구름 아래 있을 때였습니다. 이와 같이, 우리를 세상의 속박에서 구속하는 것은 십자가이지만, 우리가 진실로 그리스도께 속하게 되는 것은 세례를 받을 때와 하나님이 임재하시는 구름을 따라갈 때입니다. 세례를 통하여 우리는 그리스도 안에 있는 위치로 옮겨지게 됩니다. 바울은 로마서 6:4-5에서 이 점을 더 자세하게 다루고 있습니다.

> 그러므로 우리가 그의 죽으심과 합하여 세례를 받음으로 그와 함께 장사되었나니 이는 아버지의 영광으로 말미암아 그리스도를 죽은 자 가운데서 살리심과 같이 우리로 또한 새 생명 가운데서 행하게 하려 함이니라 만일 우리가 그의 죽으심을 본받아 연합한 자가 되었으면 또한 그의 부활을 본받아 연합한 자가 되리라 (롬 6:4-5).

세례에 대한 이 핵심 구절에는 물에 대한 언급이 없다는 점을 유의하십시오! 이스라엘의 홍해 통과는 참 세례를 상징적으로 표현하는 의식인 물세례의 전형입니다. 세례란, 그리스도의 부활의 권능으로 살아가기 위하여, 그의 죽으심과 정말 똑같은 모습으로 그리스도와 연합하는 것입니다. 우리는 아버지와 아들과 성령의 이름으로, 혹은 예수의 이름으로 우리가 원하는 만큼, 여러 번 사람들에게 침례를 베풀 수는 있습니다만, 이 예식 자체 때문에 우리가 그리스도의 죽음에 참예하는 자가 되는 것은 아닙니다. 물세례는 그리스도와 연합하여 살겠다는 우리의 헌신에 대한 다짐을 표현하는 의식인 것입니다.

결혼식이 결혼의 실제가 아니고 결혼의 헌신을 다짐하는 예식인 것처럼, 물세례는 우리의 삶을 실제적으로 헌신하기로 다짐하는 예식입니다. 바울은 로마의 그리스도인들에게, 세례란 주의 죽으심 안에서 주와 연합하는 헌신의 실제라고 피력하고 있습니다. 이 말은 복음을 위하여 우리가 자신의 십자가를 지고 자신의 목숨과 개인적인 이득을 포기하는 일에 매일 헌신하고 있다는 뜻입니다.

이 세례는 그저 어떤 교리에 대한 이해나 어떤 의식에 대한 순종이 아닌 전적인 삶의 실제입니다. 주를 섬기기 위해 우리 자신의 목숨과 이득을 매일 포기하는 이 세례야말로 참된 세례인 것입니다. 물 속에 잠기는 이 예식은 이제는 더 이상 우리 자신을 위하여 살지 않고 예수님을 위하여 살겠다는 우리의 맹세와 더불어, 예수님에 대한 우리의 전적인 헌신을 실제로 구현해 내겠다는 우리의 서약을 상징하는 의식인 것입니다.

이는 물세례의 중요성을 폄하하려는 입장에서 하는 말이 아닙니다. 올바른 결혼의 시작을 위해서는 결혼식이 중요한 것처럼, 하나님이 제정하신 의식들도 중요합니다. 대부분의 현대 교회들이 알고 있는 것보다도 훨씬 더 중요한 의미를 신약에서는 물세례에 부여하고 있습니다. 초대교인들은 '제단 초청'이라고 알려진 근대적인 방식을 실천하지 않았습니다. 이들은 회심하는 즉시, 새 신자들의 경우 침례를 받았습니다. 물이 있기만 하면 재빨리 이들은 그렇게 했던 것입니다.

새로운 회심자를 즉시 물가로 데리고 가다보면, 가끔은 불편하겠지만, 거기에는 그럴만한 이유가 분명히 있습니다. 우리는 편리함을 좇아서가 아니라, 그리스도의 뜻을 좇아 헌신함으로써 그리스도와 함께 하는 우리의 발걸음을 시작해야 합니다. 편리함에 굴복당하는 것은, 그리스도를 위해 우리의 목숨을 포기하는 참된 세례로 들어감에 있어서 아마도 가장 큰 적이 될 것입니다.

　물세례에 대한 근대적인 대안을 집어 치우고, 성경의 명령으로 되돌아 간다면 회심의 경험은 훨씬 더 많은 의미를 갖게 될 것입니다. 얼마나 많은 사람들이, 자신의 목숨도 포기해야 하고 자신의 편리함도 희생해야 하는 헌신의 당위성을 이해하는 가운데, 보다 확고한 발걸음으로 영적인 순례를 시작할 수 있겠습니까? '회심' 과 관련하여 하나님의 말씀을 좇아 하나님의 명령에 순종하는 일을 교회가 얼마나 중요하게 여기는지 우리가 즉각 보여줄 수 있다면, 우리의 회심자들은 훨씬 더 굳건한 기초를 얻게 되지 않겠습니까?

　과학조차도 출생의 질이 우리의 전체적인 삶에 지대한 영향을 미친다는 사실을 증명해 주고 있습니다. '마취시키기와 잡아당기기'—산모는 마취시키고 태아는 잡아당겨 꺼낸다는 의미— 출산법의 시술로 태어난 세대들이 1960년대와 1970년대에 성장하게 되자 이들은 전 세계에 풍미하는 마약 문화를 산출해 내게 됩니다. 이와 같이, 우리 회심의 질은 우리 영적인 삶 전체의 질에 충격을 미칠 수 있습니다. 우리가 편리함을 숭배하게 될 때, 이것은 참된 믿음의 무서운 적이 될 것입니다. 이것이 바로 우리가 그리스도 안에 거하게 될 때 우리의 삶 속에서 우리가 파괴해야 될, 첫번째 우상중 하나입니다. 그러므로 새로운 탄생을 세례로 인쳐 주는 성서적 관행으로 되돌아가는 것이 중요합니다—정말 재빨리 말입니다! 이와 동시에 우리는 이 세례가 상징하는 바를 분명히 이해할 수 있도록 그 의미를 또한 알려 주어야 합니다.

의식의 실체화

Making Ritual Reality

비록 물세례가 중요하긴 하지만, 의식을 다 치르는 것과 언약을 완수하는 것이 반드시 동일하지 않다는 점을 우리는 알아야 됩니다. 의식을 다 치르는 것은 언약에 대한 서명 행위에 불과합니다. 비록 의식을 다 치르지는 못해도 언약을 완수하는 사람이, 종교적인 의식은 다 치르면서도 자신의 목숨을 포기하지 못하는 사람보다 더 낫습니다. 물세례가 우리를 구원하지 않습니다. 그것이 우리를 정결케 하는 것이 아닙니다. 물세례를 받았다고 해서 참된 세례인 주님의 죽으심에 참예하는 자가 자동적으로 되는 것은 아닙니다. 그러나 베드로가 설명한대로 물세례가 상징하는 바의 실체는 이 모든 것을 완성합니다.

> 선을 행함으로 고난 받는 것이 하나님의 뜻일진대 악을 행함으로 고난 받는 것보다 나으니라. 그리스도께서도 한 번 죄를 위하여 죽으사 의인으로서 불의한 자를 대신하셨으니 이는 우리를 하나님 앞으로 인도하려 하심이라. 육체로는 죽임을 당하시고 영으로는 살리심을 받으셨으니 저가 또한 영으로 옥에 있는 영들에게 전파하시니라. 그들은 전에 노아의 날 방주 예비할 동안 하나님이 오래 참고 기다리실 때에 순종치 아니하던 자들이라. 방주에서 물로 말미암아 구원을 얻은 자가 몇 명 뿐이니 겨우 여덟 명이라. 물은 예수 그리스도의 부활하심으로 말미암아 이제 너희를 구원하는 표니 곧 세례라 육체의 더러운 것을 제하여 버림이 아니요 오직 선한 양심이 하나님을 향하여 찾아가는 것이라 (벧전 3:17-21).

참된 세례가 우리를 구원합니다. 그러나 물 속에 잠기는 세례 의식은 보다 큰 실체에 대한 단순한 상징입니다. 우리는 그리스도와 함께 그의 죽으심에 동참하기 위하여 우리 자신의 목숨을 포기하는 표시로 물 속에 가라앉았다가, 다시 그의 부활하심에 동참하는 표시로 물 밖으로 일어나는 것입니다.

만일 우리가 그의 죽으심을 본받아 연합한 자가 되었으면, 또한 그의 부활을 본받아 연합한 자가 되리라 (롬 6:5).

Chapter 2   2장

죽음은 생명에 이르는 길
Death is the Path to Life

"내가 불을 땅에 던지러 왔노니 이 불이 이미 붙었으면 내가 무엇을 원하리요. 나는 받을 세례가 있으니 그 이루기까지 나의 답답함이 어떠하겠느냐(눅 12:49-50)."라고 주님이 말씀하신 뜻은 무엇이었습니까? 주님을 답답케 하는 세례가 단순한 침례이겠습니까? 물론 아닙니다. 주님은 임박한 그의 십자가를 말씀하신 것입니다. 이 십자가에 또한 우리가 말하는 세례의 의미가 담겨있습니다.

야고보와 요한이 그 나라에서 예수님의 우편과 좌편의 자리에 앉을 수 있게 해달라고 요구했을 때도 예수님은 그의 십자가의 세례를 말씀하셨습니다. 그의 답변은, "너희 구하는 것을 너희가 알지 못하는도다. 너희가 나의 마시는 잔을 마시며 나의 받는 세례를 받을 수 있느냐?"(막

10:38)하는 것이었습니다.

예수님의 세례로 세례 받는다는 것은 그의 죽으심의 목적과 혼연일체가 되어 다른 사람을 위하여 우리 자신의 목숨을 포기하는 것을 말합니다. 이를 단순한 의식 정도로 격하시킬 때, 주님을 향한 우리의 진정한 헌신은 사라지고, 교회는 그 구원을 잃게 될 것입니다. 의식으로의 격하는 세상에서 복음의 능력을 상실케 하였습니다. 수많은 성경 구절이 계속해서 이와 동일한 의미로 명쾌한 확증의 말씀을 주고 있습니다. 이 중 몇 구절만 소개하면 다음과 같습니다.

우리가 주와 함께 죽었으면 또한 함께 살 것이요 참으면 또한 함께 왕노릇 할 것이요 (딤후 2:11-12).

성령이 친히 우리 영으로 더불어 우리가 하나님의 자녀인 것을 증거하시나니, 자녀이면 또한 후사 곧 하나님의 후사요 그리스도와 함께 한 후사니, 우리가 그와 함께 영광을 받기 위하여 고난도 함께 받아야 될 것이니라 (롬 8:16-17).

내가 그리스도와 그 부활의 권능과 그 고난에 참예함을 알려하여 그의 죽으심을 본받아 어찌하든지 죽은 자 가운데서 부활에 이르려 하노니 (빌 3:10-11).

그리스도를 위하여 너희에게 은혜를 주신 것은 다만 그를 믿을 뿐 아니라 또한 그를 위하여 고난도 받게 하심이라 (빌 1:29).

형제들아, 우리가 너희를 위하여 항상 하나님께 감사할지니, 이것이 당연함은 너희 믿음이 더욱 자라고 너희가 다 각기 서로 사랑함이 풍성함이며, 그리고 너희의 참는 모든 핍박과 환난 중에서 너희 인내와 믿음을 인하여, 하나님의 여러 교회에서 우리가 친히 자랑함이라. 이는 하나님의 공의로운 심판의 표요, 너희로 하여금 하나님의 나라에 합당한 자로 여기심을 얻게 하려 함이니, 그 나라를 위하여 너희가 또한 고난을 받으리니 (살후 1:3-5).

우리가 사방으로 우겨쌈을 당하여도 싸이지 아니하며, 답답한 일을 당하여도 낙심하지 아니하며 핍박을 받아도 버린 바 되지 아니하며, 거꾸러뜨림을 당하여도 망하지 아니하고 우리가 항상 예수 죽인 것을 몸에 짊어짐은 예수의 생명도 우리 몸에 나타나게 하려 함이라. 우리 산 자가 항상 예수를 위하여 죽음에 넘기움은 예수의 생명이 또한 우리 죽을 육체에 나타나게 하려 함이니라 (고후 4:8-11).

주님은 우리가 그의 생명에 참예하려면 그의 죽으심에도 또한 참예해야 된다고 말씀을 통하여 분명히 밝히셨습니다. 이외의 다른 가르침은 그 어떤 것이라도 거짓된 복음이며 십자가의 원수가 됩니다. 죽음이 자연계와 영적인 세계를 갈라 놓습니다. 부활을 경험하기 위해서는 먼저 죽음이 있어야 합니다. 우리가 예수님의 부활의 생명 속에서 살고 싶다면, 예수님을 위해 우리의 목숨을 기꺼이 포기해야 합니다.

주후 1세기에 자기 몸에 할례를 받으면 하나님 앞에 의롭게 된다고 생각하는 사람들이 일부 있었습니다. 그러나 하나님은 우리 마음의 할례를 요구하십니다. 오늘 날 세례 받은 날을 예수님과 함께 죽고 부활한 날로 간주하는 사람들도 있습니다. 우리 믿음의 표현인 모든 의식이 바로 그런 것—즉, 그 의식이 대변하는 영적인 실체에 대한 헌신을 상징하는 의식인 것입니다. 그리스도 안에서 우리는 살기 위해 매일 죽어야 합니다. 의식이란 이를 실천하고자 하는 헌신의 표현인 것입니다. 주 예수님 자신도 다음과 같이 증거하셨습니다.

아무든지 나를 따라 오려거든 자기를 부인하고 자기 십자가를 지고 나를 좇을 것이니라. 누구든지 제 목숨을 구원코자 하면 잃을 것이요, 누구든지 나를 위하여 제 목숨을 잃으면 찾으리라 (마 16:24-25).

모략에 걸려들다!
We Were Tricked!

재미있는 것은, 이스라엘 백성들이 자원해서 세례에 들어가지 않았다는 점입니다. 출애굽기 13:17-18과 14:1-4의 말씀처럼, 주님은 이들을 세례에 들어가게 하기 위해 모략을 쓰셔야 했습니다.

바로가 백성을 보낸 후에 블레셋 사람의 땅의 길은 가까울지라도 하나님이 그들을 그 길로 인도하지 아니하셨으니, 이는 하나님이 말씀하시기를, 이 백성이 전쟁을 보면 뉘우쳐 애굽으로 돌아갈까 하셨음이라. 그러므로 하나님이 홍해의 광야 길로 돌려 백성을 인도하시매….여호와께서 모세에게 일러 가라사대 이스라엘 자손을 명하여 돌쳐서 바다와 믹돌 사이의 비하히롯 앞 곧 바알스본 맞은 편 바닷가에 장막을 치게 하라. 바로가 이스라엘 자손에 대하여 말하기를 그들이 그 땅에서 아득하여 광야에 갇힌 바 되었다 할지라. 내가 바로의 마음을 강퍅케 한즉 바로가 그들의 뒤를 따르리니, 내가 그와 그 온 군대를 인하여 영광을 얻어 애굽 사람으로 나를 여호와인 줄 알게 하리라 하시매 무리가 그대로 행하니라.

이 말씀의 의미가 와 닿는지요? 주님이 이스라엘을 세례에 참예시킬 수 있는 유일한 방법은 이들에게 모략을 써야 한다는 것입니다. 대부분 우리의 경험도 이와 유사하지 않습니까? 우리가 우리의 목숨을 포기하고 주님이 죽으신 모습을 따르는 것 외에는 절대 다른 길이 없도록 주님은 우리의 환경을 엮어가십니다. 우리가 주님을 위해 우리의 목숨을 포기하지 않으면, 적의 창기병들을 맞이하게 될 것입니다. 이런 일은 우리의 일터나 가정에서, 그리고 심지어 교회에서도 생길 수 있는데, 이것은 우리 모두를 위해 하나님이 마련하신 일종의 책략으로써 이를 피할 수 있는 유일한 방법은 우리의 목숨을 포기하는 것입니다.

애굽 군사들이 추적해 오는 것을 보자 이스라엘 백성들은 혼란에 빠지게 됩니다. 이들은 모세뿐 아니라 하나님의 의도에 대해서도 재빨리 원망하게 됩니다. 애굽으로부터의 구출과 광야의 여정을 경험하는 동안 이스라엘 백성들이 보여 준 불신앙에 우리 대부분은 놀라게 됩니다. 그러나 이들을 지나치게 정죄하기 이전에 이들의 환경을 고려해 볼 필요가 있습니다. 이들의 모든 경험은, 그리스도인의 삶을 영위하는 동안 겪게 되는 우리 모두의 경험에 비견될 만한 것으로서 일종의 예언적인 예표입니다. 돌아보건대, 주님과 잠시라도 동행해 본 사람이라면, 이들이 경험했던 것과 동일한 실패가 우리 대부분에게도 있음을 고백해야 할 것입니다.

이스라엘이 애굽에서 큰 기적들을 목도한 것은 사실입니다. 그렇지만 그 당시에는 박수들도 표적을 행하는 것이 보통이었습니다. 주님의 기적 중의 몇 가지는 바로의 마법사들도 흉내를 냈습니다. 이스라엘 백성들에게는 그 당시 성경이 없었고, 이들이 사백년 동안 주님에 대해 알게 된 것은 고작해야 조상들로부터 전해 내려온 전설 같은 이야기를 통해서였습니다. 하나님의 말씀을 듣지 않고서 사백년이 지났다면, 의심부터 들지 않을 사람이 누가 있겠습니까?

하나님이 스스로를 계시하셨을 때조차도, 이들은 하나님의 성품을 거의 이해하지 못했습니다. 이들은 고작해야 하나님이 애굽의 악신들보다 더 힘이 세다는 것을 아는 정도였습니다. 이들은 아마 하나님의 최선을 믿고 싶었을 것입니다만, 이런 능력의 하나님이 오셔서 자기들을 애굽에서 끌어내고 계신다는 사실이, 이들에게는 가슴 조이는 일임에 틀림없었을 것입니다. 세상에서 가장 강력한 군대가 압박해 오고 있고, 뒤에는 바다로 가로막힌 채, 아내와 자녀들을 데리고 무방비 상태로 서있는 광경을 한번 상상해 보십시오! 잘 알지도 못하는 이 하나님이 장난삼아 자기들을 끄집어 내셨다고 하면서, 이들이 모세를 원망하며 궁금해하기 시작한 이유를 이해하기란 별로 어렵지 않습니다.

홍해에서의 이스라엘의 행동을 경멸하기는 쉽습니다만, 실은 우리도 할 말이 없습니다. 홍해와 광야의 여정을 경험한 그 백성들이 수세기가 지난 요즈음의 교회를 내다 볼 수 있다면, 고통과 불편의 해소를 위해서는 거의 모든 일에 서슴없이 달려드는 우리의 모습을 보게 될 것입니다. 이들의 생각에는 현대인들이 도대체 어디에 문제가 있어서 저렇게 연약할까 하고 궁금해 할 것입니다! 이들이 우리를 이해하기가 쉽지 않고, 우리도 이들을 이해하기가 쉽지 않습니다. 이들은 홍해에서 '세례를 받는 것' 외에는 다른 방도가 없는 지경에 몰리게 되었습니다.

주님은 보통 이와 동일한 방식으로 우리를 몰아가십니다. 세례가 이들에게 시련의 경험이 되었던 것처럼, 이 점은 보통 우리에게도 마찬가지입니다. 그러나 세례는 '약속의 땅'에 이르는 길입니다! 이것이 우리의 구원입니다—주님의 죽으심에 들어가는 세례가 부활의 생명으로 들어가는 문인 것입니다. 하나님이 우리에게 올무를 놓으셨으나, 이 모든 것의 목적은 우리로 하여금 하나님의 구원을 알게 하는데 있습니다. 우리의 삶 가운데 홍해수가 갈라지는 체험이 계속되면, 하나님의 구원의 능력에 대한 우리의 믿음은 꾸준히 성장해 갈 것입니다.

우리의 원수를 섬멸함
The Destruction of Our Enemy

세례가 주는 커다란 유익이 또 하나 있습니다. 하나님이 우리에게 쳐 놓은 올무는 동시에 우리의 원수들에게는 일종의 복병이 됩니다. 이스라엘을 학대하고 압제했던 애굽 군대들이 몰살당하게 된 것은 바로 홍해에서였습니다.

> 여호와께서 모세에게 이르시되, 네 손을 바다 위로 내어밀어 물이 애굽 사람들과 그 병거들과 마병들 위에 다시 흐르게 하라 하시니, 모세가 곧 손을 바다 위로 내어밀매, 새벽에 미쳐 바다의 그 세력이 회복된지라. 애굽 사람들이 물을 거스려 도망하나 여호와께서 애굽 사람들을 바다 가운데 엎으시

니 물이 다시 흘러 병거들과 기병들을 덮되, 그들의 뒤를 쫓아 바다에 들어간 바로의 군대를 다 덮고 하나도 남기지 아니하였더라 (출 14:26-28).

주님이 십자가에서 자신의 목숨을 포기하시는 순간이 원수에게는 심판의 순간인 것입니다. 우리가 주님의 죽으심에 들어가는 세례를 받게 될 때, 사단과 그의 군대들이 추적할 수 없는 곳에 우리는 들어가게 됩니다. 성도들에게는 부활의 생명과 능력을 낳아주는 바로 그 십자가가, 사단과 그의 무리들에게는 불못의 장이 되는 것입니다. 시대의 종말을 예비하시는 하나님의 안배하심을 따라 그리스도의 몸이 세례에 들어갈 때, 사단의 군대들을 완전히 섬멸하게 될 십자가 능력의 현현이 있을 것입니다.

사단에게 심판처럼 보이는 것이 실제로 이스라엘에게는 구원이 되었습니다. 우리에게 종말처럼 보이는 것이 또한 늘 우리의 구원으로 그 끝을 맺습니다. "항상 우리를 그리스도 안에서 이기게 하시는 하나님께 감사하노라(고후 2:14)." 둘러싸임을 당하여 피할 길이 없는 것처럼 보일 때도 우리는 즐거워하는 법을 배워야 합니다. 때가 되면 약속의 땅으로 인도하는 문이 열릴 것입니다.

자기를 고집하고 자기를 높이고 자기를 추구하는 일에 대하여 죽는 것이 영적인 면에서는 우리가 여태 알지 못했던 가장 큰 자유와 해방에 이르는 길입니다. 우리가 세상에 대해 죽는다면, 세상이 우리에게 무슨 짓을 할 수 있겠습니까? 죽은 사람이 거절이나 불안정, 모욕, 그리고 공포를 느낀다는 것은 불가능합니다. 우리가 진정한 세례에 들어가게 될 때, 세상이 주는 속박으로부터 우리는 벗어나게 됩니다. 사단이 더 이상 우리를 지배하지 못합니다.

"겁쟁이는 일천 번 죽지만, 용기 있는 자는 단 한번 죽을 뿐이다"라는 속담이 있습니다. "산 자들이 다시는 저희 자신을 위하여 살지 않고 오직 주를 위하여 살뿐 아니라(고후 5:15)." 우리가 우리의 삶 속에서 자기 고집을 꺾기 위해 진정한 세례에 들어가게 될 때, 우리는 매일 죽을지도 모르지만, 벌써 죽어버린 우리는 더 이상 고통을 느끼지 못할 것입니다. 이 때에야 비로소 자기 보존 의식에 근거를 둔 우리의 두려움은 사라지게 될 것입니다. 그리고 우리는 인간의 이해를 초월한 담대함과 평안을 맛보게 될 것입니다. "우리가 항상 예수 죽인 것을 몸에 짊어짐은 예수의 생명도 우리 몸에 나타나게 하려 함이라(고후 4:10)."

우리의 생명을 포기함으로써 얻게 되는 유익을 우리가 알게 되면, 다음과 같은 야고보의 교훈을 이해하게 될 것입니다.

내 형제들아 너희가 여러 가지 시험을 만나거든 온전히 기쁘게 여기라. 이는 너희 믿음의 시련이 인내를 만들어 내는 줄 너희가 앎이라. 인내를 온전히 이루라, 이는 너희로 온전하고 구비하여 조금도 부족함이 없게 하려 함이라 (약 1:2-4).

우리가 복음과 십자가를 위해 우리의 생명을 포기할 때마다, 우리는 부활 생명의 능력 가운데로 조금씩 더 들어가게 됩니다. 죽음은 부활의 생명을 만질 수도 없습니다. 우리를 지배하려는 원수의 능력을 완전히 멸망시키는 것이 바로 이 부활의 생명이기 때문입니다. 우리는 십자가를 맞아 들여야 합니다!

Chapter 3 / 3장

부활의 생명
Resurrection Life

세례란, 우리 자신의 의지와 스스로의 이익에 대하여 죽기 위해서 우리 자신의 목숨을 포기하는 것입니다. 우리는 살기 위하여 그리스도 안에서 죽습니다. 이 죽음이 정작 우리의 끝이라면, 우리는 가장 어리석은 자일 것입니다. 우리가 전하는 모든 것이 헛것이 될 것입니다(고전 15:14). 그러나 이 죽음은 끝이 아닙니다. 그것은 시작인 것입니다! 우리는 영원한 생명을 가졌기 때문입니다! 삶 자체가 우리의 사역이고 복음인 것입니다. 주님은 죽으심으로써 죽음을 이기셨는데, 우리도 그렇게 해야 합니다. 세례가 일종의 죽음이긴 하지만, 우리를 지배하는 죽음의 권세를 이기기 위하여 우리는 거기로 들어가야 합니다. 우리 자신에 대해 우리가 죽게 되면, 그 결과 놀라운 부활의 생명이 전개될 것입니다.

부활에 대한 믿음

Believing in the Resurrection

찰스 스펄전은 '설교자 중의 왕'으로 불리워졌으며 모든 시대에 있어서 가장 훌륭한 설교자 중의 하나로 여겨지고 있습니다. 한 번은 그가 '부활을 믿는 그리스도인들이 아주 적다'라고 말한 것을 보게 되었습니다. 저는 그 기사를 처음 읽는 순간, 이 말이 오자이거나 아니면 적어도 문맥에 무언가 빠진 말이 있다고 생각했습니다. 부활을 믿지 않는 사람을 어떻게 그리스도인이라고 할 수 있겠습니까? 깊이 생각한 끝에 스펄전의 말에 일리가 있다고 생각하게 되었습니다. 부활에 대한 사실을 지적으로나 교리적으로 동의하는 것과 부활에 대한 믿음을 가지는 것 사이에는 현격한 차이가 있습니다. 우리의 이성으로 믿는 것과 우리의 마음으로 믿는 것 사이에도 현격한 차이가 있습니다. 우리가 우리의 마음으로 부활의 진실을 실제로 믿는다면, 대부분의 그리스도인들의 삶과는 근본적으로 다른 삶을 우리는 살아가게 될 것입니다.

성서나 역사 속의 어떤 사실에 대해 단순히 지적으로 동의만 해도 참된 믿음에 이르게 된다는 망상 하에 수많은 그리스도인들이 놓여 있습니다. 이 때문에 영생에 대한 위기가 여전히 계속될지도 모르는 영적 상황인데도, 수많은 사람들은 안전하다는 허상을 갖게 되었습니다. 사도 바울은 로마인들에게 쓴 편지에서 이 점을 분명히 하였습니다.

네가 만일 네 입으로 예수를 주로 시인하며, 또 하나님께서 그를 죽은 자 가운데서 살리신 것을 네 마음에 믿으면 구원을 얻으리니, 사람이 마음으로 믿어 의에 이르고, 입으로 시인하여 구원에 이르느니라 (롬 10:9-10).

'동의어, 반의어, 전치사에 대한 펑크와 와그널의 표준 소책자' 라는 널리 알려진 참고서에 따르면 믿음을 "신념과 신뢰의 연합"으로 정의하면서, "아주 강한 믿음은 그 사람 자신의 본성의 한 부분이 된다"고 쓰고 있습니다. 세속적인 참고서에 기독교의 교리를 세우는 권위를 둘 수는 없겠지만, 믿음에 대한 이러한 정의는 성서가 말씀하는 진리와 일치됩니다. 참된 믿음은 단순한 지적인 가정이나 선호도를 뛰어넘는 그 이상의 것입니다. 참된 믿음은 우리의 삶에 충격을 주고 방향을 제시합니다. 그렇지 않으면, 그 믿음은 진짜가 아닙니다.

참된 믿음의 본질
The Nature of True Faith

믿음은 단순한 신념보다 더 강력한 힘을 가지고 있습니다. 믿는다는 것은 어떤 일에 지적으로 동의한다는 것입니다. 믿음을 가졌다고 할 때의 그 믿음은 우리의 경배 대상으로부터 분리될 수 없습니다. 신념은 더 강력한 설득에 의해 변화를 겪거나 소멸될 수도 있습니다. 그러나 참된 믿음은 믿음을 가진 당사자의 한 부분이기 때문에 오직 죽음에 의해서만 분리될 수 있습니다. 믿음은 바로 우리의 존재와 정체성에 대한 실체입니다. 우리의 믿음이 우리의 됨됨이를 결정합니다. 신자의 믿음이 강력해지면 강력해질수록, 그의 존재는 그 만큼 더 강력해지고, 그가 접하는 세상에 그만큼 더 많은 충격을 주게 될 것입니다.

'믿음'과 '신념' 사이의 이러한 차이점은 진실된 것과 자기의 양심을 달래기 위해 스스로를 속이는 거짓된 것 사이의 차이점이기도 합니다.

하나님의 존재에 대한 단순한 신념인, 이른바 대중 사이에 널리 알려진 '하나님에 대한 신념'은 성경이 말씀하시는 믿음이 아닙니다. 이런 신념은 믿음의 시작이 될 수는 있지만, 그리스도인의 참된 믿음에는 훨씬 못미칩니다. 우리가 구원받기 위해 그저 하나님의 존재를 믿기만 하면 된다는 생각은 비극을 부르는 망상입니다. 이런 생각은 많은 사람들로 하여금 하나님을 믿는 참된 종교에 접근하지 못하게 하는 거짓된 것입니다.

참된 믿음이 없는 사람은 엔진이 없는 차와 같습니다. 그런 차는 외양이 아름다울 수는 있지만, 여러분을 어디에 데려다 줄 수는 없습니다. 믿음이 강력하면 강력할수록, 우리는 그만큼 더 멀리 더 빨리 가게 됩니다. 신념만 있으면 무의미하기에, 신념만으로는 우리의 양심을 달랠 수 있는 정도에 지나지 않습니다. 그러나 믿음에는 그 길을 가로막는 산들을 움직일 수 있는 살아있는 능력이 있습니다.

모세는 이스라엘의 미신과 얄팍한 신념을 반석과 같이 굳건한 믿음으로 변화시키기 위해 이들을 광야로 끌어들였습니다. 우리 믿음에 대한 시험을 인내하는 시련의 장소인 우리의 광야도 우리 안에서 이와 동일한 목표를 성취하는데 그 뜻을 두고 있습니다. 우리가 우리의 광야를 잘 대처하게 되면, 우리가 가진 믿음의 정도가 어떠하든지 간에 그것은 강력한 힘으로 변화하게 될 것입니다. 우리가 약속의 땅에 이르고 싶다면 우리는 우리의 어려움을 좋은 기회로 맞이해야 할 것입니다. 우리의 어려움들이 우리를 낙망시키도록 내버려두어서는 안됩니다. 그렇지 않으면, 우리도 광야에서 멸망케 되어 주님 안에서의 우리의 목표와 목적을 결코 깨닫지 못할 것입니다.

시련은 자유에 이르는 문
Trials Are the Door to Freedom

　모세는 이스라엘을 애굽 밖으로 인도할 수는 있었지만, 이스라엘 백성들로부터 그들의 마음속에 있는 '애굽'을 지워버릴 수는 없었습니다. 광야에서의 어려움들이 바로 그런 작업을 위한 것이었습니다. 이스라엘 백성들은 애굽의 노예였습니다. 노예 생활이 비록 가장 비천한 인간의 상태이긴 하지만, 거기에는 버리기 어려운 일종의 굴절된 안정감이 있습니다. 비록 그 상황이 가혹하다고는 해도, 노예는 자유인이라면 해야 될 수많은 어려운 결정들을 직접 처리하지 않아도 됩니다. 이스라엘 백성들이 이제 자유롭게 되어 이들의 목표를 성취하기 위해 실제로 전진하고 있다고는 해도, 어려움을 만나게 되자 이들의 대부분은 마음속으로 애굽을 그리워하면서 뒤를 돌아보게 됩니다. 이들은 참된 믿음을 필요로 하는 자유의 발걸음을 걷기 보다는 노예 생활의 압제와 가혹함을 실제로 더 소원했습니다.

　이것이 바로 최근에 공산주의의 무서운 압제로부터 해방된 수많은 사람들이 구 질서에로의 회귀를 요구하는 이유인 것입니다. 이 지점에서 숙명으로 회귀하는 사람들과 승리를 위해 나아가는 사람들 사이를 구분하는 분할선이 생기게 됩니다. 자유롭게 되기 전에는 아무도 영적인 목표를 달성할 수 없습니다. 자유인은 노예 상태로 회귀하기 보다는, 광야에서 차라리 멸망할지언정 자기 목표를 성취하기 위해 시도합니다. 아무리 고통스러울지라도 이에 상관하지 않고 우리가 회귀하지 않겠다고 결단할 때까지는, 우리가 우리의 목표를 성취하는데 소요되는 믿음의 힘을 가지고 전진할 수 없을 것입니다. "손에 쟁기를 잡고 뒤를 돌아보는 자는 하나님의 나라에 합당치 아니하니라"고 일찍이 예수님이 말씀하신 적이 있습니다(눅 9:62). 우리가 계속 뒤를 돌아보는 한, 우리는 앞으로 나아갈 준비가 안 된 것입니다.

속박의 언어

The Language of Bondage

굴종된 노예생활의 가장 확실한 외적인 징후는 원망과 불평입니다. 불평하는 사람에게는 믿음이 없습니다―그의 마음은 이미 믿음을 포기했기 때문입니다. 참된 믿음을 가진 사람은 가장 혹독한 난관조차도 더 큰 승리를 쟁취하고 자신의 목표를 향하여 더 큰 진보를 이룩해 내는 호기로 받아들입니다. 참된 믿음은 맹목적인 낙관론이 아닙니다. 이런 부류의 낙관론은 참된 믿음을 가장하여 지적인 면에 치우쳐서 판단하게 됩니다. 인간적인 낙관론은 사막과 같은 광야의 더위를 만나면 시들해지지만, 참된 믿음은 불 같은 시험이 그 기세를 더해 갈수록 더욱 강력해지고 확고해지게 됩니다.

믿음은 산을 옮길 수 있으며 그 길을 가로막는 자는 누구든지 설복해 냅니다. 참된 믿음은 길이 없는 곳에 길을 만들어 냅니다. 참된 믿음을 참된 자유라고 말하는 이유가 바로 여기에 있습니다. 그 어떤 것도 참된 믿음에 족쇄를 채울 수 없습니다. 참된 믿음이란 우리의 목표가 성취될 때까지 백절불굴의 투지로 목적하는 그 비전을 붙들어 내는 능력을 말합니다. 그런 믿음은 모든 장애물을 제거하지만 반대로 장애물에 의해 제약을 받지 않습니다. 참된 믿음은 약속의 땅에 도달하게 합니다.

참된 믿음과 관련하여 다음과 같은 중요한 사실을 한 가지 생각해 봅시다. "참된 믿음은 우리의 믿음에 대한 믿음이 아니다!" 참된 믿음은 믿음 자체보다 더욱 더 큰 능력의 '대상'과 '근원'을 가지고 있습니다. 참된 믿음은 '우리 믿음'의 질로 측정되지 않습니다. 그런 측정의 시도는 자기중심과 자아추구에 대한 또 다른 형태의 표현일 뿐입니다. 그 대신에, 참된 믿음은 하나님에 대한 우리의 신뢰도에 따라 측정됩니다. 여타 다른 측정법의 사용은 겉치레보다 더 나쁜 것으로써 일종의 기만에 해당됩니다.

예견된 대로, 자기 자신에게 믿음의 근거를 두는 사람들은 이기적인 것만을 성취해냅니다. 자기중심적인 생각은 속임을 당하게 되는 확실한 문임이 증명되었습니다. 태초에, 아담과 하와가 금단의 열매를 따먹었을 때, 그들 죄의 즉각적인 첫 번째 결과는 자기 자신들에게 관심을 집중하는 것이었습니다. 그들은 자기 자신들의 상태를 보고 자기 자신들이 벌거벗은 것에 관심을 집중하였습니다. 자기중심적인 생각은 선악을 알게 하는 나무에서 죽음의 열매를 따먹게 된 결과로 생기는 것이 상례인데, 그 가장 저급한 형태가 바로 노예생활입니다. 자기중심적인 사람들은 정서적인 면에서 일종의 절름발이와 같습니다. 우리가 우리 자신을 바라보기 시작할 때, 우리는 은혜에서 떨어지면서 참된 믿음의 능력을 잃게 됩니다.

스티븐 호킹은 현재 가장 위대한 사상가중의 한 사람이라는 명성을 얻고 있습니다. 그가 아인슈타인보다 훨씬 더 위대한 이론가라고 생각하는 사람들도 많이 있습니다. 다른 위대한 과학자들이 아직까지 생각조차 하지 못한 질문들에 대해 이미 해답을 알고 있을 만큼 그의 역량은 뛰어나다고들 말합니다. 이 대단한 사람이 "자기의 연구는 그저 하나님의 마음을 이해하려고 하는 것뿐"이라는 말을 했습니다. 하나님의 마음을 찾는 것이야말로 우리 삶의 명분이며 모든 참된 믿음의 대상이며 근원인 것입니다. 하나님이 작정하신 목표의 추구에 미달되는 일들은 그것이 어떤 것이든지 지적인 면에서 정력과 시간을 허비할 가치가 없습니다. 우리가 하나님의 계획을 발견하고 참된 믿음으로 그 계획을 잘 간직할 때만이 우리는 성취감을 맛보게 될 것입니다.

사도 바울도 모든 시대에 가장 뛰어난 사람들 중 하나에 들 수 있습니다. 사람이 아닌, "하나님께 인정받은 자로 네 자신을 드리기를 힘쓰라(딤후 2:15)."는 권면을 우리에게 남긴 이가 바로 바울이었습니다. 참된 노력은 자기중심적이거나 사람 중심적일 수 없습니다. 거기에는 하나님이 중심이 되어야 합니다. 우리가 실존 그 자체의 대상이신 하나님의 인도를 받게 되면, 소위 믿음의 능력이 발산되면서 나머지 피조물들은 그 행보를 가로막지 못하게 됩니다. 태초부터 작정하신 하나님의 계획에 근거한 섭리의 일종인 우리의 소명을 아는 것보다 더 큰 동기부여는 달리 없습니다. 이러한 각오를 다짐하는데서 가장 큰 능력이 발휘되어집니다. 이것이 믿음입니다.

참된 성전

The True Temple

사도들의 믿음은 사람의 손으로는 지을 수 없는 하나님을 위한 성전을 짓는데 드려졌습니다. 이 성전은 사람의 마음에만 담을 수 있습니다. 이들이 지은 교회는 참된 믿음을 가진 사람들로 구성되어 있습니다. 교회는 어떤 조직이 아니고 일종의 살아있는 유기체입니다. 그것은 어떤 제도가 아니고 구성원들의 연합입니다. 사도들의 비전은 벽돌이 아닌, 사람들 안에 살아계시는 하나님께 있었습니다.

얄팍한 과학적 지식을 가진 사람들이 아인슈타인의 심오한 발견을 이용하여 가장 무서운 살상용 무기인 핵폭탄을 만들어 내는 것처럼, 얄팍한 종교심을 가진 사람들이 참된 믿음에 이르는 심오한 복음의 가르침을 잘못 활용하여 인간의 영혼을 파괴하는 빈껍데기의 의식과 형식을 만들어 냈습니다. 신자는 참된 믿음을 이해하게 될 때, 그저 교회에 출석하는 것이 아니라 교회 그 자체가 되게 됩니다. 참된 교회는 어떠한 건물이나 제도가 보유할 수 없는 그러한 권능과 생명의 근원입니다. 오직 믿음으로 정화된 사람의 마음만이 이러한 권능과 생명을 담을 만큼 큽니다.

실체는 의식 속에서 발견되지 않습니다. 참된 믿음이란 사람이 만들어 놓은 보관용 구조물에 담길 수 없는, 아주 강력한 힘을 가진 생수의 강입니다. 실제적인 강력한 믿음을 공유하는 사람들의 모임이나 회중들이 존재합니다. 이런 모임들 중의 일부는 제도화된 교회 안에서 이루어지기도 합니다. 실제적인 믿음을 가진 사람들이 이 땅에 사는 가장 실제적인 사람들에게 끌려드는 것은 불가피한 일입니다. 우리 모두가 참된 믿음으로 다른 사람들과 연합한다면 서로의 힘을 강화하게 될 것입니다. 그러나 참된 믿음은 하나님의 성전을 경배하지 않습니다. 참된 믿음은 성전의 하나님을 경배합니다. 참된 믿음의 사람들은 그들의 믿음에 대해 질문을 받을 때, 건물이나 조직, 혹은 교리나 관념적인 진리조차도 지칭하지 않습니다―이들은 참되신 하나님을 지칭합니다.

바울 사도가 간파했듯이, "하나님의 나라는 말에 있지 아니하고 오직 능력에 있습니다(고전 4:20)." 사도들과 선지자들은, 사람들이 짓지 아니한, 사람들로 구성된 참된 믿음의 집을 미리 내다 보았습니다. 참된 믿음에 기초한 삶을 사는 사람들은 또 동질의 믿음을 가진 다른 사람들을 쉽게 알아봅니다. 이들은 신조나 단체의 연합에 의해서가 아니라 각 사람에게 참된 믿음을 나누어 주시는 분의 권능과 성품에 의해서 서로를 알아보게 됩니다. 여러분이 가는 곳이 교회가 아니라 여러분이 교회가 되는 것입니다. 이에 못 미치는 수준에서 우리는 만족해서는 안됩니다.

나폴레옹이 요한복음을 읽고 나서, 예수님이든지 아니면 이 복음서를 기록한 사람이든지 둘 중의 하나가 하나님의 아들이라고 말했다는 얘기가 전해지고 있습니다! 나폴레옹이 인식한 것은 참된 기독교의 정신이 천재적인 재능을 가진 어떤 인간의 창의력보다 훨씬 뛰어나다는 점이었습니다. 당시의 그는 기독교라는 제도를 보았을 뿐, 그 제도 안에서 자신이 목도한 것과 복음과의 연관성을 보지는 못했습니다. 진리라는 실체와, 참된 믿음이 없는 사람들이 그런 믿음으로 무엇을 시도해보는 것 사이에 아무런 상관이 없을 때가 종종 있습니다. 예수님을 십자가에 못박은 자들이 바로 가장 종교심이 많은 훌륭한 시민들이었던 것처럼, 예수님에 대한 참된 믿음을 파괴하는 현상이 바로 가장 종교적인 훌륭한 제도 속에서 지속될 때가 종종 있습니다.

그러나 참된 믿음은 제도 속에서 죽지 않습니다. 참된 믿음은 파괴되지 않는 영원한 생명력을 지녔습니다. 바로 이 능력 때문에 어부 몇 사람과 천한 평민들이 변화를 받아 역사상 가장 위대한 힘을 발휘하게 되었습니다. 이 힘이 역사상 가장 강력한 제국인 로마를 대적하여 평정해 버렸습니다. 참된 믿음에는 이렇게 평범한 사람들이 쓴 몇 통의 편지만으로도 여타의 모든 서적을 다 합친 것보다 더 많은 충격을 역사에 미치게 하는 그런 권능이 있습니다. 여러분의 삶에 참된 믿음이 조금만 있어도 여러분과 여러분의 목표는 급진적인 변화를 겪게 될 것입니다. 사람들이 가지고 있는 가장 고상하고 광범위한 이상적인 목표로부터 가장 큰 핵무기에 이르기까지, 역사상 그 어떤 힘도 세상을 변화시키는 참된 믿음의 능력을 보여주지는 못했습니다.

그러나 우리는 유의해야 합니다! 가장 용기 있는 자만이, 진리라는 순전한 물의 맛을 보기 위해 위선의 믿음이라는 흙탕물을 뛰어넘고자 갖은 애를 다 씁니다. 하나님이 그렇게 되도록 정하신 것입니다. 참된 믿음의 권능은 너무 크기 때문에 자신 최고의 귀중품처럼 그것을 애지중지하지 않는 사람들에게는 맡겨질 수 없습니다. 평범을 뛰어넘어 가장 높은 지경에 도달하여 하나님의 약속의 땅의 열매를 맛보는 모든 사람들의 기질이 바로 이와 같습니다. 광야는 사람에 따라 최상을 끄집어 낼 수도, 아니면 최악을 끄집어 낼 수도 있습니다. 어느 쪽을 택할 것인지 우리 각자는 결정해야 합니다.

바울은 "너희가 믿음에 있는가 너희 자신을 시험하고 너희 자신을 확증하라"고 권면합니다(고후 13:5). 우리가 믿는 방법 보다는 우리가 믿는 내용을 너무 강조하다 보면 많은 사람들의 경우, 그리스도처럼 되기보다는 앵무새처럼 되어 끝을 맺게 됩니다. 우리가 올바른 일을 말한다고 해서, 우리의 삶이 변화되는 것은 아닙니다.

Chapter 4   4장

사도직의 위임

The Apostolic Commission

　사도행전 1:22에 따르면, 사도의 직분이 '주님의 부활에 대한 증인' 이 되는 데 있음을 알 수 있습니다. 부활에 대한 소식은 사도들의 복음의 기초였습니다. 그러나 오늘날 선포되는 일반적인 복음의 소식은 부활에 대한 참된 믿음을 거의 담고 있지 않습니다. 왜 그렇습니까?

　저는 성서 시대 이래로 가장 위대한 믿음의 사람으로 인정받는 인물들 중에서 몇 사람을 골라 이들의 부활에 대한 견해를 검색하기 위하여 소장하고 있는 도서를 모두 뒤졌습니다. 제가 발견한 결과는 충격적이었습니다. 일부 이런 인물들의 가르침과 깨달음의 글에는 부활의 주제에 할애된 지면이 통틀어 한 두 페이지에 불과하다는 것을 발견하게 되었습니다. 그나마, 부활이 많이 언급된 것은 부활절을 기념하는 절기 설교 때문

임이 확연하였습니다. 성서에 대한 진리의 회복을 수세기 동안 강조하였음에도 불구하고, 복음의 기초가 되는 이러한 진리의 근본이 홀대받게 된 것은 도대체 어떤 연유 때문입니까? 부활의 의미와 권능을 다시 회복할 때가 아직 안 되었습니까?

하나님의 위대한 사람들에 의해 부활의 문제가 회피당하는 것처럼 보이는 불가사의한 이 일을 연구하는 동안, 저는 부활의 소식이 홀대 받는 이유를 점점 명확히 알게 되었습니다. 주후 1세기 교회의 믿음과 권능은 부활에 대한 이들의 믿음의 결과였습니다. 그러나 부활에 대한 이러한 믿음과 이들의 증거 때문에 결과적으로 이들은 핍박을 경험하게 되었습니다.

베드로와 요한이 체포를 당하여 공회 앞으로 끌려가게 된 것은, "이들(베드로와 요한)이 백성을 가르치는 것과 죽은 자로부터의 부활이 예수 안에 있다는 도를 전파하는 것을 관원들이 싫어했기" 때문이었습니다(행 4:2). 바울이 후일 체포되어 이와 동일하게 공회 앞에 보내어졌을 때, 그는 선포하기를 "죽은 자의 소망 곧 부활을 인하여 내가 심문을 받노라!"고 말하였습니다(행 23:6).

부활의 소식을 전파하는 것보다 우리에게 핍박을 더 빨리 불러다 주는 일은 아마 달리 없을 것입니다. 우리가 이 소식을 전파하기 시작하면, 죽음의 공포라는 가장 강력한 무기를 가지고 이 세상과 교회를 장악하고 있는 사단의 가장 강력한 진을 공격하게 됩니다. 부활의 진리보다 우리에게 더 많은 자유를 주는 진리는 달리 없습니다. 죽음의 공포에서 벗어난 사람은 정말 자유로울 것입니다. 이러한 자유는 우리 삶의 다른 모든 영역에서 온전한 자유를 구가하기 위한 선결조건 입니다. 부활에 대한 증거는 사도적인 복음의 기본 내용이었으며, 지금도 여전히 그렇습니다.

성경은, 중생과 같은 중요한 주제에 지면을 할애하는 것보다, 아브라함이 매장지를 찾는 장면에 더 많은 지면을 할애하고 있습니다. 성경 말씀은 모두 다 중요합니다. "일점일획" 까지도(마 5:18) 쓸 데 없는 부분은 없습니다. 그렇다면, 왜 이 일이 그렇게 중요합니까? 왜 이삭과 야곱은 똑같은 그 장소에 묻힐 것을 고집했습니까? 왜 요셉은 이스라엘로 하여금 자기의 뼈를 가지고 가서 똑 같은 그 장소에 묻도록 맹세하게 했습니까? 그리고 이러한 요셉의 요구가 히브리서 11장에 큰 믿음의 행위 중의 하나로 왜 열거되어 있습니까? 이들이 어디에 묻히는가 하는 것에 따라서 어떤 차이점이 있습니까? 이 매장지는 예루살렘 조금 남쪽에 위치한 촌락인 헤브론이었습니다. 예수님의 십자가 사건에 대한 마태의 기록을 보면 우리는 그 해답을 얻게 될 것입니다.

예수께서 다시 크게 소리 지르시고 영혼이 떠나시다. 이에 성소 휘장이 위로부터 아래까지 찢어져 둘이 되고 땅이 진동하며 바위가 터지고 무덤들이 열리며 자던 성도의 몸이 많이 일어나되 (마 27:50-52).

  이러한 믿음의 사람들은 예수님의 십자가와 부활에 대해 예언적으로 미리 내다보고 자신들도 그 일의 한 부분이 되도록 자리매김을 하였습니다. "너희 조상 아브라함은 나의 때 볼 것을 즐거워하다가 보고 기뻐하였느니라"고 주님이 말씀하신 것은 주님 자신이 이 사실을 확인해 주시기 위함입니다(요 8:56).
  '우리 마음의 눈' 이 열리면 영원의 일들이 보이기 시작합니다. 우리는 시간이나 한시적인 일들로 인하여 더 이상 제약을 받지 않습니다. 아브라함은 마음의 눈으로 보았습니다. 그래서 그는 예수님의 십자가와 부활을 미리 내다볼 수 있었던 것입니다. 우리가 과거를 되돌아봄으로써 예수님을 믿는 것처럼, 아브라함은 앞을 내다봄으로써 장차 오실 그분을 믿을 수 있게 된 것입니다.

육체의 눈 대신에 마음의 눈으로 보기 시작할 때, 우리는 영원의 일들을 보기 시작할 뿐 아니라, 영원의 일들이 한시적인 일들보다 우리에게 더 현실적으로 다가오게 됩니다. 그러다보면 아브라함처럼, 우리도 한시적인 일들의 소유에 너무 집착하지 않게 될 것입니다. 부활을 통하여 이 모든 것을 우리는 영원 속에서 돌려받을 것이기 때문에, 우리의 삶에 있어서 하나님의 목적에 의해 선택되어진 일들—우리의 '이삭들'을 우리는 자유롭게 하나님께 되돌려 드릴 수 있습니다.

아브라함은 주님의 날을 미리 보았으며 이삭이 장차 오실 메시야의 '예표' 즉, 예언적 모형임을 이해했습니다(히 11:19). 예수님께서 자신의 십자가를 지고 가셨듯이 아브라함이 이삭으로 하여금 희생을 드릴 나무를 운반하게 했던 이유가 바로 이것입니다. "어린 양은 하나님이 자기를 위하여 친히 준비하시리라"고 아브라함이 자신있게 말할 수 있었던 이유가 바로 이것입니다(창 22:8). 우리가 우리의 마음의 눈을 열어 하나님의 목적과 계획을 보게 될 때, 덧없는 관심사로 인한 속박에서 해방되어 근본적으로 달라진 삶을 살 수 있는 믿음이 생기게 됩니다.

마음의 눈을 열기
Opening the Eyes of Our Hearts

그런데 우리 마음의 눈이 열려지기 위해, 우리는 어떻게 그런 믿음을 가질 수 있습니까? 우리가 지적으로 이해하고 있는 성서의 진리를 우리의 지성으로부터 우리의 마음속으로 우리는 어떻게 전달시킬 수 있습니까? 이 질문에 대한 대답은 순전한 실천을 요구합니다. 우리는 하나님과의 은밀한 관계를 계발해야 합니다.

"너희가 서로 영광을 취하고, 유일하신 하나님께로부터 오는 영광은 구하지 아니하니, 어찌 나를 믿을 수 있느냐?"고 예수님은 제자들에게 말씀하셨습니다(요 5:44). 참된 믿음이 제일 심하게 손상을 입는 요인 중의 하나는 사람에게 인정을 받고 싶어하는 우리의 갈망 때문인 점을 예수님은 아셨습니다. 그래서 예수님은 강력하게 다음과 같이 우리에게 경고하셨습니다.

> 사람에게 보이려고 그들 앞에서 너희 의를 행치 않도록 주의하라. 그렇지 아니하면, 하늘에 계신 너희 아버지께 상을 얻지 못하느니라. 그러므로 구제할 때에 외식하는 자가 사람에게 영광을 얻으려고 회당과 거리에서 하는 것같이 너희 앞에 나팔을 불지 말라. 진실로 너희에게 이르노니 저희는 자기 상을 이미 받았느니라. 너는 구제할 때에 오른손의 하는 것을 왼손이 모르게 하여 네 구제함이 은밀하게 하라. 은밀한 중에 보시는 너의 아버지가 갚으시리라. 또 너희가 기도할 때에 외식하는 자와 같이 되지 말라. 저희는 사람에게 보이려고 회당과 큰 거리 어귀에 서서 기도하기를 좋아하느니라. 내가 진실로 너희에게 이르노니 저희는 자기 상을 이미 받았느니라. 너는 기도할 때에 네 골방에 들어가 문을 닫고 은밀한 중에 계신 네 아버지께 기도하라. 은밀한 중에 보시는 네 아버지께서 갚으시리라 (마 6:1-6).

대개 가장 헌신된 사역자들이나 가장 충성된 중보기도자들, 그리고 주님의 뜻을 따라 가장 많은 기부금을 낸 자들 중에는, 하늘에 상급을 거의 혹은 전혀 쌓아놓지 못하고 있는 사람들도 더러 있습니다. 이것은 이들이 땅 위에서 자신의 행동에 대해 사람의 인정을 구하기 때문입니다. 이렇게 되면, 우리는 우리의 상급을 땅에서 '모조리' 받은 것입니다. 우리가 실제로 부활을 믿는다면, 우리가 실제로 영생을 위한 열매를 쌓는다면, 우리는 하찮고 덧없는 사람의 인정과 영광 때문에 영원의 유산을 허비하지는 않을 것입니다.

반대로, 부활을 실제로 마음에 믿는 사람은 영생을 위한 열매를 쌓는 일에 점점 더 집중하게 됩니다. 우리가 실제로 믿을 때, 우리는 아버지를 제외한 다른 누구에게도 우리의 구제와 기도를 알리지 않고 아버지와의 은밀한 관계를 키우고자 할 것입니다. 우리의 보화가 실제로 우리의 '천국의 은행 계좌'에 쌓일 때, 우리의 보화가 있는 그 곳에, 우리의 마음도 있게 될 것입니다(마 6:21). 우리의 마음이 하늘에 계신 우리 아버지와 함께 할 때, 우리의 마음눈이 열리기 시작하면서, 영원의 일들이 덧없이 지나가는 일들보다 더 실제적으로 다가올 것입니다. 이와 같이 삶이 심오한 변화의 과정을 겪는 동안, 우리는 참된 믿음의 본질에 대한 중요한 요소 한 가지를 발견하게 됩니다.

'믿음의 씨앗'이란 가르침은 성경적이고 사실적입니다. 그러나 우리가 땅의 것들 대신에, 위의 것들을 수확하기 위해 시선을 고정하게 될 때, 더 큰 집, 더 좋은 차, 더 많은 요직을 얻을 목적으로 구제하지는 않을 것입니다. 훨씬 더 많은 씨앗을 얻어서 더 많은 씨를 뿌리기 위해 우리는 구제할 것입니다. 위의 것들에 마음을 둔 사람들은, 덧없는 일 때문에 영적인 은행 계좌로부터 수표를 현금화하려 들지 않습니다. 이들은 오히려 더 많은 영혼들을 하나님 나라에 이끌어 들이는 작업을 위해서 구제하게 되고, 그 결과 하늘에서 자기들의 열매를 수확하게 됩니다.

일단 예수님이 우리를 위해 해놓으신 일을 우리가 마음으로 제대로 보게 된다면, 우리는 그 분을 위해 모든 것을 다하려 할 것입니다. 드려진 희생의 대가로 예수님이 상급 받으시는 것을 우리는 목도하고 싶습니다. 예수님이 우리를 위해 행하신 것을 우리가 보고 있는데, 하늘에 있는 우리의 보화에 대해 이기적인 야망을 우리가 어떻게 가질 수 있겠습니까?

주님의 은혜로, 우리는 세상의 종 되었던 데에서 해방되었지만, 반대로 우리는 주님의 종이 되도록 속량되었습니다. 우리는 더 이상 우리 자신을 위하여 살지 않고, 주님을 위하여 삽니다(고후 5:15). 비록 우리가 주님의 종이라고는 해도, 주님은 세상의 어떤 기관도 여태껏 주지 못한 가장 좋은 보상을 우리에게 해주십니다. 우리가 다른 사람을 하나님의 나라에 들어가도록 도와줄 때, 그리고, 이들의 영적인 성장을 위해 밀어줄 때, 우리는 이들의 열매에 영원히 참예하게 됩니다!

부활과 그리스도 안에 있는 영원한 유산을 실제로 믿기 시작하면, 거기에는 시기심도 지역적 텃세도 있을 자리가 없습니다. 더 큰 기름 부음을 받은 어떤 사람이 우리 마을에 오면 우리는 어리석게도 이들을 위해 기도하지 않습니다! 우리는 이들의 사역을 지원하고 돕기 위하여 할 수 있는 모든 일을 다 해야 합니다. 왜냐하면, 이렇게 함으로써 우리는 영원을 위한 사역의 열매에 참예할 수 있기 때문입니다. 영원을 바라보고 영원한 것을 위하여 살기 시작할 때, 우리는 다른 사람의 사역을 위해서 기도하고 우리보다도 다른 사람들이 더 성공하기를 소망하게 될 것입니다.

왜냐하면 이렇게 함으로써 그들 사역의 열매에 우리도 참예하게 될 것이기 때문입니다.

우리가 실제로 부활을 믿을 때, 땅에서 누가 주의를 받든지, 누가 인정을 받든지 우리에게는 관심이 없습니다! 우리의 보화는 하늘에 있습니다. 하늘은 우리의 마음이 가 있는 곳이고, 하늘은 우리가 바라는 상급이 내려지는 장소입니다. 현세의 삶은 영원에 비하면 안개에 불과합니다. 그렇다면 이 땅에서의 우리 업적에 관심을 기울일 사람이 도대체 누가 있겠습니까? 한시적인 것보다 영원한 것을 더욱 분명하게 볼 수 있는 참된 믿음을 가지고, 우리가 이런 사실을 실제로 믿기 시작할 때, 우리는 시기심 때문에 혹은 겁주기 위해서 타인을 비하하거나 헐뜯으려 하지 않고, 서로의 사역을 지켜주며 보호해 줄 것입니다.

우리가 상급을 바라고 일하는 것이 잘못된 것이 아닙니다. 예수님조차도 "그 앞에 있는 즐거움을 위하여" 십자가를 참으셨다고 성경은 말합니다(히 12:2). 상급을 위하여 일하는 자체는 잘못되지도 나쁘지도 않습니다. 그러나 더 고상한 동기 부여를 위해 우리는 노력할 필요가 있습니다. 주님을 향한 우리의 사랑이 점점 커질수록 우리는 이러한 사실을 알아가게 됩니다.

십자가를 참으신 예수님의 즐거움은 두 가지의 기본적인 측면을 가지고 있습니다. 첫째, 예수님이 아버지께 순종함으로 기쁨을 드리려고 하신 것은, 자신을 위해서가 아니라, 아버지가 이 모든 것을 받으실만하기 때문이었습니다. 둘째, 아버지가 우리를 사랑하신 것같이 예수님은 우리를 사랑하고 계시며, 우리가 아버지와 화해됨으로 말미암아 예수님과 함께 그의 유업에 참여하는데서 오는 우리의 즐거움을 보는 것이 예수님의 즐거움입니다. 어린이들이 부모로부터 받은 선물을 기뻐하는 것이 당연한 것처럼 우리도 우리의 상급을 기뻐하는 것은 당연합니다. 그러나 "잘 하였도다, 착하고 충성된 종아"라는 주님의 말씀을 우리가 듣게 될 때, 순전한 즐거움이 찾아옵니다(마 25:21). 그때, 주님의 이름으로 우리가 공들였던 사람들이 구속 받는 것을 통하여 우리 주님이 누리시는 기쁨을, 우리는 얼굴과 얼굴을 대하고 보게 될 것입니다.

영원히 우리의 목적과 열정이 되어야 할 것은 바로 우리의 기쁨이 아닌, 우리 주님의 기쁨입니다. 주님이 원하시는 우리 각 사람과의 은밀한 관계를 위해 우리가 자신을 헌신하면서, 오늘도 주님과 부활을 믿음으로써 우리는 주님께 기쁨을 드릴 수 있습니다. 주님의 기쁨이 우리의 힘입니다(느 8:10).

생명이란 무엇인가?

What Is Life?

신학적으로나 철학적으로 가장 오래된 질문 중 하나가 바로, "생명은 무엇인가?"입니다. 기본적으로, 생명은 교통하는데 그 의미가 있습니다. 식물이든지 동물이든지, 모든 생물은 주변 환경과 교통하면서 상호작용을 계속하고 있는 한 살아있다고 말할 수 있습니다. 공기를 호흡하고 영양분을 섭취하며 배설물을 내보내는 행위를 계속하고 있는 한 그 생물은 살아있는 것입니다. 이러한 상호관계성이 끊어질 때 그 생물은 죽었다고 말합니다.

그리고 더 높은 수준의 교통능력을 가진 실체가 더 고등한 생명체로 간주됩니다. 예를 들면, 개는 명령을 이해하고 사람을 알아보기도 하기 때문에 식물보다 더 고등한 생명 형태로 간주됩니다. 사람은 더 높은 수준의 교통 능력이 있기 때문에 동물보다 더 고등한 생명 형태로 간주됩니다.

영적인 생명은 물질적인 생명보다 더 고등한 생명 형태에 속합니다. 영적인 영역에서 교통하며 상호관계성을 계속 유지하는 한, 우리는 영적으로 살아 있게 됩니다. 예수님은 하나님의 교통수단 그 자체, 즉 하나님의 말씀이십니다. 우리가 성령 안에서 예수님과 교통 속에 있다면, 우리의 몸은 죽을지언정 우리의 생명은 멸망치 않습니다. 우리의 생명은 현재라는 영역에서는 접촉이 불가능한 영적인 수준에 존재하기 때문입니다. "나는 부활이요 생명이니 나를 믿는 자는 죽어도 살겠고, 무릇 살아서 나를 믿는 자는 영원히 죽지 아니하리라"는 주님의 말씀이 바로 이 점을 대변해 줍니다(요 11:25-26).

예수님은 우리가 이 생명을 얻되 더 풍성히 얻게 하시려고 오셨습니다(요 10:10). "영생은 곧 유일하신 참 하나님과 그의 보내신 자 예수 그리스도를 아는 것이라"고 말씀합니다(요 17:3). 예수님의 이 말씀에는, 예수님에 대해 알아서가 아니라, 실제로 예수님을 알고 있어야 영생이 발견된다는 뜻이 들어 있습니다. 실제로 개인적으로는 알고 있지 못하면서 우리는 어떤 사람에 대해 많은 것을 알고 있을 수 있습니다. 예수님과 개인적인 만남을 가지거나 여러 번 접촉이 이루어질 수도 있지만, 예수님 안에 거한다든지 혹은 영적인 교통과 상호관계성을 유지한다든지 하는 일들이 여전히 없을 수도 있습니다.

수많은 사람들이 길이신 예수님을 알기 위해 나옵니다. 조금 더 많은 사람들이 진리이신 예수님을 알기 위해 나아옵니다. 그러나 자기의 생명이신 예수님을 알기 위해 계속 나오는 사람은 거의 없습니다. 우리가 길을 찾으면, 고작해야 길은 발견될지도 모릅니다. 우리가 진리를 찾으면, 고작해야 진리는 발견될지도 모릅니다. 우리가 우리의 생명이신 예수님을 알려고 하면, 우리는 길도 진리도 함께 알게 될 것입니다.

문제는 생명입니다. 우리가 따먹어야 할 나무는 바로 생명나무입니다. 우리가 걸어야 할 길은 바로 생명의 길입니다. 우리가 참된 생명을 이해하기 위해서 나아올 때만이, 죽음이 그리스도 안에서 어떻게 생명의 길이 되는지를, 우리는 실제로 이해할 수 있습니다. 이러한 생명의 도리를 알지 못하면, 세례를 통한 죽음도 무의미해질 것입니다. 바울은 고린도 교인들에게 사랑이 없으면 우리의 몸을 불사르게 내어줄지라도 우리에게 아무 유익이 없다고 말합니다(고전 13:3).

제가 아는 십대 소녀 두 명이 한 노부인을 방문하러 갔습니다. 이들은 그녀의 조그만 아파트의 음울한 분위기를 보고 그녀가 외롭게 사는 것을 알게 되자, 마음이 언짢아졌습니다. 이들이 이런 환경 속의 노부인에게 위로의 말을 하였을 때, 노부인은 오히려 놀라는 표정으로 이들을 바라보았습니다. 그리고 "젊은 아가씨들, 낡아빠진 벽이 눈에 보이지요? 그렇지만 예수님이 이곳에 계시기 때문에, 글쎄 이 벽들이 찬양을 하고 있어요!"라고 말했습니다.

그 순간, 이 소녀들은 이 노부인 안에 있는 빛과 생명을 보게 되면서, 상대적으로 자기들이 왜소하고 텅 비었음을 느끼게 되었습니다. 이제 반대로, 이 노부인이 이들에게 실제로 미안함을 느끼게 되었습니다! 이 노부인은 주님의 임재 안에 살았기 때문에 외로움을 결코 알지 못했습니다. 많은 사람들이 보기에 살기 힘들 것으로 여겨지는 환경을, 이 노부인은 오히려 주님께 더 가까이 다가갈 수 있는 기쁨의 좋은 기회로 바라보았던 것입니다. 참된 세례로 들어가는 사람들에게도 이와 똑같은 일이 일어납니다. 이들의 관심사는 죽음에 있지 않고, 보다 큰 생명으로 들어가는 좋은 기회에 있습니다. 결국, 이 소녀들은 노부인에게 자기들을 위해 기도해 달라고 요청함으로써 끝을 맺게 되었습니다!

우리가 하나님 아들의 생명을 좇아 살기 시작할 때, 모든 세례는 기대감과 기쁨을 안고 있는 문이 됩니다(약 1:2-4). 우리가 죽으면 죽을수록, 우리는 그만큼 더 많이 살아나게 됩니다. 이런 일은 죽음을 정복하는데서 생기는 것입니다. 우리의 모든 적들을 불사르는 것은 바로 불못입니다. 세례를 통하여 우리는 할 일 없이 죽는 것이 아닙니다. 죽음이 생명 안에서 삼킨바 되도록, 우리는 기쁨으로 우리의 옛 생명을 포기하는 것입니다. 매번 죽을 때마다 아버지와 아들과 함께하는 연합인 영생의 일을 더 굳세게 붙잡게 됩니다.

영생을 향한 우리의 헌신이 많아지면 많아질수록, 우리는 우리의 시련들을 그 만큼 더 많이 주님께 졸라댈 수 있는 호기로 간주하며 맞이하게 될 것입니다. 주님께는 세상이 줄 수 있는 모든 것보다도 훨씬 더 많은 소원의 응답이 가능하십니다.

하나님 나라의 첫 번째 시험
The First Test of the Kingdom

솔로몬과 그의 통치는 이 땅에 장차 올 하나님 나라에 대한 예언적인 예표입니다. 솔로몬이 왕이 되고 나서, 그의 첫 번째 시험은 생명의 문제에 관한 것이었습니다(왕상 3:16-28). 솔로몬은 아기의 생명을 가장 중시하는 여인을 가려냄으로써 살아있는 아기의 진짜 어미를 분간해 내는 지혜를 발휘하였습니다. 아기의 생명에 애착이 거의 없는 여인은 자기 자식에게 부주의하기 쉬워서 아기를 숨막혀 죽게 만들 수 있다는 것입니다.

이와 마찬가지로, 우리가 하나님의 나라에 들어가 살고자 할 때, 진짜와 가짜를 결정짓는 가장 첫 번째 시험이 바로 생명의 문제가 될 것입니다. 우리에게 주어진 바로 그 생명에게 칼이 겨누어 질 것입니다. 우리는 생명을 되돌려 받기 전에 먼저 생명을 포기해야 합니다. 생명에 대한 통제권을 포기하기 보다는 차라리 생명이 죽어가는 것을 자진하여 관망하는 사람들이 아주 많다는 사실은 놀랍습니다.

가지고 있는 것에 집착하는 성질을 가진 사람들에게는 언제나 아무것도 남지 않게 됩니다. 우리가 우리의 생명을 구하려 하면 우리는 그것을 잃게 됩니다. 우리가 주님을 위하여 우리의 생명을 잃으면 우리는 진실로 그것을 발견하게 될 것입니다 (마 16:25). 진짜 어미는 아기를 살리기 위해 아기의 소유를 포기했지만, 이렇게 함으로써 그녀는 왕으로부터 아기를 되돌려 받게 됩니다. 우리를 위해 하나님이 예비하신 것을 보호하고 받아내는 최선의 방법이 오히려 그것을 포기하는 것일 때가 종종 있습니다. 우리는 생명을 최고로 중시해야 하지만, 이것이 소유를 위한 것이어서는 안됩니다.

우리가 생명이라는 보화를 잘 다룰 수 있도록 주님은 우리의 본성으로부터 부주의를 제거하실 것입니다. 생명이 교통이라는 사실에 대해 우리가 인식하고 있는 정도에 따라, "죽고 사는 것이 혀의 권세에 달려있고(잠 18:21)", "의인의 입이 생명의 샘이 되어가는(잠 10:11)" 과정에 대해 우리는 눈뜨기 시작합니다. "사람이 무슨 무익한 말을 하든지 심판 날에 이에 대하여 심문을 받게 되는(마 12:36)" 것이 바로 이런 연유 때문입니다.

우리의 말이 생명을 주기도 하고, 죽음을 주기도 합니다. 우리의 말에 가장 세심한 주의를 기울이도록 합시다. 우리의 말이 심는 것은 믿음입니까, 아니면 두려움입니까? 우리가 하는 말은 하나님의 성령에 의한 것입니까? 아니면 세상의 영에 의한 것입니까? 우리에게 주어진 생명을 우리는 어떻게 다루고 있습니까? 우리가 하는 말은 우리 안에 거하는 영의 정체를 보여줍니다. 우리가 생명나무에 참예하고 있으면, 좋은 나무는 나쁜 열매를 맺을 수 없다는 원칙에 따라, 우리는 생명을 나누어 주게 됩니다. 이 때, 우리는 다시 사도적인 교회로 나아가게 될 것입니다.

Chapter 5

5장

광야

The Wilderness

홍해의 경험 이후, 이스라엘 백성들의 마음이 고양되었을 것은 납득할 만합니다. 이들은 아무것도 잃지 않고 가장 불가능해 보이는 상황을 빠져나왔습니다. 절망적으로 보이는 상황 다음에 오는 큰 승리처럼 우리를 고양시키는 것은 없습니다. 그러나 이스라엘 백성들 중에 하나님의 구원의 방식을 이해하기 시작한 사람들은 거의 없었습니다. 하나님의 백성들의 경우, 그들만의 능력이 한계점에 도달해야만 하나님의 큰 기적을 목도하게 된다는 사실을 이들은 여전히 이해하지 못했습니다. 이들은 광야를 계속 경험하면서 이러한 진리를 충분히 배우게 됩니다.

약속된 것의 반대

The Opposite of What They Were Promised

　주님은 이스라엘에게 젖과 꿀이 흐르는 땅을 약속하셨습니다. 그러나 하나님이 맨처음 인도하신 곳은 마실 물조차도 없는 땅이었습니다! 이러한 상황 때문에 이스라엘이 혼란을 겪게 된 사실은, 오늘 날 주님을 따르는 수많은 사람들이 계속해서 혼란을 겪는 것과 흡사합니다. 그렇지만 이러한 경험은 우리가 하나님과 동행하는 기본 원칙 중의 하나를 분명하게 보여줍니다. "우리가 하나님의 약속을 받은 장소와 약속의 땅(약속의 성취) 사이에는 보통, 약속된 것과는 완전히 반대되는 상황인 광야가 있게 마련입니다."

　이러한 원칙은, 은사나 사역, 사랑하는 자의 구원, 혹은 그때그때 해치우면 되는 일 등, 그 일이 무엇과 관련이 있든지 간에, 하나님의 모든 약속에 적용됩니다. 약속이 성취되려면, 우리가 약속을 받은 장소와 약속의 성취 사이에는 믿음을 갖기 위한 메마른 광야가 필수적입니다.

　아브라함은 아들을 약속 받았습니다. 그가 부르심을 입었을 때는 이미 나이가 아주 많았었는데도, 약속된 아들을 얻기 위해서, 자신과 사라에게 자연적인 임신이 완전히 불가능하게 될 때까지, 그는 아들을 받지 못하고 수년 간 더 기다려야 했습니다. 하나님의 가장 큰 약속은 우리에게 가장 큰 믿음과 인내를 요구합니다.

　아브라함의 후손들은 젖과 꿀이 흐르는 가나안 땅을 유업으로 약속 받았습니다만, 이들이 이 땅을 받기까지는 애굽에서 노예로 사백년의 세월을 보내야 했습니다. 그러나 이 사백년의 기간 동안, 의심할 여지없이 하나님은 이들의 공급자가 되셨습니다. 이들은 물론 그 받은 것을 인하여 깊은 감사를 드렸을 것입니다.

요셉은 해와 달과 별이 자신에게 절하는 꿈을 꾸었지만, 먼저 그는 노예가 되어야 했습니다! 모세는 왕자이었음에도 불구하고, 하나님의 백성을 지도하는 자로 준비되기까지 그 당시 가장 천한 직업이었던 양치는 일을 하면서 사십년을 광야에서 보내게 됩니다. 다윗은 왕으로 기름 부음을 받은 후, 장차 통치하게 될 그 백성으로부터 수년 동안 도망 다니게 됩니다. 실제로 이들은 다윗에게 순복하기 전에 그를 죽이려고까지 하였습니다. 교회는 그리스도와 함께 이 땅을 다스리며 왕노릇하도록 약속을 받았습니다만, 언젠가 다스리게 될 그 날이 오기까지 근 이천년 동안 세상의 지배를 받아왔습니다.

이러한 과정의 목적은 '준비'라는 한 마디 말로 요약될 수 있습니다. 광야에서의 이스라엘의 경험은 이들의 믿음이 형성되고 성숙되기 위한 준비의 기간이었습니다. 더욱 중요한 사실은, 이스라엘이 하나님을 위해 하나님이 그들 가운데 거하실 수 있도록 처소를 지은 곳이 바로 광야였다는 점입니다. 이러한 성서적인 과정은 오늘 날에도 여전히 반복됩니다. 우리도 우리의 삶 가운데 하나님을 위한 처소 짓는 법을 터득하게 되는 곳이 바로 광야입니다.

극적인 회심 이후 바울 사도는 수년 동안 광야에서 칩거하였습니다. 그가 말씀을 선포할 준비를 하게 된 것은, 바로 아버지께서 그 분의 아들을 자기 안에 (단순히 자기에게가 아니고) 계시해 주셨을 때였다는 사실을, 그는 후일 갈라디아 교인들에게 쓴 편지에서 밝히고 있습니다(갈 1:11-17). 우리가 주님 안에, 주님이 내 안에 거하게 되는 곳이 바로 광야입니다. 이스라엘처럼, 우리는 애굽의 모든 보화를 가지고 약속의 땅의 입구에 도착할 수도 있지만, 우리는 물 한 모금을 마시는 것에서도 주님을 의지하는 법을 터득해야 합니다. 하나님이 우리의 주님이 되시고 우리가 그 분의 제사장이 되는 곳도 바로 광야입니다. 우리가 하나님과 친밀해지고 하나님의 길을 터득하는 곳도 바로 광야입니다. 광야에서 우리의 오랜 본성이 그 적나라한 모습을 드러내는 순간, 우리는 우리를 변화시키기 위한 하나님의 역사가 얼마나 절실히 요청되는지를 터득하게 됩니다.

광야에서 우리는 가장 큰 난관들에 봉착하지만, 그중 일부는 우리에게 가장 영광스러운 체험이 되기도 합니다. 반석에서 물을 구하기 전에 우리에게는 목마름이 먼저 있어야 합니다. 하늘의 만나를 맛보기 전에 우리에게는 배고픔이 먼저 있어야 합니다.

광야에서의 큰 시험들 뒤에는 항상 왕 되신 하나님과 그의 구원에 대한 가장 놀라운 계시들이 수반됩니다. 광야는 저주가 아니고 축복입니다. 광야는 바로 우리의 마음과 생각을 붙잡는 세상의 고리가 헐거워지면서, 그 대신 주님과 그 분의 영원한 목적이 우리를 사로잡는 그런 장소입니다. 광야는 바로 육적인 본성의 지배가 끊어지고, 그 대신 주님이 우리의 삶을 다스리기 시작하는 곳입니다.

우리가 광야에서 성취한 모든 것을 다 이해할 수 있게 되었을 때, 우리는 야고보가 한 말의 참 뜻을 알게 될 것입니다.

내 형제들아, 너희가 여러 가지 시험을 만나거든 온전히 기쁘게 여기라. 이는 너희 믿음의 시련이 인내를 만들어 내는 줄 너희가 앎이라. 인내를 온전

히 이루라, 이는 너희로 온전하고 구비하여 조금도 부족함이 없게 하려 함이라 (야고보 1:2-4).

쓴물을 단물로 바꿈
Turning Bitter Waters into Sweet

이스라엘을 "젖과 꿀이 흐르는 땅"으로 인도하시겠다는 하나님의 약속은 분명하였습니다(출 3:8). 약속의 땅을 향한 여정에서 첫 삼 일 동안, 이들에게는 마실 물조차 없었습니다. 이것이 얼마나 큰 시험이었겠는지 한번 생각해 보십시오. 단 하루라도 음료수 없이 지내보신 적이 있으신지요? 삼 일이 지나서 사람의 몸이 바로 인내의 한계점에 다다른 모습이 어떠했을지 상상해보십시오. 더군다나, 이백만명의 사람들이 발끝으로 얼굴에 먼지나 흩날리면서 광야에서 이러고 있다고 상상해 보십시오! 이 야말로 진짜 시험이었습니다!

이들이 불평을 시작한 것은 당연한 일입니다. 생존하기 위한 이들의 기본적인 본능이 그처럼 강렬해진 때가 아마 이전에는 없었을 것입니다. 그런데 이들이 마침내 샘에 이르러, 최고의 흥분 속에 마신 샘물이 쓴물이었습니다! 이런 종류의 절망감을 모두 이해하고 포용할 수 있는 사람은 아마 거의 없을 것입니다. 그러나 이것이 광야에서 우리가 배워야 하는 첫 번째 교훈인 쓴물이 단물로 바뀌는 사건입니다.

이스라엘 백성들의 불평이 마땅한 것이라고는 해도, 이러한 어려운 시험이 이들에게는 또한 가장 큰 호기였습니다. 진짜 믿음이 생기는 것은 진짜 시험이 올 때입니다. 참된 믿음은 외적인 데 있지 않고 내적인 데 있습니다. 참된 믿음은 외적인 환경에 의존하지 않습니다. 참된 믿음은 절망적인 상황에 의해 변질되기보다는 오히려 그로 인해 강화됩니다. 참된 믿음은 언제나 절망의 쓴물을 기회의 단물로 바꾸어 줍니다. 참된 믿음은 언제나 가장 큰 절망 속에서 하나님이 예비하시는 보화를 발견해 냅니다. 그리고 하나님을 믿는 사람들은 언제나 하나님이 예비하신 보화를 얻게 됩니다.

이스라엘이 절망적인 시련을 맞이하여 믿음으로 반응하지 않고 불평하였기 때문에, 이들은 여러 번 멸망을 경험하게 됩니다. 절망이 불평으로 끝을 맺으면, 우리의 믿음은 파괴되고 우리는 많은 것을 잃게 됩니다. 광야는 우리의 믿음을 시험하기 위한 장소로서, 우리는 여기에서의 경험을 승화시킬 수 있도록 모든 호기를 붙잡는 방법을 터득해야 합니다! 여러 분의 시험을 마냥 허비하지 마십시오!

불신앙의 언어

The Language of Unbelief

우리가 광야의 경험을 통하여 많은 것을 얻기는 하지만, 필요 이상으로 광야에 머무르는 것은 하나님의 뜻이 아닙니다. 주님이 원래 의도하신 바에 따르면 이스라엘이 애굽을 떠나서 약속의 땅에 들어가는 입구인 가데스 바네아까지의 거리는 불과 도보로 십 일에서 십사일 정도의 여정일 뿐입니다.

이스라엘이 먼저는 율법을 통해서 주님의 언약을 받은 다음, 주님이 자기들 가운데 거하실 수 있도록 성막을 지어야 했기 때문에, 이들이 그렇게 빨리 광야를 벗어나지는 못했을 것입니다. 그렇다고 해도, 애굽을 떠난지 약 이 년이 지난 후에는 이스라엘이 약속의 땅에 들어갈 준비가 되어 있었습니다. 그러나 원망과 불평을 통하여 이들의 믿음 없음이 드러나면서 이들은 약속의 땅에 들어가기에 앞서 광야에서 사 십년을 기다리다가 전 세대가 죽게 됩니다.

불행하게도, 대부분의 그리스도인들이 이와 똑 같은 모양을 반복합니다. 불신앙 때문에 이들은 하나님의 약속을 실제로 충분히 누려보지도 못하고 영적인 광야에서 방황을 거듭하다가 결국은 죽게 됩니다. 바울은 이 사실을 고린도교인들에게 다음과 같이 설명하였습니다.

형제들아, 너희가 알지 못하기를 내가 원치 아니하노니, 우리 조상들이 다 구름 아래 있고 바다 가운데로 지나며, 모세에게 속하여 다 구름과 바다에서 세례를 받고, 다 같은 신령한 식물을 먹으며, 다 같은 신령한 음료를 마셨으니, 이는 저희를 따르는 신령한 반석으로부터 마셨으매, 그 반석은 곧 그리스도시라. 그러나 저희의 다수를 하나님이 기뻐하지 아니하신고로 저희가 광야에서 멸망을 받았느니라 (고전 10:1-5).

이 말씀의 결론은 약속의 땅에 들어가지 못한 사람들이 영원히 버림 받았다는 뜻이 아닙니다. 일종의 예표로서, 이들은 유월절을 통하여 십자가의 구원을 경험하였습니다. 이들은 홍해에서 그리스도 안에서 세례를 받았습니다. 이들은 그리스도의 제사장과 봉사자의 역할도 담당하였습니다. 그러나 이들은 약속의 땅에 들어가지 못했습니다.

하나님이 우리에게 원하시는 목적은 단지 '구원' 받는 것 그 이상의 것입니다. 하나님은 우리를 위하여 우리가 취해야 할 약속의 땅을 예비하고 계십니다. 주님은 단지 이스라엘을 속박에서 구원하시기 위해 애굽에서 불러내신 것이 아니었습니다. 주님의 목적은 전 세상을 속박으로부터 구원하시기 위해 이들을 주님의 구속의 도구로 사용하시는데 있습니다.

결코 출애굽도 못하는 것보다 광야에서 멸망당하는 것이 이들에게는 확실히 훨씬 더 낫습니다. 적어도 이들은 하나님과의 동행을 시작하였습니다. 그러나 출애굽한 첫 세대는 약속의 성취에 필요한 믿음 안에 계속 거하지 못했습니다. 대부분의 그리스도인들도 이와 똑같습니다. 이들은 세상을 벗어났으면서도, 세상과 약속의 땅 사이를 맴돌며 방황합니다. 이들은 하나님의 약속의 성취를 가로막는 진지를 결코 정복하지 않습니다.

출애굽한 첫 세대는 끊임없는 원망과 불평으로 점철된 불신앙 때문에 약속된 유업의 땅에 들어가지 못했습니다. 불평은 경직된 불신앙의 마음을 보여주는 확실한 징표입니다. 모든 불평들은 각각 치명적으로 중요한 문제들을 야기시킬 수 있습니다. 첫째로, 불평은 우리 자신의 믿음을 파괴합니다. 그 다음으로, 불평은 우리의 말을 청종하는 사람들의 믿음까지도 파괴해 버립니다. 마지막으로, 하나님의 유예라는 우리의 최종 목표 대신에, 끊임없는 원망과 불평은 하나님의 분노를 자극합니다.

히브리서 기자는 다음과 같이 경고합니다.

그러므로 성령이 이르신 바와 같이 오늘날 너희가 그의 음성을 듣거든 노하심을 격동하여 광야에서 시험하던 때와 같이 너희 마음을 강퍅케 하지 말

라. 거기서 너희 열조가 나를 시험하여 증험하고 사십 년 동안에 나의 행사를 보았느니라. 그러므로 내가 이 세대를 노하여 가로되 저희가 항상 마음이 미혹되어 내 길을 알지 못하는도다 하였고, 내가 노하여 맹세한 바와 같이 저희는 내 안식에 들어오지 못하리라 하셨다 하였으니 형제들아, 너희가 삼가 혹 너희 중에 누가 믿지 아니하는 악심을 품고 살아 계신 하나님에게서 떨어질까 염려할 것이요 오직 오늘이라 일컫는 동안에 매일 피차 권면하여 너희 중에 누구든지 죄의 유혹으로 강퍅케 됨을 면하라 (히 3:7-13).

믿음은 하나님을 움직입니다. 불신앙은 하나님을 자극하여 우리로 하여금 결코 구원에 이르지 못하게 합니다. 믿음은 약속의 성취에 이르는 가장 올바른 길입니다. 불신앙의 길은 끝없이 사막을 맴돌게 합니다. 우리의 마음에 불신앙이 있으면 우리는 하나님의 약속을 성취하지 못할 것입니다.

불평은 불신앙의 언어입니다. 찬양은 믿음의 언어입니다. 광야는 주님이 우리들 가운데 그의 처소를 삼으시고 그의 백성의 찬양 가운데 거하시기로 작정하신 장소입니다(시편 22:3). 하나님이 거하실 만한 찬양은 단순한 미사여구의 반복을 뛰어넘습니다. 그것은 감격과 신뢰의 마음속에서 모든 환경을 초월하여 쏟아져 나옴으로써 그 스스로 진정한 찬양임을 입증합니다.

참된 신앙과 거짓이 서로 분리되는 곳이 바로 광야이기 때문에 우리가 약속의 땅에 들어가려면 광야를 거쳐 가도록 주님은 정하셨습니다. 거짓된 신앙은 결코 주님의 약속을 얻지 못합니다. 그럼에도 불구하고, 광야 여정의 초기 단계를 보면, 우리는 참된 신앙을 가진 이들이 거의 없음을 발견합니다. 그러나 광야를 통과하는 동안, 믿음이 없던 사람들이 믿음으로 충만해지는 것을 보게 됩니다. 하나님께서 바라시는 광야의 목적이 바로 이런 것입니다. 우리가 이것을 이해하게 될 때, 야고보가 교훈한대로 이 모든 것을 기쁨으로 받아들이게 될 것입니다.

내 형제들아, 너희가 여러 가지 시험을 만나거든 온전히 기쁘게 여기라. 이는 너희 믿음의 시련이 인내를 만들어 내는 줄 너희가 앎이라. 인내를 온전히 이루라, 이는 너희로 온전하고 구비하여 조금도 부족함이 없게 하려 함이라 (약 1:2-4).

Chapter 6

6장

시험을 보화로 바꾸기

Turning Trials into Treasures

참된 믿음으로부터 거짓 믿음을 솎아내는 것은 광야를 통하여 하나님이 이루시려는 목적의 서막에 불과합니다. 솎아내고 나면 정결함이 이루어집니다. 우리가 진리를 알고 싶으면, 우리는 먼저 진실해야 합니다. 우리가 영광을 목도하고 싶으면, 우리는 영광을 받을만큼 정결해져야 합니다. 아픔과 고통 자체가 정결함을 만들어 내는 것이 아니고, 이것들을 견인하고 인내하는데 필요한 믿음이 정결함을 만들어 냅니다.

참된 믿음이란 우리가 믿는 하나님을 단순하게 인식하는 것을 말합니다. 우리가 하나님을 분명히 보면 볼수록, 우리의 믿음은 그만큼 더 순결해질 것입니다. 우리의 믿음을 단련하고 정결케 하는 일이야말로 출애굽 당시 가지고 나온 어떤 물건보다도 더 귀중합니다. 이러한 정화 과정을 거쳐 우리는 주님을 더 분명하게 보고 주님의 임재 안에 거하게 될 것입니다.

> 주는 영이시니 주의 영이 계신 곳에는 자유함이 있느니라. 우리가 다 수건을 벗은 얼굴로 거울을 보는 것 같이 주의 영광을 보매 저와 같은 형상으로 화하여 영광으로 영광에 이르니 곧 주의 영으로 말미암음이니라 (고후 3:17-18).

주님의 영광을 보고 주님의 형상으로 변화되려면, 수건이 벗겨져야 합니다. 이것이 바로 광야의 목적하는 바입니다.

제가 좋아하는 목사님 중의 한 분은 구원에 관한 설교를 하실 때면 으레 "예수님께 나아오십시오. 그러면, 예수님은 여러분의 삶을 납작하게 만드실 것입니다!" 라는 말씀으로 시작하시곤 하셨습니다. 그리스도인으로서 산다는 것은 쉽지 않은 일입니다. 어떤 사람들은 주님을 위해 '결단' 하는 일에 있어서 사람들을 조종하려고 합니다. 이들은 죄인이 단순히 '예수님을 영접하기만' 하면 축복의 소망이 있다는 감언으로 사람들을 유혹하려 듭니다. 그러나 사람들이 실제로 예수님 앞에 나오게 되면, 자기의 가진 것들을 포기해야 하는 일들이 벌어집니다. 약속의 땅에서 큰 축복을 얻게 되는 것은 바로 이런 일을 겪은 이후에만 가능한 것입니다.

하나님의 약속은 유한한 인간의 이성적인 생각을 훨씬 뛰어 넘습니다. 그러나 주님을 위해 '결단' 하고 그 결단에 충성하는 자가 거의 없는 이유는, 약속이 성취되려면 먼저 광야를 통과해야 된다는 사실을 알려주지 않았기 때문입니다.

이스라엘 백성들은 광야에 있을 때 애굽의 모든 보화를 가지고 있었습니다. 이들에게는 이 보화를 쓸 데가 없었습니다! 교회도 우주의 주인이신 하나님의 상속자입니다만, 지금까지 우리가 하나님의 계좌에서 인출이 가능했던 한도는 단지 두 세 장의 수표 정도였습니다. 이러한 이유에 대해서 갈라디아서 4:1-7은 다음과 같이 설명합니다.

> 내가 또 말하노니, 유업을 이을 자가 모든 것의 주인이나 어렸을 동안에는 종과 다름이 없어서 그 아버지의 정한 때까지 후견인과 청지기 아래 있나니, 이와 같이 우리도 어렸을 때에 이 세상 초등 학문 아래 있어서 종노릇 하였더니, 때가 차매 하나님이 그 아들을 보내사 여자에게서 나게 하시고 율법 아래 나게 하신 것은, 율법 아래 있는 자들을 속량하시고 우리로 아들의 명분을 얻게 하려 하심이라. 너희가 아들인고로 하나님이 그 아들의 영을 우리 마음 가운데 보내사 아바 아버지라 부르게 하셨느니라. 그러므로 네가 이 후로는 종이 아니요 아들이니 아들이면 하나님으로 말미암아 유업을 이을 자니라.

그리스도인들은 참된 귀족입니다. 중생한 모든 그리스도인들은 하나님의 씨에 의해서 거듭난 것입니다. 우리는 지상의 왕의 상속자가 아니고, 만왕의 왕의 상속자인 것입니다. 지상의 모든 부를 합쳐도 하나님의 성도들에게 속한 가장 적은 유업에도 미치지 못합니다. 그럼에도 불구하고, 우리는 편안과 안락과 사치의 삶을 위해 부름 받지 않았습니다. 성령의 참된 기사로서 우리는 희생적이고 전투적인 삶을 위해서 부르심을 받은 것입니다. 이런 희생과 전투 가운데에는 말로 표현할 수 없는 기쁨과 평강이 우리 마음속으로부터 넘쳐날 것이 약속되어 있습니다. 우리 마음의 이런 일들은 지상의 부요보다 훨씬 더 귀중한 것이 사실입니다만, 이것조차도 우리의 핵심 목표는 아닙니다. 우리가 자유자로 부르심을 입은 것은 세상의 나머지 포로 된 자들을 자유케 하기 위함입니다.

히틀러의 집단 수용소 중의 한 곳에서 순교를 당한 독일의 유명한 신학자인 디트리히 본훼퍼가 한번은 이런 말을 했습니다. "예수님이 사람을 부르신 것은, 와서 죽으라는 그분의 뜻이 담겨 있는 것입니다." 예수님이 사람들을 불러 자신을 따르게 하실 때면, 전적인 희생과 헌신이 필수적인 점을 밝히셨습니다. 기타 다른 복음을 전하는 사람들은 구원의 일을 하기 보다는 파괴의 일을 하고 있는지도 모릅니다.

주님의 지상 사역에 있어서 그 주요 목표 중의 하나는 가난하고 억압받는 자를 돕는 것입니다. 그러나 주님은 이런 원칙에 따라 자신을 따르게 하려고 사람들을 부르신 것은 아니었습니다. 복음은 근본적으로 자유와 구원, 평화와 성취를 선포하는 것입니다. 이 모든 것이 값없이 주어지긴 하지만, 그렇다고 이 중에 값싼 것은 하나도 없습니다. 참된 복음은 강조하기를, "누구든지 제 목숨을 구원코자 하면 잃을 것이요, 누구든지 나를 위하여 제 목숨을 잃으면 찾으리라"고 선언합니다(마 16:25). 값싼 은혜의 복음을 따르는 자들은 광야에서 멸망당하거나 아니면 '애굽'으로 돌아가게 될 것이 확실합니다. 그리스도의 참된 부르심에 순종하는 사람들은 어려움의 때를 맞게 될 것입니다. 주님은 자신의 길이 쉬운 길이라고 말씀하신 적이 결코 없으십니다. 주님이 말씀하신 바는 단지 자신의 길이 갈만한 가치가 있다는 것이었습니다. 약속의 땅에 이르는 길은 단 하나인데, 그 길은 바로 광야를 가로질러 나있습니다.

그러나 우리의 궁극적인 목표는 우리 자신이 단지 약속의 땅에 도착하는 데 있지 않고, 그 보다 훨씬 더 많은 일들을 성취하는 데 있어야 합니다. "하나님의 아들이 나타나신 것은 마귀의 일을 멸하려 하심이니라(요일 3:8)." 주님은 수난을 당하시기 전날 마지막 밤에, "아버지께서 나를 세상에 보내신 것같이 나도 저희를 세상에 보내었습니다." 라고 기도하셨습니다(요 17:18). 우리도 마귀의 일을 멸하기 위해 보내심을 받았습니다. 또, 요한의 편지에 따르면, "온 세상은 악한 자 안에 처했다"고 하였습니다(요일 5:19). 우리는 온 세상을 되돌려 받기 위해 지금 와 있는 것입니다. 우리의 유업은 그리스도 안에 있으며, 이 유업에 대해 시편 2:7-8은 다음과 같이 말씀하고 있습니다.

> 내가 영을 전하노라. 여호와께서 내게 이르시되, 너는 내 아들이라 오늘날 내가 너를 낳았도다. 내게 구하라 내가 열방을 유업으로 주리니 네 소유가 땅끝까지 이르리로다.

하나님은 온 땅을 다스릴 권세를 아담에게 주셨습니다. 그런데, 아담이 뱀의 유혹에 굴복하게 되자, 그는 자신이 굴복하게 된 자의 종이 되고 말았습니다. 온 세상은 사단의 지배하에 있습니다. 원수는 자신의 지배력을 교묘하게 잘 활용하여 사람이 하나님께로 돌아가 하나님께 순복하게 되는 것을 가능한 한 어렵게 하고 있습니다. 사단은 너무나 교활하기 때문에 사람의 직접적인 숭배를 받기위해 자신을 드러내지는 않습니다.

사단은 뱀의 모습으로 왔던 것처럼 지금도 계속해서 그렇게 옵니다. 사단은 우리로 하여금 자신의 방법을 채택하게 함으로써 결국 자신을 숭배하게 만듭니다. 하나님을 따르면서 하나님의 약속을 유업으로 받기 위해서는 믿음과 인내가 요구됨을 알고 있기 때문에, 사단은 우리의 회의적인 태도와 성급한 성격을 만족시키기 위해 요즈음과 같은 세상의 체계들을 만들어 놓았습니다.

하나님의 계획이 창세전부터 수많은 아들들을 모아 영광에 이르게 하는 데 있음을 성경은 반복해서 증거하고 있습니다. 이것이 바로 사람의 타락에 상관하지 않는 하나님의 뜻입니다. 만약 사람이 타락하지 않았다면, 주님의 의도는 하나님과 자신과의 관계 속에서 진정 새로운 피조물인 사람으로 하여금 영적인 세계와 자연적인 세계 사이의 간격을 메울 수 있는 지점에까지 계속 성숙하게 하는데 있었을 것입니다.

사람이 하나님의 길과 지혜를 이해할 수 있는 지점에까지 성숙해지는 것이 하나님이 항상 갖고 계시는 목표였습니다. 그런데 사람이 타락하게 되자, 구속을 위한 전체 계획이 추가된 것입니다. 구속이란 타락 이전의 상태로 사람을 되돌려 놓으시려는 하나님의 계획을 말합니다. 세상이 구속될 때까지, 하나님의 계획은 계속해서 일하시는 양상을 보일 것입니다. 그러므로 우리는 계속해서 구속을 설교해야 합니다. 그럼에도 불구하고, 우리는 사람을 향한 하나님의 궁극적인 목표를 보지 못해서는 안 됩니다. 사람은 하나님의 형상대로 지어졌을 뿐 아니라, 그 본성과 영성에 있어서도 하나님처럼 될 수 있는 것입니다.

사람을 향한 이러한 하나님의 궁극적인 목표를 잘 알고 있는 사단은 실제로 이 점을 이용하여 사람을 유혹하였습니다. 하나님은 우리가 하나님처럼 되기를 정말 원하고 계신다는 점을 반복하여 말씀하셨습니다. 사단은 사람에게 하나님처럼 될 수 있는 더 수월한 첩경이 있음을 말하면서 이 길을 택하도록 사람을 유혹하였습니다. 사람이 이 유혹에 굴복하여 하나님처럼 될 수 있는 더 쉽고 빠른 방법—금단의 열매를 따먹는 길을 선택함으로써 대타락이 시작된 것입니다!

그러나 대타락으로 인하여 사람을 향한 하나님의 목표가 수정된 것은 아니었습니다. 구원의 계획은 사람으로 하여금 하나님의 아들의 형상을 온전히 이루게 하시려는 하나님의 궁극적인 목표의 한 부분에 지나지 않습니다. 구원의 계획은 하나님 계획의 전부가 아닙니다—그것은 대타락으로 인하여 필요한 부분만 손질된 것입니다. 우리를 향한 하나님의 궁극적인 목표는 "우리가 다 하나님의 아들을 믿는 것과 아는 일에 하나가 되어 온전한 사람을 이루어 그리스도의 장성한 분량이 충만한 데까지 이르는 것"입니다(엡 4:13).

하나님의 궁극적인 목표를 제대로 이해하지 못하면 광야에서 낙오자가 되어 결국 죽게 됩니다. 우리 자신을 위하지 않고, 주님을 위해 살겠다고 우리가 세례를 받고 헌신을 시작한 이후에, 바로 광야에서 그 헌신이 현실을 접하게 됩니다. 광야의 목적은 강력한 시련을 주는 데 있습니다. 그러나 우리가 광야를 거치면서 얻게 되는 열매는 세상이 주는 어떠한 시련보다도 더욱 강력한 믿음입니다. 광야를 통과한 연후에, 우리는 세상에 대해 죽고 하나님께 대하여 살게 됩니다.

광야를 통과한 연후에, 세상이 줄 수 있는 그 어떤 것보다 훨씬 더 귀중한 보화인, 우리와 함께 하시는 하나님의 임재를 우리는 소유하게 됩니다. 약속의 땅은 놀라울 것입니다. 그러나 주님이 우리를 주님의 처소로 만들어 주신 이 사실보다 더 놀라운 일은 없을 것입니다. 광야는 쉽지 않습니다만, 그 열매에는 어떤 어려움도 꿰뚫고 나갈만한 가치가 들어 있습니다.

Chapter 7   7 장

믿음과 인내
Faith and Patience

"게으르지 말고 믿음과 오래 참음으로 말미암아 약속들을 기업으로 받는 자들을 본받는 자"가 되라는 권면이 우리에게 주어져 있습니다(히 6:12). 주님으로부터 약속을 받은 이후에 그 성취가 점점 요원한 것처럼 보여지기 시작하면 우리는 놀라거나 낙담해 하지 않겠습니까? '믿음의 아버지'인 아브라함에 대해, "저가 이같이 오래 참아 약속을 받았느니라"고 성경은 말씀하고 있습니다(히 6:15).

인내는 믿음의 증거인데, 이 점을 이해하는 이들은 거의 없습니다. 이 점에 대한 몰이해 때문에, 약속이 이루어지고 부르심이 성취될 때까지 계속해서 자기의 길을 고수하는 이들이 거의 없습니다. 출애굽한 이스라엘 백성들은 이백만 가량으로 추산되는 데, 출애굽한 이 첫 세대 중에서

단지 두 명만이 약속의 땅에 들어갔습니다. 이것을 비율로 치면 백만분의 일입니다.

  이런 사실로 낙담이 되십니까? 만약 그렇다면, 바로 여기에 하나님을 믿어야 하는 부르심이 있는 것입니다. 가나안 땅에서처럼 거인을 만날 수도 있고, 여타 지도자들의 두려움에 떠는 모습을 볼 수도 있습니다만, 하나님을 믿기로 작정한 여호수아와 갈렙 같이 믿음의 사람이 되라는 부르심이 여기에 있는 것입니다. 불신앙의 삶을 사는 것 보다는 하나님을 믿다가 죽는 것이 더 낫습니다.

  광야에서 성장한 두 번째 세대는 사십년을 지내는 동안 불신앙으로 인해 부모들의 세대가 죽어가는 것을 목도하였기 때문에 이 사실이 주는 교훈을 이해하게 되었습니다. 사실은 이스라엘의 전 세대가 홍해를 넘어 약속의 땅에 들어왔습니다. 우리도 이전 세대의 실패를 교훈 삼아 배울 수만 있다면 약속의 땅에 들어갈 수 있습니다. 우리는 광야에서 죽을 필요가 없습니다. 우리는 광야를 맴도는 일로 만족해서는 안됩니다. 하나님이 사람을 다루시는 방법에 대한 많은 증거들을 우리는 가지고 있습니다. 우리는 하나님과 동행한 사람들에 대한 성서의 기록을 가지고 있기 때문에, 이를 통하여 하나님의 길을 이해할 수 있습니다.

  하나님이 광야에서 이스라엘을 다루신 방법에 대하여, 이 얘기를 듣는 사람들의 교훈을 위해서 바울은 다음과 같이 기록하고 있습니다.

> 그런 일은 우리의 거울이 되어 우리로 하여금 저희가 악을 즐겨한 것 같이 즐겨하는 자가 되지 않게 하려 함이니, 저희 중에 어떤 이들과 같이 너희는 우상 숭배하는 자가 되지 말라. 기록된 바, 백성이 앉아서 먹고 마시며 일

어나서 뛰논다 함과 같으니라. 저희 중에 어떤 이들이 간음하다가 하루에 이만 삼천 명이 죽었나니 우리는 저희와 같이 간음하지 말자. 저희 중에 어떤 이들이 주를 시험하다가 뱀에게 멸망하였나니 우리는 저희와 같이 시험하지 말자. 저희 중에 어떤 이들이 원망하다가 멸망시키는 자에게 멸망하였나니 너희는 저희와 같이 원망하지 말라. 저희에게 당한 이런 일이 거울이 되고 또한 말세를 만난 우리의 경계로 기록하였느니라. 그런즉, 선줄로 생각하는 자는 넘어질까 조심하라 (고전 10:6-12).

주님이 사람을 다루시는 방법은 믿음의 선조들 때로부터 지금까지 내내 동일합니다. 우리에게는 수많은 교회사의 자료들이 있기 때문에, 하나님의 이러한 방법에 대해 우리는 초대 교회보다도 더 많은 증거들을 가진 셈입니다. 모세처럼, 우리는 하나님의 방법을 알기 위하여 더 많은 신경을 써야 합니다. 하나님이 하시는 일을 증거하는 선에서 만족해서는 안됩니다.

시내산

Mount Sinai

광야에 들어온 후 얼마 되지 않아서, 이스라엘은 '기다림'이라는 가장 견디기 어려울 수도 있는 시험을 경험하게 됩니다! 모세는 십계명을 받기 위해 산에 올라갔기 때문에 이스라엘 백성들만 광야에 남게 되었습니다. 우리가 받은 소명대로 건너야 할 각자의 광야에서 우리도 이와 똑 같은 시험을 통과해야만 합니다. 주님이 가까이 계시다는 느낌을 갖지 못한 채, 일정 시간을 보내는 것이야말로 그 무엇보다도 가장 힘든 시험일 것입니다.

   모세가 산에 올라간 후 첫 번째 몇 주간은 아마 그래도 별로 힘들지 않았을 것입니다. 그런데, 몇 주간이 또 지나자, 이들은 모세에게 무슨 일이 일어났나 궁금해지기 시작했습니다. 급기야 이들은 모세가 다시는 산에서 내려오지 않을 것이라고 단정해 버립니다. 그리고 모세 없이도 살아갈 수 있는 방안을 마련하기 시작합니다.

   광야를 통과하는 동안 우리 모두가 견디어야 될 가장 중요한 시험들 중 대표적인 하나의 유형이 바로 이런 것입니다. 단지 기다리는 것 외에는 달리 아무 것도 할 일이 없는 상황처럼 우리가 견디기 어려운 시험은 없을 것입니다. 우리의 구원자가 우리를 떠나신 것처럼 보이게 되면, 우리가 목도한 엄청난 기적조차도 잠시 후에는 우리의 기억 속에서 희미해져 버립니다. 그 때, 의심이 강하게 밀려들어 옵니다. 우리가 하나님의 뜻 밖에 서있는 것은 아닌가? 하나님이 우리와 상관없이 이미 행동을 취하신 것은 아닐까? 하나님이 우리를 떠나셨다니 내게 무슨 죄가 있는 것은 아닌가? 의심은 의심의 꼬리를 물고 끝없이 일어납니다.

   물론 이런 모든 의심들에 대한 대답은 "아니오" 입니다. 그러나 하나님에 의해 버림받은 것처럼 보일 때에는, 이성에 의한 호소가 별 도움이 되지 못합니다. 이제는 우리에게 하나님이 없다고 생각합니다. 하나님이 다시는 되돌아오시지 않을 것처럼 우리는 느끼기 시작합니다. 이제 모세가 곧 나타날 터인데, 이들은 그 새를 참지 못합니다. 그리고 이들은 옛날로 돌아가 버립니다. 며칠 더 버티는 것쯤은 할 수 있는데도 말입니다!

   똑같은 일이 우리에게도 자주 일어납니다. 우리는 시험의 맨 마지막 단계에서 의심과 두려움에 굴복해버리기 일쑤입니다. 우리의 구원자가 나타나시기 직전에 우리는 포기해 버립니다. 우리는 바로 승리의 문턱에서 전쟁에 져버리기 일쑤입니다. 약속을 기업으로 받으려면 믿음과 인내가 필요합니다(히 6:12). 보통 우리의 인내심이 흔들리기 시작하면서 우리의 믿음에 타협이 생기게 됩니다.

> "너희에게 인내가 필요함은 너희가 하나님의 뜻을 행한 후에 약속을 받기 위함이라(히 10:36)."
> "그는 보이지 아니하는 자를 보는 것같이 하여 참았으며(히 11:27)."

인내심의 부족 때문에 이스라엘은 그 대가를 톡톡히 치르게 됩니다. 우리도 마찬가지입니다. 수천의 사람들이 임박한 심판으로 죽게 되었을 뿐만 아니라(출 32장), 남은 자들도 시련의 과정을 처음부터 다시 시작해야만 했습니다. 인내를 요하는 이런 종류의 시험 때문에 많은 사람이 믿음을 잃고 주님을 따르는 일을 그만 두게 됩니다. 이를 회개하고 주님을 다시 따르려는 사람들은 이런 시험을 다시 참아내야 합니다. 주님을 기다리는 법을 배울 때까지 우리는 앞으로 나아가지 못할 것입니다. 성급함은 치명적이기 때문에 우리가 성급함에서 자유함을 얻을 때까지 주님은 우리에게 약속의 땅의 축복을 맡기지 않을 것입니다.

우리는 보통 승리를 목전에 두고—우리 주님이 우리를 위해 언약을 돌판에 새기신 후 이를 가지고 나타나시기 직전에 포기해 버립니다. 주님이 우리가 기다리고 있지 않았음을 아시게 되면, 그 때는 그 언약이 깨어지는 것입니다. 주님은 떠나시면서 우리에게 재림을 기다리라고 명령하셨습니다. 주님은 다시 오실 것입니다만, 우리 안의 역사가 완성되기 전까지는 오시지 않을 것입니다. 또 다른 하루를 견디어 내기가 쉽지 않게 보이는 곳에 있을지라도, 주님의 재림이 가깝기 때문에 우리는 즐거워하기 시작해야 합니다. 주님은 우리가 감당치 못할 시험 당함을 우리에게 허락치 않으시겠다고 약속하셨습니다(고전 10:13). 기다림은 성도들의 가장 큰 시험 중의 하나입니다. 믿음의 조상들이 모두 약속을 유업으로 받기 위해 인내해야 했는데, 우리도 이들과 전혀 다를 바가 없습니다.

인내는 믿음입니다. 성급함은 자기 의지의 주요 근간을 이룹니다. 인내심의 부족으로 인하여 첫 번째 죄가 들어온 것 같이, 그 때 이후로 다른 대부분의 죄와 부패도 이로 인하여 생겨나게 되었습니다. 인내하지 않고 하나님과 동행한다는 것은 불가능합니다. 인내는 하나님의 약속을 유업으로 받기 위한 필수사항입니다. 성급함이 첫 번째 언약을 파괴한 것처럼, 성급함은 또 새언약도 파괴할 것입니다. 이런 시험은 필수적이기 때문에, 우리 여정의 벽두부터 이런 시험이 등장하는 것이 이상할 것이 없습니다. 이 단계에서 많은 사람들이 믿음을 잃습니다. 그리고 남는 자들이 인내를 배우게 됩니다. 이것이 바로 주님을 온전히 따르기로 한 사람들의 결단이 요구되는 첫 번째 가장 큰 구분점입니다.

수많은 성경 구절이 우리에게 주님을 기대하도록 권면하고 있는 것은 우연이 아닙니다. 서두르도록 우리를 부추기는 성경 구절은 어디에도 없습니다. 'C.J.정'은 예전에, "서두름은 마귀가 만들어 내는 것이 아닙니다. 서두름이 바로 마귀인 것입니다!"라고 말하였습니다. 이 말에는 상당한 진리가 포함되어 있습니다. 의심할 여지없이, 마귀는 위임 받은 하나님의 사람들에게까지도, 다른 이유 때문이 아니라, 조급한 마음을 먹게 하여 더 많은 일을 벌여놓게 만듭니다. 반대로, 주님은 하시는 모든 일에 있어서 인내를 넘치게 합니다.

저는 비행기 조종사였기 때문에 속력을 내는 것이 무엇인지 잘 압니다. 속력을 내다보면 이에 중독이 됩니다. 빨리 가면 빨리 갈수록, 지금의 속도에 그만큼 덜 만족하게 됩니다. 그저 계속해서 속력을 더 내고 싶은 것입니다. 상업용 비행기들이 지나가면서 만들어 낸 하얀 구름 자국을 내려다 보면서, 이들을 더 빨리 지나쳐 갑니다. 그러나, 이렇게 해도 충분하다는 생각이 들지 않습니다. 시속 오백 마일 이상을 넘게 달리고 있건만, 두 발로 걸을 때 보다도 저의 마음은 더 조급해져 있습니다. 멋진 레스토랑에서 식사가 나올 때까지 오래 기다리는 것보다도, 패스트푸드 식당에서 조금 기다리는데 더 조급해 할 때가 많은 것이 우리 사람들입니다.

우리는 기다리는 것을 참지 못합니다. 우리는 천천히 가는 것을 참지 못합니다. 그러나 약속의 땅에 들어가려면, 우리는 기다리는 법과 천천히 가는 법을 배워야 합니다. 우리가 빨리 가면 우리의 발길은 더 많은 광야의 땅을 밟게 될 것 같지만, 우리는 맴돌고 있기 때문에 실제로는 늘 같은 땅을 밟고 있는 것입니다. 조급하게 해놓은 일의 대부분의 경우에 있어서, 새로 일을 시작하는 것보다도 그 일을 원상복구하여 다시 시작하는 데에 더 많은 시간이 들어가게 됩니다.

Chapter 8   8장

믿음의 기초

The Foundation of Faith

아브라함은 주님을 따르도록 부르심을 받았을 때, 미지의 세계를 찾아 광야로 떠나기 위해 여태 정들었던 모든 것을 버려야 했습니다. 바빌론은 그 당시 세계에서는 엄청난 경이의 대상 중 하나였습니다. 거기에는 웅장한 건물들과 정원들, 멋진 거리와 집들, 발달된 과학과 문화, 그리고 세계 최강의 군대가 있었습니다. 바빌론의 시민이 된다는 것은 세상의 부러움을 자아내기에 충분하였습니다. 유력한 집안의 상속자가 될 수 있는데, 한낱 꿈 때문에 이 모든 것을 버리고 광야의 이곳저곳을 기웃거린다는 것은 실로 납득하기 어려운 대목입니다!

아브라함의 친척들과 친구들은 아브라함을 바보나 무책임한 사람, 혹은 정신병자로 생각했을지도 모릅니다. 그러나 아브라함에게는 세상이

줄 수 있는 그 무엇보다도 그 꿈이 더욱 중요하였습니다. 아브라함에게는 그의 마음의 눈에 보이는 세계가 육신의 눈에 보이는 세계보다 더욱 실감 있게 느껴졌습니다. 성경이 '믿음의 조상'이라고 말하는 사람의 믿음의 헌장이 바로 이러했습니다. 참된 믿음의 본질이 바로 이런 것입니다. 참된 믿음은 이성에서 나오지 않고 마음에서 나옵니다.

믿음의 눈을 가진 사람은 다른 사람들이 보지 못하는 것을 봅니다. 믿음을 가진 사람들은 다른 기준을 가지고 살아갑니다. 마음으로 영원(永遠)을 인식하는 사람들은 하나님이 건설하시는 도성의 일원이 되기 위하여 모든 대가를 지불하고 모든 희생을 감내합니다. 영원을 알게 되면 세상의 모든 부요와 쾌락이 일종의 안개같이 되어버립니다. 일단 영원(永遠)이 우리 마음에 들어오게 되면, 믿음이 활기를 띠게 됩니다. 그러면 우리의 시련들은 영원히 지속될 열매를 맺을 수 있도록 우리를 훈련시켜 주는 유용한 보배로 보이게 됩니다.

땅의 일을 생각하는 사람들은 아브라함과 같은 사람들을 향하여 '하늘의 일을 너무 생각하기 때문에 땅에서는 별 볼일 없을 것'이라고 단정해 버립니다. 사실은 그와 반대여서, 아마 대부분의 그리스도인들이 너무 땅의 일을 생각한 나머지 오히려 영적으로 부요하지 못합니다. 비전은 믿음의 기초를 이룹니다. 비전을 가진 사람들은 하늘의 일을 생각하는 경향이 있습니다. 일단 장차 올 시대의 영광과 능력을 맛보게 되면, 우리는 그냥 땅의 일들에는 도저히 흥미를 가질 수 없게 되어버립니다.

영적인 비전이 없으면 믿음이 생길 수 없습니다. 우리의 비전의 정도에 따라 믿음이 생깁니다. 영적인 사람들에게는 비전이 이 세상의 모든 보화와 쾌락보다도 더 강력한 실체로 받아들여집니다. 반면 비전이 없는 사람들에게는 영적인 것들이 모두 다 항상 어리석게 보입니다. 그러나 믿음의 눈에 보이는 것이, 육신의 눈에 보이는 그 어떤 것보다도 훨씬 더 실제적입니다.

바빌론은 그 모든 영화와 부와 권세에도 불구하고 이제 더 이상 존재하지 않습니다. 그것은 시시 때때로 이리 저리 부는 바람에 순식간에 사라져 버리는 한줌의 연기나 안개 같은 것입니다. 그러나 아브라함은 이 땅에 여태껏 살았던 모든 사람들 중에서 가장 위대한 사람들 중의 하나로 영원히 서 있습니다. 아브라함은 하나님을 사랑하였습니다. 그는 세상이 줄 수 있는 어떤 최상의 것보다도 더욱 더 하나님과 하나님의 집을 소망하였습니다.

입장(入場)의 대가
The Price of Admission

영적인 비전을 가지고 살려면 큰 대가를 치러야 됩니다. 우리는 모두 우리의 바빌론이나 애굽을 떠나야 합니다. 어떤 경우에는 다윗이 그랬던 것처럼, 심지어 일정 기간 동안 하나님의 사람으로부터 끊어지는 경험을 할 수도 있습니다. 세상사의 흐름이나 세상에 소망을 둔 사람들의 삶의 방식은 성령의 방법과는 반대입니다. 성령을 좇는 사람들은 땅의 일을 생각하는 사람들로부터 오해와 핍박을 받는 일을 피할 수 없습니다.

아브라함이 큰 믿음을 선보이면서 바빌론과 친족을 떠나서 광야로 힘차게 들어가자마자, 하나님이 아브라함의 구한 모든 것들을 재빨리 응답해 주셨을 것이라고 지레 짐작하는 사람들이 혹시 있을지 모릅니다. 사실은 그렇지 않습니다. 아브라함이 통과한 시련과 기다림은 인내는 커녕 이해할 수조차 없는 길고 힘든 길이었습니다. 아브라함이 고향을 떠나면서부터 간직해 온 중요한 비전인 하나님의 도성에 거하는 비전이 이 땅 위에 사는 날 동안에는 그에게 이루어지지 않았습니다. 아브라함은 멀리서 그냥 보기만 했을 뿐입니다. 그런데 아브라함에게는 이 정도도 충분하였습니다. 아브라함은 마음속에 갖고 있는 비전을 통하여 영원을 알고 있었기에, 덧없는 이 세상에서 그것을 얻으려고 안달하지 않았습니다.

아브라함에게는, 마음의 눈을 통하여 보고 경험한 사실이, 이 땅의 어떤 일 보다도 더 실제적이었습니다. 그에게는 이 땅의 가장 큰 도시를 다스리는 일조차도 아마 근본적으로 따분했을 것입니다. 그럼에도 불구하고, 그는 이 땅에서도 또한 제왕이었습니다. 그는 아마 이런 일에 관심도 없었고 정작 모르고 지냈을 수도 있지만, 땅의 영역에서도 가장 위대한 사람 중의 하나가 되었습니다. 영적인 비전을 가지고 사는 사람들은 보통 시대의 한계를 훨씬 초월하여 영향을 미치기 때문에 이 땅을 향한 이들의 영향력은 지대합니다만, 이들의 관심사는 이 땅 위에서 알려지는 데 있지 않고, 하늘에서 알려지는 데 있습니다.

성령의 안목을 갖게 되면, 시대를 초월하는 안목이 생기게 됩니다. 우리가 성령의 안목으로 보기 시작하면, 영원의 삶이 시작됩니다. 우리 각자는 거의 분명한 자신만의 삶의 영역을 가지고 살아갑니다. 그러나 아브라함은 자기의 진정한 처소가 하나님의 나라인 것을 알았기 때문에, 장막에서 살건, 궁정에서 살건 이것에 개의치 않았습니다. 아브라함은 바빌론이건, 지상에서의 자신의 시간이건, 심지어 자신의 사랑하는 아들 이삭이건 간에, 이 모든 것이 잠깐 있다 사라지는 단지 한줌의 안개라는 사실을 알았습니다. 그는 영원을 보았고, 영원에 자기 영혼의 연결고리를 고정하였습니다. 아브라함처럼 우리도 영원의 삶을 시작하게 되면, 인내는 우리의 자연스런 성품이 될 것입니다. 영원을 살고 있는데 서두른다면 이는 앞뒤가 안 맞는 격입니다.

장애물을 도약대로 바꿈
Turning Stumbling Blocks into Stepping Stones

아브라함도 실패를 경험했습니다. 우리 모두가 다 그러는 편이지만, 때로는 그도 자기 비전의 실체를 놓치고 표류하였습니다. 그는 실수도 하였으며 가끔 넘어지기도 하였습니다. 그러나 그의 비전의 본질적인 힘은 그를 제자리로 돌려놓기에 충분하였습니다. 일부 위대한 하나님의 사람들도 몇 가지 큰 실수를 하였습니다. 실수한 이후에 제자리로 돌아와 원래의 길을 계속 가려면 무엇보다도 가장 큰 믿음이 요구될 때가 종종 있습니다. 우리의 엄청난 노력에도 불구하고 우리의 목적이 이루어지지 않는 현실을 깨닫게 되는 것은 보통 우리의 실패를 통해서 입니다. 우리의 믿음이 진실해지는 것이 바로 이 단계에서 생깁니다. 이때서야 우리의 믿음이 진리이신 하나님을 더욱 향하게 됩니다. 우리의 믿음은 우리 자신이나 믿음 그 자체를 믿는 데에 있는 것이 아니라, 하나님을 믿는 데에 있어야 합니다.

우리 자신의 노력 속에 의(義)와 성공의 구실이 있다는 생각이 실패를 거치는 동안 헛된 망상임이 드러나게 됩니다. 바로 이 대목에서 우리가 하나님을 위해 할 수 있는 유일한 일은 하나님을 믿는 것뿐이라는 중요한 진리를 이해하게 됩니다. 우리가 받은 모든 것, 심지어 우리의 믿음까지도, 우리는 하나님으로부터 받았습니다.

그러므로 참된 믿음의 사람들은 가끔 넘어져서 참으로 무서운 실수를 저지르게 되어도, 언제나 되돌아와서 어느 때 보다 더 강력한 힘으로 살아가게 됩니다. 성경의 위인들 대부분은 최악의 실수를 통하여 최고의 승리를 일궈 냈습니다. 하나님은 구속의 일을 진행하심에 있어 부르심을 입은 모든 사람들의 삶을 통하여 이 사실을 증거하고 계십니다.

유혹

The Temptation

아브라함의 가장 큰 실수 중 하나는 자기 아내인 사라의 강권에 굴복하여 그녀의 몸종인 하갈을 이용하여 약속된 아들을 얻으려고 한 것이었습니다. 주님이 우리에게 약속을 주셨는데 오래 기다려도 그것이 이루어지지 않으면, 우리는 이와 같은 유혹에 굴복하기 쉽습니다.

이 때, 우리는 하나님의 약속을 이루기 위해 동원한 인간적인 방법을 합리화하기 쉽습니다. 아브라함처럼 유혹에 굴복당한 경험이 우리 대부분에게도 최소한 한 번쯤은 있습니다. 처음에는 그런 우리의 행동이 주님의 예비하심처럼 보일지도 모릅니다. 우리가 주님을 조금 도와 드리는 것이 마땅한 것처럼 보이기도 합니다. 그러나 이러한 착각은 참혹한 결과를 낳습니다. 진짜 약속의 자녀가 태어나기 전까지 아브라함에게는 이스마엘이 약속의 자녀처럼 보였습니다.

이스마엘이 태어났을 때, 주님의 천사가 나타나 "그가 사람 중에 들나

귀 같이 되리니 그 손이 모든 사람을 치겠고 모든 사람의 손이 그를 치리라"고 예언해 주었습니다(창 16:12). 우리의 섣부른 생각이 섣부른 결과를 낳습니다. 오늘 날까지도 이스마엘의 자손인 아랍 사람들은 모든 사람들을 대적하고 있고, 또 모든 사람들도 아랍 사람들을 대적하고 있습니다. 하나님이 약속하신 것을 이루실 때까지 기다리지 못하면 그 결과 항상 큰 문제가 벌어집니다.

이윽고 육체를 따라 태어난 자와 성령을 좇아 태어난 자 사이에 적개심이 커지게 됩니다. 이삭이 젖을 떼기도 전에 이스마엘이 이삭을 조롱합니다. 결국에는 아브라함이 이스마엘을 내쫓아야 했습니다. 그러나 일이 여기서 끝난 것은 아니었습니다. 이스마엘의 후손들은 오늘날까지도 이삭의 후손인 유대인들을 계속해서 핍박하고 있습니다. 이와 같이 우리가 인간적인 노력으로 하나님의 약속을 이루려고 하다보면, 우리는 남은 평생에 우리를 따라다니거나, 심지어는 우리의 후손들에게 까지도 영향을 미치는 문제를 만들어 낼 수 있습니다.

하나님의 입장에서는 이스마엘이 '친구' 인 아브라함의 아들이기 때문에 그를 사랑하시고 축복하시게 됩니다. 하나님은 가능한 많이 이스마엘의 자손들을 여전히 사랑하십니다. 성경은 아랍 사람들 사이에 대추수가 일어날 것이며, 종국에는 아랍과 이스라엘 사이에 커다란 일치감이 생길 것이라고 증언합니다. 그러나 축복은 유업과 같지 않습니다.

주님은 물론 영적인 의미에서 이스마엘을 가끔 축복하십니다. 이것 때문에 수많은 사람들이 참된 약속의 자손이 아직 태어나지 않았음을 결코 깨닫지 못합니다. 수많은 사람들을 전도하고 축복하는 큰 사역이나 교회가 많이 있습니다만, 사실 이 모든 것들이 영적인 의미에서는 육체를 따라 태어난 이스마엘과 같습니다. 대부분의 경우에 있어서, 교회의 지도자들은 사역에 대한 진실한 소명을 갖고 있습니다. 그러나 하나님의 시간에 맞추어, 하나님의 최선의 때를 기다리는 이들은 거의 없습니다. 이러한 '이스마엘들'은 쉽게 식별됩니다. 이스마엘은 육을 좇아 태어난 땅에 속한 자손이기에 수고와 노력을 통해서만 생존이 가능합니다.

주님이 우리를 축복하셨다고 해서 이것을 주님의 임재의 증거와 혼동해서는 안됩니다. 참된 약속의 자녀가 태어나면, 거기엔 언제나 갈등이 있게 마련입니다. 이스마엘은 자기 자리를 차지하려는 이삭을 파멸시키려 듭니다. 겉모양을 좇는 사람들은 거의 모두가 이스마엘을 따릅니다. 하나님의 택하심을 입은 씨앗들은, 그것이 일이든지 사람이든지 상관없이, 땅에 속한 마음을 가진 사람들에게 좀처럼 그다지 좋게 보이지 않습니다.

예수님의 외모도 그러하셨기에 육체적인 면에 있어서는 아무도 예수님께 끌리지 못했습니다(사 53:2). 메시야를 알아볼 수 있는 유일한 방법은 성령으로만 가능합니다. 참된 씨앗들은 땅에 속한 마음을 가진 사람들의 눈에는 무가치하게 보입니다. 심지어 사도 중의 최고라고 하는 바울도 "약하며 두려워하며 심히 떨며" 지냈습니다(고전 2:3). 외모로 판단하는데 익숙한 사람들은 육적인 씨앗들을 붙들고 참된 씨앗들을 능멸할 것입니다.

우리가 주님을 알게 되면 세상의 가장 큰 자랑과 영화가 모두 다 가소롭고 터무니없게 보일 것입니다. 우리가 하나님의 도성을 '목도'하게 되면, 사람의 일들은 아무리 클지라도 사소하게 보일 것입니다. 우리가 저택에서 살건 토굴에서 살건, 우리가 주님 안에 거하게 되면 우리는 영광 가운데 살게 됩니다.

  이것이 바로 아브라함이 가졌던 믿음, 다시 말하면 우리가 주님을 목도하고 우리의 마음이 영원(永遠)에 고정될 때까지 앞으로 계속 나아가는 그런 믿음인 것입니다. 현재의 이 세상에서 우리의 눈에 보이는 것보다 더 확실하게 하나님과 하나님의 도성을 목도하게 될 때까지, 주님이 우리의 마음의 눈을 열어 주시게 되면 참된 믿음이 생기게 됩니다. 이런 과정을 통하여, 바로 광야에서 우리와 하나님과의 친밀함이 더해가기 때문에, 우리에게는 광야에서의 우리의 시간이 귀중히 여겨지기 시작합니다. 하나님이 우리 가운데 거하실 수 있는 하나님의 처소를 우리가 마련하는 곳도 바로 광야입니다. 비록 우리가 메마른 광야를 수년 동안 터벅거린다고 해도, 바로 이곳 광야에서 우리는 그리스도께 속한 보화들을 발견해가면서 애굽이나 바빌론의 모든 보화가 그 의미를 잃어가는 것을 보게 됩니다.

Chapter 9

9 장

약속의 성취와 소멸
Promises Fulfilled and Lost

이삭은 오랫 동안 기다려 왔던 아들이었습니다. 그는 본질상 하나님의 택하심을 입은 거룩한 자녀였습니다. 그리고 이삭의 삶 가운데는 그리스도의 예표로써, 흡사 주 예수님을 증거하는 것과 같은 이야기들이 많이 들어있습니다. 이삭은 자신의 희생에 쓰일 나무를 묵묵히 가지고 갔습니다. 그는 저항하지 않고 순종하였습니다. 예수님이 자신의 신부가 완성되기까지 끈기를 가지고 기다리신 것처럼, 이삭도 자기 아버지가 자기에게 신부감을 찾아 주실 때까지 끈기 있게 기다렸습니다. 이삭이 자기 자신을 사랑하듯이 리브가를 사랑한 것은, 예수님이 어떻게 교회를 사랑하실 것인가에 대한 일종의 증거였습니다.

이삭을 희생하라는 하나님의 명령은 확실히 아브라함에게 있어서 가장 큰 시험 중의 하나였지만, 이 일은 하늘에 계신 우리 아버지의 가장 큰 사랑의 성명이 우리를 위해 독생자를 기꺼이 희생하신 일이라는 점과 똑같습니다. 아브라함은 이삭을 위해 이미 자신의 사랑하는 아들 이스마엘을 '희생' 하였습니다. 이제 아브라함은 두 번째 아들마저 잃게 되었을 뿐 아니라, 그렇게 되면 하나님의 약속도 망가질 것이 뻔했습니다!

아브라함이 이삭을 얻기 위해 그렇게 오랜 세월을 기다리는 동안 수많은 역경을 겪었습니다. 그런데 아브라함과 사라에게 이삭을 주시고 나서, 하나님은 이제 이삭의 희생이 필요하다고 말씀하시는 것입니다. 이삭을 희생제물로 드리는 일이 얼마나 어려울 것인지, 이를 이해하기란 쉽지 않습니다. 이 땅의 모든 족속들은 바로 이삭을 통해서 축복을 받게 되어 있습니다. 그런데 그가 희생당하면 어떻게 하나님의 이러한 약속이 이루어질 수 있겠습니까?

바빌론이 줄 수 있는 모든 것을 포기한 채, 약속을 받는 마지막 순간까지 나그네로 광야에서 수년을 보내면서, 그 동안 저질렀던 실수들을 깨닫고, 이스마엘의 일과 같은 실수들을 몰아내는 등, 이 모든 일에 즐겨 순종하였음을 증명해 드렸건만, 우리에게는 아직도 큰 시험이 하나 남아 있습니다. 우리는 우리의 약속의 응답을 제단에 기꺼이 바칠 수 있겠습니까? 우리는 하나님의 손에 우리가 받은 모든 것을 기꺼이 다시 돌려드릴 수 있겠습니까? 그런데 이 일을 우리는 해야 합니다.

모든 것을 얻기 위해 수많은 역경을 헤쳐 나온 뒤에, 우리는 하나님의 약속을 하나님 자신보다도 더 우선에 놓기 쉽습니다. 그렇게 되면, 그것이 우상이 되어버립니다. 일을 성취하시는 하나님을 잊어버릴 만큼, 하나님이 해놓으신 일에 너무 집착해서는 안됩니다. 교회 안에서 가장 흔하게 볼 수 있는 우상 숭배는 아마 하나님의 업적 자체를 숭배하는 일일 것입니다.

사역과 진리, 혹은 교회조차도 우리의 우상이 될 수 있습니다. 우리는 하나님만을 예배하는 대신에 우리의 예배 자체를 예배할 수 있습니다. 그렇게 오랜 세월을 기다리고 많은 것을 인내함으로써 우리가 약속 받은 것을 이룬 연후에, 이런 일이 일어날 위험성이 가장 많습니다. 우리를 위해, 우리가 받은 모든 약속이 이런 시험 과정을 거치도록 하나님이 정하셨습니다. 하나님과 함께 동행하는 사람들은 하나님 외에는 언제나 어떤 것이든지 포기할 준비가 되어 있습니다. 약속의 자녀인 '이삭들' 조차도 우리는 포기해야 합니다. 우리가 하나님을 제외한 모든 것을 잃어버릴 때, 그때서야 비로소 우리는 하나님 한 분만으로도 충분하다는 사실을 확실히 알게 될 것입니다. 하나님은 언제나 실제로 필요한 우리의 모든 것입니다.

아브라함이 기꺼이 이삭을 희생함으로써 그 시험을 통과한 직후에, 사라가 죽습니다. 사라의 죽음에는 그녀 생전의 삶이 그렇듯이 뜻이 담겨져 있습니다. 이스라엘은 아버지 하나님의 신부를 상징합니다. 하나님과 이스라엘 사이에서 생긴 열매가 바로 메시야입니다. 사라가 죽으면, 이삭은 신부를 데려 올 수 있습니다. 예수님이 희생 되시고 나면, 예수님의 어머니인 이스라엘이 영적인 의미에서는 죽습니다. 그리고 나면, 아들이신 예수님은 자신의 신부인 교회를 맞이하게 됩니다.

리브가는 이삭에게서 아들 둘을 낳았습니다. 그녀가 낳은 두 아들이 '두 나라'를 대표할 것이라고 주님은 그녀에게 말씀하셨습니다. 이 두 나라는 첫 번째 여자로부터 태어난 두 자손의 연장입니다. 심지어는 그리스도의 신부인 교회를 통하여서도 두 자손이 나오게 됩니다. 그 하나는 '농사하는 자' 였던 가인과 같은 육적인 자손으로써(창 4:2), 이들은 땅에 속한 마음을 가졌습니다. 나머지 하나는 피의 제사를 드리게 될 영적인 자손을 말합니다. 육적인 교회와 영적인 교회는 이미 정해져 있습니다. 처음부터 육적인 자손이 영적인 자손을 핍박한 것 같이, 육적인 교회는 계속해서 참된 교회를 핍박합니다.

기근과 약속의 자손
Famines and the Seed of Promise

아브라함과 이삭과 야곱과 같은 선조들의 삶 가운데 각각 기근이 일어났다는 사실은 의미가 있습니다. 이 세 사람은 모두 다, 기근의 원인이 된 가뭄이 왔을 때, 약속의 땅에 있었습니다. 이 세 사람은 모두 다 기근이 일어나자 호구지책을 위해 세상의 상징인 애굽으로 향하게 됩니다(이삭도 애굽을 향하였지만, 실제로는 이삭이 애굽에 이르기 전에 하나님이 이를 금하셨습니다).

불행하게도, 약속된 영적 자손들에게 조차도 이러한 원칙이 역사적으로 적용되어 왔습니다. 땅에 기근이 들면, 우리가 보여주는 첫번째 성향은 양식을 구하기 위해 애굽(세상)으로 향하는 것입니다. 애굽에서 아브라함은 거짓말도 하고 사기도 치게 됩니다. 타협을 위해 자기 아내마저 내놓습니다. 야곱은 실제로 약속의 가족이 사백 년 동안 애굽에서 종살이를 시작하도록 한 장본인입니다.

우리가 하나님의 약속 가운데 거할 때에도, 가뭄과 기근의 때는 찾아

올 수 있습니다. 이런 일들에는 그 목적이 주어져 있습니다. 모든 시험은 우리를 주님께 더욱 가까이 가게 하는데 그 목적이 있습니다. 시험을 기회 삼아 믿음이 자라면서 우리는 더 높은 수준의 순종을 배우게 됩니다. 물론, 시험은 우리를 넘어뜨리는 장애물이기도 합니다. 이러한 시험의 때에 필요한 것을 구하기 위해 우리가 세상을 향하게 되면, 우리의 타락은 가속화될 것입니다. 선조들은 모두 다 약속의 땅으로 다시 돌아왔지만, 애굽에서의 체류 때문에 이들이 지불한 대가는 비싼 것이었습니다.

우리가 하나님의 훈련을 감내하는 동안, 우리가 세상을 향하여 도움을 요청하면 우리는 언제나 그 대가를 지불하게 됩니다. 하나님의 약속이 성취되었어도, 우리는 우리의 수비 자세를 풀 수는 없습니다. 우리를 향한 하나님의 소명이 성취된 후에도, 우리는 여전히 무너질 수 있습니다. 신자는 하나님의 공급하심 가운데 생활하기 시작할 때, 오히려 공급자이신 하나님을 잊어버릴 수 있는 큰 위험성을 갖고 있습니다. 약속의 땅에 들어가기 직전에 모세는 이스라엘에게 이 점을 경고하였습니다.

> 네 하나님 여호와께서 네 열조 아브라함과 이삭과 야곱을 향하여 네게 주리라 맹세하신 땅으로 너로 들어가게 하시고, 네가 건축하지 아니한 크고 아름다운 성읍을 얻게 하시며, 네가 채우지 아니한 아름다운 물건이 가득한 집을 얻게 하시며, 네가 파지 아니한 우물을 얻게 하시며, 네가 심지 아니한 포도원과 감람나무를 얻게 하사 너로 배불리 먹게 하실 때에, 너는 조심하여 너를 애굽 땅 종 되었던 집에서 인도하여 내신 여호와를 잊지 말고 (신 6:10-12).

시련이나 투쟁이 심해지면, 우리는 보통 주님을 더 빨리 찾게 됩니다. 약속이 성취되고 만사가 형통해지는 삶을 살기 시작하면, 우리는 쉽게 자기만족에 빠지다가 가끔은 세상과 타협하는 성향도 보이게 됩니다. 바로 이때 기근이 찾아 들면, 우리의 마음은 그 방향이 이미 잘못되어 있었기 때문에, 우리의 필요를 채우기 위해 세상길로 향하게 됩니다.

요즈음 세대는, 그 어떤 때 그 어떤 곳에서도, 우리의 수비 자세를 허물고 있거나, 주님께 가까이 다가가는 일을 멈추어서는 안됩니다. 사실 일이 잘되어갈 때가 가장 위험한 때인지도 모릅니다. 광야에서 시련과 가뭄의 때를 지나는 데는 다 이유가 있습니다. 이런 어려움들을 통하여 우리는 주님을 의지하고 주님과의 친밀한 관계를 계속 유지할 수 있는 자리로 되돌아가게 됩니다. 그렇게 되면 약속의 땅의 축복들은 더 이상 우리를 파괴하지 못합니다. 하나님의 약속 가운데 안전하게 거하기 위해서는 커다란 성숙이 필요합니다. 주님 자신이 주님이 주신 축복보다 더 중요한 위치에 계시지 않으면, 그 축복들은 우리를 쉽게 추락시킬 것입니다.

필요하다면 약속의 땅에 가뭄의 때나 심지어 기근까지도 허락하시는 분이 바로 주님이십니다. 이런 어려움들은 우리를 넘어뜨리는 것이 아니라, 우리를 깨우는 역할을 담당합니다. 그러나 우리가 자기만족에서 깨어나지 않으면, 우리는 넘어지게 될 것입니다. 주어진 하나님의 약속을 성취하고 향유하면서도, 결국 속박과 치욕의 삶으로 다시 전락해버리는 수많은 교회와 개인들이 있음을 봅니다. 수많은 위대한 하나님의 사람들이 바로 그들의 인생 말엽에 영화의 단계로 들어가기 직전 추락하는 것을 봅니다. 모세의 경고대로, 부르심이 성취되기 시작할 때, 여러분은 조심해야 합니다! 하나님의 안식과 하나님의 평강을 누리고 있을 때에도, 우리는 자기만족에 도취하거나 우리의 방어를 풀어서는 안됩니다.

선대의 아브라함이나 후대의 야곱처럼, 이삭이 살던 때에 기근이 찾아오자, 이삭은 애굽을 향하여 이동하기 시작합니다. 하나님은 이삭의 애굽행을 저지하시면서 그에게 약속의 땅에 머무르도록 말씀하셨습니다(창 26:1-5). 그러나 이삭은 이곳저곳을 전전하다가 블레셋의 그랄이란 곳에서 최종적으로 정착하게 됩니다(6절). 이삭은 애굽으로 완전히 내려가지는 않았지만, 거기로 향하는 길을 조금이라도 간 것은 사실이었습니다.

우리 중 수많은 사람들이 전형적인 이런 경험들을 겪고 있습니다. 성경에서 애굽이 현재 악한 시대의 전형이라면, 블레셋은 육체를 상징합니다. 구약에서 '할례받지 못한 사람들'이라고 말할 때는, 항상 블레셋과 연관되어 있습니다. 할례란 우리의 삶 가운데서 불필요한 살을 잘라내는 것을 상징합니다. 이삭은 애굽이라는 세상으로 완전히 돌아가지는 않았지만, 블레셋이라는 육체의 땅을 여전히 표류하였던 것입니다.

이삭이 글자 그대로 '원'이라는 뜻을 가진 그랄이라는 곳에 정착한데는 의미가 담겨 있습니다. 애굽으로 가는 길을 조금만 내려가도, 그랄과 같은 곳에서 우리는 원을 그리며 맴도는 삶을 살게 됩니다. 우리가 완전히 세상에 있는 것도 아니고, 그렇다고 약속의 땅에 거하는 것도 아닐 때, 우리는 혼란에 빠지게 됩니다.

이삭이 그랄에 있을 때 주님께서 이삭을 크게 축복하셨는데, 이 때문에 이삭은 아마 혼란을 겪었을 것입니다(12-14절). 하나님의 은사와 부르심에는 후회하심이 없습니다(롬 11:29). 우리가 신실하지 않을 때에도, 하나님은 우리에게 신실하십니다. 주님의 축복이 주님의 임재 또는 주님의 승락의 증거인양 잘못 받아 들여져서는 안됩니다. 어떤 사람이 축복을 받게 되면, 그것을 하나님의 뜻 가운데 있는 증거로 받아들이는 것이 상례이지만, 이런 생각에는 위험한 면이 들어 있습니다.

"축복이 반드시 하나님의 뜻 가운데 있는 증표가 아니라면, 하나님의 뜻 가운데 있는 것을 우리는 어떻게 알 수 있습니까?"하고 궁금해 하실 분이 있으실지 모르겠습니다. 이렇게 좁은 길로 들어오는 이들이 거의 없다는 점에 대해서 주 예수님은 증거하셨습니다. 넓은 길을 택함으로써 생명으로 인도하는 길을 놓치는 이들이 많습니다. 하나님의 길은 좁은데 끝까지 인내하는 이들도 거의 없다는 점 때문에 우리는 불안해 합니다. 그러나 여기에는 주님 외에는 그 어떤 것도 우리에게 안전을 줄 수 없는 점을 가르치시려는 주님의 의도가 담겨 있습니다. 우리 자신을 의지하려는 안전조차도 우리는 버려야 합니다.

시련은 실패로 연결될 가능성이 늘 있음에도 불구하고 주님이 우리에게 시련을 주시는 의도는, 이로 인하여 우리가 주님께 매어달리며 의지하게 되기 때문입니다. 시련에 담겨진 뜻은, 하나님의 축복 보다는 하나님을 더 많이 사랑하고, 하나님의 역사만이 아닌 하나님의 도리를 알고자 하는 결단을 촉구하는데 있습니다. 믿음의 조상들처럼, 우리도 여러 번 넘어질지 모릅니다만, 참된 믿음의 자손들은 언제나 다시금 일어나서 꾸준한 노력을 계속할 것입니다.

이삭이 그랄에서 우물을 팠더니 물이 나왔습니다. 그러나 그가 물을 발견할 때마다, 블레셋 사람들이 이 때문에 시비를 걸었습니다. 세상과 타협하는 자리에서 우리도 물을 발견할 수는 있습니다만, 이 물이 평화스런 방법으로 오지는 않습니다. 타협의 땅은 다툼과 분쟁의 땅입니다.

결국 이삭이 '언약의 땅'이라는 뜻을 가진 브엘세바로 되돌아가자, 그날 밤 주님은 이삭에게 나타나시게 됩니다(창 26:23-24).

　주님과 원래 언약을 맺었던 장소, 즉 주님이 우리를 부르신 장소로 돌아갈 때까지 우리는 결코 평화를 얻지 못합니다. 우리가 언약의 장소로 돌아가는 순간, 우리는 다시 주님을 보고 평화를 얻게 될 것입니다.

Chapter 10

10장

익숙한 일들의 횡포

The Tyranny of the Familiar

유월절을 기점으로 이스라엘은 애굽에서 해방되었습니다. 광야는 이스라엘로 하여금 애굽의 방식을 버리게 하는데 그 뜻이 있습니다. 이 두 가지 점은 우리에게도 똑같이 적용됩니다. 예수님의 유월절 희생을 통해서 우리는 세상 권세로부터 해방되었습니다. 그리고 우리가 광야에서 겪는 시련은 우리의 생각과 행동을 계속 지배해 온 세상 방식으로부터 우리를 해방시키는데 그 뜻이 있습니다. 우리는 어린 양의 피로 구속함을 받았습니다마는, 주님은 우리에게 "너희 안에서 행하시는 이는 하나님이시니….너희 구원을 이루라"고 명령하셨습니다(빌 2:12-13). 바로 광야에서 우리는 구원을 이루어 가는 일들을 경험하게 됩니다.

광야의 경험을 통하여 충분한 유익을 얻어 내려면, 우리는 영적인 명에의 본질을 이해해야 합니다. 진리가 바로 우리를 자유케 합니다. 광야에서 우리는 하나님과 우리 자신을 향한 진리를 배우게 됩니다. 인간을 노예화 시키는 가장 큰 멍에 중의 하나는 '익숙한 일들의 횡포' 라고 말할 수 있습니다. 익숙한 일에 매달리는 것이 얼마나 많은 해독과 아픔을 주든지 상관하지 않고 그 일에만 매달린 채, 변화에 따른 결과가 아무리 좋게 보일지라도 이에 상관하지 않고 변화 자체를 거부하는 유혹에 빠지기 쉬운 것이 사람들의 보편적인 정서입니다.

예를 들면, 부모를 알코올 중독자로 둔 가정에서 자란 자녀들의 경우, 높은 비율의 자녀들이 예상되는 고통과 혼란에도 불구하고 폭음자들과 쉽게 결혼하게 되는 이유가 바로 이런 것입니다. 익숙한 일들은 고통이 잠재되어 있다고는 하지만 예측이 가능하기 때문에, 예상할 수 없는 미지의 일들 보다는—비록 훨씬 더 큰 평안과 성취가 생긴다 해도—더 쉽게 받아들여집니다. '익숙한 일들의 속박' 은 이성보다 더 강력한 힘을 가지고 있습니다.

이스라엘이 모세에게, "우리가 애굽 땅에서 고기 가마 곁에 앉았던 때와 떡을 배불리 먹던 때에 여호와의 손에 죽었더면 좋았을 것을"이라고 말한 이유가 바로 익숙한 일의 속박 때문이었습니다(출 16:3). 혹독한 종살이의 억압 때문에 주님께 구원해 달라고 외치게 되었음에도 불구하고, 하나님을 따르는데서 오는 불안한 미래보다는 애굽의 종살이를 하는 데서 오는 일종의 안정감이 이스라엘에게는 더욱 바람직하게 보였습니다.

애굽에서는, 최소한 모든 것을 예상할 수는 있었습니다. 광야에서는, 매일 매일 하나님의 공급하심에 대한 신뢰로써 살아야 했기에, 이들에게는 불안감이 있었습니다. 교회의 많은 사람들이, 하나님을 따를 때 생기는 변화에 대해 위험을 무릅쓰고 개방적으로 대처하기 보다는, 익숙한 환경의 속박에서 오는 학대나 혼란, 그리고 아픔을 감내하는 편을 더 쉽게 생각합니다.

하나님을 따르면서도 영적인 노예생활에 쉽게 빠지게 되는 근본적인 이유는, 주님 보다는 환경을 통해서 사람들이 쉽게 안정감을 찾는 성향을 갖고 있기 때문입니다. 우리가 통제할 수 있는 환경이나, 혹은 우리를 통제할 수 있는 환경이 시종 여일하고 변함이 없어서 신뢰할 수 있게 되면, 우리는 이런 환경 자체에 우리의 믿음을 두고자 하는 성향을 갖게 됩니다.

하나님과 함께 있으면 훨씬 더 큰 안정감과 평화를 누릴 수 있는 잠재력이 우리에게 생기게 되지만, 그러한 잠재력은 환경을 통해서가 아니고, 하나님 안에서만 발견되어져야 합니다. 주님은 변치 않으시지만, 우리가 주님과 동행하는 삶을 살 때, 우리는 수많은 환경의 변화를 경험하게 됩니다. 이러한 멍에는 깨뜨리기가 아주 곤란하기 때문에, 광야를 경험케 하는 주요 목적이 바로 이 멍에를 깨뜨리는 데 있는 것입니다.

바울 사도가 고린도 교인들에게 부담을 주지 않기 위하여 자기 손으로 직접 일하는 희생을 보이고 난 후에, 이들이 거짓 선지자들에게 이용당하여 금방 속아 넘어가는 것을 목도하게 되자 그는 놀라게 됩니다. 바울은 그들에게, "누가 너희로 종을 삼거나 잡아먹거나 사로잡거나 자고하다 하거나 뺨을 칠찌라도 너희가 용납하는도다"라고 말합니다(고후 11:20).

여기서 바울이 묘사하고 있는 교회 권위의 본질에 대해 생각해 보십시다. 바울은 그리스도의 몸 안에 광범위한 영향을 미치는 목사들에 대해 말하고 있습니다. 다음과 같은 사람들을 용납하였다 하여 바울은 고린도 교인들을 책망하였습니다.

→ 종을 삼거나
→ 잡아먹거나 사로잡거나
→ 자고하다 하거나
→ 뺨을 치거나 창피를 주더라도

그리스도의 몸인 교회가 그 대부분의 역사에 있어서 이런 특징을 가진 지도자들에게 굴복해 온 점을 유의하십시오. 얼마나 더 지나야 우리는 이런 일들에 대해 깨어있을 수 있을까요? 이들이 아무리 참된 목자라고 주장해도, 이런 일들을 행하는 사람들은 하나님이 보내지 않은 자들로서 거짓된 목자들입니다.

고린도 교인들은 얼마나 바보 같기에 이런 사람들을 따랐을까요? 사실은, 고린도 교인들이 그랬던 것처럼 오늘 날의 교회도 이와 똑같은 일을 계속하고 있습니다. 이들 모두가 익숙한 일들에 속박을 당해서 속고 있는 것입니다. 고린도 교인들은 억압적이고 독선적인 본성을 가진 로마인들의 권위에만 익숙해져 있었습니다. 그래서 이들은 로마의 지도자들과 비슷한 유형을 보이는 영적인 지도자들을 쉽게 따르게 된 것입니다. 예수님이 실연(實演)을 통하여 보여주시면서 참된 사역자들에게 요구하신 지도자상이 이들에게는 익숙하지 않았기 때문에, 거짓된 안정감을 가진 일부의 사람들을 자극하게 되었습니다.

육적인 사람들은 육적인 권위에 반응합니다. 영적인 사람들은 참된 영적인 권위를 인식하고 이에 반응합니다. 우리가 참된 영적 권위를 가지고 살려면, 우리는 어떤 사람도 우리를 종으로 삼거나 사로잡거나 자고하거나 겁을 주거나 창피를 주어 우리를 통제하지 못하게 해야 합니다. 그런 지도자들은 거짓 사도들이며, 거짓 선지자들이며, 거짓 목자들이며, 거짓 교사들입니다.

이스라엘 백성들이 하늘로부터 만나와 메추라기를 풍성히 받고도, 애굽의 고기 가마를 그리워하는 것을 목도하게 되면 우리는 아주 놀라게 됩니다. 그런데 사실은 우리 자신들도 그와 똑 같은 실수들을 계속 반복해서 저지르고 있지 않습니까? 교회가 하나님과의 동행하는 자유를 선택하지 않고, 영적인 노예 생활의 익숙함을 계속 반복하여 선택한 것은 교회의 역사가 증명하는 사실입니다. 이 때문에 교회는 약속의 땅에 들어가기 위해 통과해야 하는 광야에서, 하나님이 의도하신 예측 불가능한 일들을 선택하기 보다는 세상의 익숙한 방식을 선택하게 되었습니다. 교회가 율법주의에게뿐 아니라 자고한 모습으로 다가온 잔혹한 영적 십장들에게도 지속적으로 굴복했던 모습을 교회사 가운데 볼 수 있습니다.

최후의 전쟁

The Ultimate Battle

신약에 있는 가장 큰 갈등은 율법과 은혜 사이의 갈등입니다. 신약의 거의 모든 책들이, 그리스도 안에서 우리가 가진 자유에 대해서는 근본적으로 찬성하는 성명서인 동시에, 율법주의에 대해서는 그 접근을 반대하는 성명서입니다. 예수님께서 제자들에게 "바리새인들의 누룩을 주의

하라"고 경고하신 것은 (마 16:6) 율법주의를 지칭하신 것이었습니다.

이 전쟁은 신약시대 이후로 계속되어 온 것인데 지금까지 이 전쟁에서 승리란 없었습니다. 이러한 누룩 없는 운동이 다음에 일어나게 되면, 그것은 아마 첫번째 누룩 없는 운동이 될 것입니다. 이렇게 누룩 없는 운동을 하는 사람은 하나님의 나라가 땅에 임하도록 길을 만들어 내면서, 광야를 벗어나 하나님의 약속의 땅에 들어가는 길을 발견할 수도 있습니다.

교회가 은혜로 사는 삶 대신 율법에 계속 굴복하게 되었다고 말할 때의 율법은 단순히 모세의 율법을 지칭하는 것이 아닙니다. 율법주의는 여러 가지 형태로 옵니다. 우리는 가끔 구약은 율법이고 신약은 은혜라고 단정해 버리지만, 반드시 이 말이 맞는 것은 아닙니다. 우리가 신약을 옛 언약의 마음으로 읽는다면, 신약조차도 우리에게는 율법이 될 것입니다. 우리가 신약에서 억지로 율법적인 요소를 짜낸다면 그 중 일부는 종종 바리새인들이 구약에서 짜낸 것과 같아질 것입니다.

신약에서도 율법적인 요소를 쥐어짜내면 모세의 율법에서 나온 율법의 굴레와 거의 똑 같은 것이 나오게 됩니다. 은혜와 율법이라는 이 문제는 본 시리즈의 첫 번째 책인, 〈동산 안의 두 나무〉에서 깊이 다루었기 때문에 본서에서는 더 이상 다루지 않을 것입니다. 그러나 우리가 명심해야 할 점은 이 문제 때문에 우리는 늘 씨름해야 한다는 것입니다. 율법과 은혜 사이의 이러한 갈등은 바로 하나님의 나라와 현재의 악한시대 간에 서로 갈등을 겪게 하는 핵심적인 사안인 것입니다.

믿음이 하나님의 나라에 이르는 문인 것처럼 두려움은 사단의 지배와 통제에 이르는 문입니다. 우리는 우리가 두려워하는 대상의 통제 가운데 스스로 굴복해 버립니다. 속임을 당하고 싶은 사람은 아무도 없지만, 우리가 진리를 사랑하는 대신에 실수에 대한 두려움에 굴복하게 되면, 실수가 우리의 삶을 지배하는 영역이 더 확대되어질 것입니다.

실수에 대한 두려움에 굴복한 나머지, 모든 진리 가운데로 자기들을 인도하시는 주님을 믿기 보다는, 자기들을 속이는 사단을 더 믿어버리는 그리스도인들이 더러 있습니다. 이렇게 되면, 원수는 이들의 삶에 대한 통제를 강화하게 됩니다. 보통 이러한 그리스도인들은 속임 당할 것을 너무 두려워한 나머지, 교회의 여타 활동으로부터, 특히 자기들과 똑같지 않은 집단으로부터 점점 스스로를 분리하게 됩니다. 역설적이긴 합니다만, 이러한 종류의 두려움은 결국 이단 종파나 사교(邪敎)로 전락해 버리는 집단들이 갖는 초기 단계의 현상이라는 점입니다. 두려움이 이들을 통제하게 내버려 두면, 비록 그것이 실수에 대한 두려움일지라도, 사단은 이들의 삶을 지배해 버립니다.

사교(邪敎)를 경계할 목적으로 만들어진 수많은 사역자들의 도움으로 뉴에이지나 여타의 거짓된 운동에 대한 경각심이 일어났습니다. 그러나 이들이 뉴에이지나 여타의 거짓된 교리로부터 교회를 보호하기 위해 결성한 단체가 피해망상증에 빠져서 절름발이 신앙을 가르침으로써 이들 사교보다 실제로는 오히려 더 많은 해독을 끼치고 있습니다. 사교(邪敎)를 경계한답시고 자신들의 참된 소명이나 사명을 망각한 채, 교회의 재판관으로 나서기 위해서 실제로는 장로나 감독들의 직무를 빼앗아 버리는 이들도 일부 있습니다. 이러한 일들은 가끔 세상의 매스미디어들이 조사한 자료의 기준보다도 못한 신뢰도를 가지고, 그것이 마치 검증된 사실인양 비방과 소문을 공론화하는 장애물로 불가피하게 전락하게 됩니다.

이러한 사역자들의 주된 성과는 교회 안에 두려움을 심어서 그리스도의 몸된 교회를 나누어 버리는 데 있습니다. 사단은 "스스로 분쟁하는 동네나 집마다 서지 못하게 될" 것을 잘 압니다(마 12:25). 교회를 대적하는 사단의 최우선적인 전략은 분쟁을 가져오는 것입니다. 하나님의 성령의 열매는 하나됨을 가져오는 사랑과 믿음입니다. 사단의 영의 열매는 분열을 가져오기 위하여 의심과 피해망상증을 심는 것입니다. 두려움은 종살이의 멍에이기 때문에 두려움을 가지고 교회를 치리하는 자들은 거짓된 사역자들입니다.

우리 하나님은 다양성의 하나님이십니다. 하나님은 모든 눈송이를 각각 다르게 만드셨습니다. 하나님은 모든 사람을 각각 다르게 만드셨으며, 모든 교회를 각각 다르게 만드셨습니다. 하나님이 역사하시도록 우리가 기회만 드린다면, 하나님은 모든 모임과 예배를 독특하게 만드실 수 있으십니다. 주님께서 '새 일'을 행하고 계심을 우리에게 계속해서 말씀하시는 이유가 무엇이겠습니까?(사43:19) 주님은 왜 계속해서 새 일을 행하시겠습니까? 우리로 하여금 환경 대신에 주님을 믿는 믿음을 간직하게 하시려고 주님은 교회라는 생명체 안에 새로움을 계속해서 역사하고 계십니다. 하나님이 섭리하신 변화로 인해 우리가 당황하게 될 때, 그 때가 바로 익숙한 일들의 횡포에 우리가 얼마나 속박을 당했었는지, 그리고 하나님에 대한 우리의 믿음이 정말 얼마나 보잘 것 없었는지를 계시해 주는 순간인 것입니다.

역사적으로 볼 때, 하나님의 약속을 계속해서 성취해 낸 사람들은 정말 거의 없습니다. 대부분의 그리스도인들은 광야에서 맴돌며 방황하는 삶을 보냅니다. 이렇게 된 주원인은 아브라함이 그랬던 것처럼, 하나님이 건설하시는 도성을 바라보고 미지의 세계를 향하여 기꺼이 땅을 박차고 나갈만큼, 변화에 도전하는 용기 있는 자들이 거의 없기 때문입니다. 익숙한 일들이 갖고 있는 터무니없는 구속력을 깨닫게 되면, 갈대아우르를 떠나는 아브라함의 비상한 믿음의 행동에 대해 우리는 다만 놀라워 할 뿐입니다.

참된 믿음을 소유한 모든 사람들은 아브라함의 행위를 본받도록 부르심을 받았습니다. 진실로 하나님과 동행하는 삶을 살려면, 우리는 기꺼운 마음으로 잘 아는 익숙한 일들을 버리고 미지의 세계로 하나님을 따라 나설 수 있어야 합니다. 새로운 영적인 세대는 각각 구습에 따른 익숙한 일들을 붙잡는 것과 새로운 미지의 세계로 하나님을 찾아 기꺼이 나아가는 것과의 사이에서 하여간 선택을 해야만 합니다. 우리가 이런 선택을 할 때만이, 성령 안에 있는 참된 자유와 하나님에 대한 참된 믿음을 얻을 수 있는 것입니다.

잘 아는 익숙한 일들의 안전함을 붙드는 다수의 무리를 벗어나서 아무도 가지 않은 좁은 길을 즐겨 따라가는 사람들은, 새로운 세대나 새로운 영적 운동이 일어날 때마다 오직 극소수가 있을 뿐입니다. 정작, 이러한 믿음의 도상에서 수많은 위험과 속임을 당할 가능성이 있지만, 바로 이 길이 하나님의 도성에 이르는 길입니다.

Chapter 11   11장

획일성의 횡포

The Tyranny of Conformity

    획일성이 주는 멍에도 익숙한 일들에서 생기는 멍에와 비슷합니다. 이 멍에는 하나님 보다는 사람에게 우리의 안전을 구한 결과로 생기게 됩니다. 성경은 이런 멍에를 '사람에 대한 두려움'이라고 말씀합니다. 주변의 다수와 일치되려는 압박감은 하나님을 두려워하기 보다는 사람을 두려워하기 때문에 생깁니다. 참된 기독교는 보통 다수의 의견을 따르는 세상의 방식과는 근본적으로 갈등하게 되어 있습니다. 획일성의 멍에는 많은 사람들이 믿음에서 떨어져나가 세상의 방식에 굴복하게 되는 주요한 원인이 되어 왔습니다. 이들은 하나님의 인정보다는 사람의 인정을 더 받으려고 합니다.

    이런 멍에 때문에, 예수님은 엄중히 다음과 같이 경고하셨습니다.

> 너희는 사람 앞에서 스스로 옳다 하는 자이나, 너희 마음을 하나님께서 아시나니 사람 중에 높임을 받는 그것은 하나님 앞에 미움을 받는 것이니라 (눅 16:15).

이 말씀은 확실한 경고입니다. 우리가 사람들에게 인정받는 일을 한다면, 우리는 하나님 앞에 미움 받는 일을 하게 될 것입니다. 그 반대도 또 사실입니다. 하나님께 인정받는 일들은 보통 사람들 앞에 미움을 받습니다. 우리가 하는 일을 싫어하는 이들이 분명히 있을 것입니다! 그 대상이 하나님이시기를 바라십니까? 아니면 사람이기를 바라십니까?

속박 대신에 자유를 주는 멍에가 있습니다. 주님의 멍에는 쉽습니다. 우리가 주님의 멍에를 질 때, 우리의 영혼은 피곤함 대신에 쉼을 얻습니다. 우리가 하나님을 향하여 순전한 마음으로 거룩한 두려움을 가지고 살아갈 때, 우리는 이 땅에서 그 밖의 어떤 것도 두려워할 필요가 없습니다. 솔로몬은 "사람을 두려워하면 올무에 걸리게 되거니와"라고 말했습니다 (잠 29:25). 사람에 대한 두려움과 다른 사람과 같아지고자 하는 압박감에 의해 조종을 당하게 되면 결코 쉼을 얻을 수 없습니다. 이런 사람들은 언제나 결코 가라앉지도 않고 채워지지도 않는 두려움 때문에 속박을 받게 될 것입니다. 그러나 오직 한분이신 하나님을 기쁘시게 해드리려고 할 때, 우리는 세상의 다른 어떤 것도 줄 수 없는 쉼과 평안을 얻게 될 것입니다.

이스라엘이 약속의 땅을 차지한 후 얼마 동안은 하나님을 왕으로 모시고 잘 살았습니다. 그런데 나중에 이스라엘은 주변의 다른 백성들처럼 되기 위해 땅의 왕에게 속박 당하는 길을 선택하게 됩니다. 하나님의 통치가 잘못되어서 이스라엘이 그런 것은 아니었습니다. 그저 하나님의 길은 미지의 길이어서 그 앞날을 예상할 수 없을 때가 잦기 때문이었습니다. 보이지 않는 하나님 보다는 보이는 사람에게서 안전을 구하기가 더 쉬울 것입니다.

이스라엘이 땅의 왕을 선택한 것은 주님이 요구하시는 거룩함이나 분리됨보다는 평범함을 더 선호했음을 밝힌 것이었습니다. 이스라엘이 약속의 땅에 들어가 살면서도 그러했듯이, 우리도 여전히 하나님께 초점을 맞추지 못할 수 있습니다. 하나님께 초점을 고정시키기 보다는 예측과 통제가 가능한 일에서 우리의 안전을 구하기 시작하는 그 순간, 하나님의 통치로부터 우리는 떠나게 될 것입니다. 이런 문제는 새 가죽부대를 낡은 가죽부대로 바꾸어 버리는 것과 같은 것으로서, 대부분의 우리가 예상하는 것보다 더 신속하게 벌어질 수 있습니다.

주님은 은혜로우셔서 왕을 달라는 이스라엘의 요구를 거절하시지 않았습니다. 심지어 주님은 이들이 소원했던 대로 다른 사람들보다 머리와 어깨만큼 더 키가 큰 사람을 왕으로 선택해 주셨습니다. 이 왕은 외모가 준수하였고 능력있게 보였습니다. 이스라엘 백성들의 눈에 사울은 이해할 수 있고 대화가 통하는 왕이었습니다. 이스라엘이 왕을 갖게 되자 주변의 민족들과 차이가 없어지면서 이스라엘이 갖는 독특한 부르심은 묻혀버리게 되었습니다. 이렇게 해서 얻어진 안전은 좋은 것이 아닙니다.

세상과 차이가 나는 것을 받아들이는 사람들은 거의 없습니다. 하나님의 참된 역사들 중의 거의 모두가, 심지어는 하나님의 약속의 소산을 맛보며 놀라운 성공을 거두었던 역사들이, 성서적인 교회의 모습보다는 일종의 회사 같은 모습의 기구로 결국 전락해 버리는 것을 보게 됩니다. 우리가 하나님의 약속의 땅에 들어간 후에도, 이런 획일화의 멍에는 여전히 강력한 거짓의 함정으로 남아있게 됩니다. 주님께 우리의 초점을 맞추고 깨어있지 않으면, 우리는 이러한 거짓의 영향권 하에 언제든지 빠져들 수 있습니다.

조만간에, 사울 왕은 자기의 본색을 드러내었습니다. 이스라엘 장로들은 자기들의 방식대로 일이 진행되기를 바랐지만, 사울은 이기적인 의지의 화신으로 부상하게 됩니다. 그러나 사람들은 이러한 상황에 대하여 양해하고 공감하면서, 사울을 계속 따르게 됩니다.

매 맞고 학대받는 아내나 딸들의 상당수가 그런 남편이나 아버지에게 계속해서 충성하는 것처럼, 사울이 정신이상이 되었을 때에도 이스라엘 백성이 귀신에 홀린 듯 동일한 충성을 보이면서 사울을 계속해서 따른 사실은 아주 놀랍습니다. 이 두 가지 예에서처럼, 사람들이 자신에게 잔혹한 고통을 주는 바로 그 대상자들을 보호하려고 드는 점은 참 이해할 수 없습니다. 이런 종류의 충성심은 바람직한 것이 아닙니다. 인간의 영혼이 파괴된 사실에 대한 슬픈 증거입니다. 획일화의 멍에에 가세하여 벌어지는 익숙한 일들의 이러한 횡포는 사람들이 당할 수 있는 가장 비논리적인 속박 중의 하나일지도 모릅니다. 또, 그 횡포는 가장 강력한 힘을 가진 것 중의 하나입니다.

사울을 대체할 때가 왔을 때, 주님은 사무엘 선지자를 이새와 그의 아들들에게 보내셨습니다. 사무엘은 위대한 선지자였지만, 그도 역시 익숙한 일들이 주는 속박의 멍에에 종종 영향을 받았습니다. 사무엘은 이새의 집에 도착하자, 익숙한 일에 의거하여 자신의 기대를 좇아 생각하기 시작하면서, 사울과 같은 체격의 다른 남자를 찾기 시작했습니다.

그러나 주님이 선지자와 왕의 마음을 가진 자라 하여 다윗을 선택하셨을 때조차도, 다윗은 외모에 있어서 일개 목동이었을 뿐이었습니다. 다윗은 하나님의 마음에 합한 사람이었습니다. 그는 사람의 총애가 아닌, 하나님의 총애를 먼저 구했던 사람이었습니다. 처음에는 사람들이 이를 발견하지 못했기 때문에, 사람들이 다윗을 온전히 받아들이기 까지는 많은 시간이 소요하게 되었습니다. 이와 같이, 하나님의 백성들이 참된 영적인 권위를 가진 사람들을 인식하게 되기까지는 거의 언제나 오랜 시간이 소요되었습니다.

세월이 흘러서 사울의 시대가 종말에 처했을 때, 다윗이 주님의 기름 부으심을 받은 자라는 사실을 유다 사람들은 확실히 알게 되었습니다. 그래서 유다 사람들은 다윗을 왕으로 받아들이게 되었지만, 이스라엘 사람들은 이에 재빨리 응하지 않았습니다. 주님이 말씀하셨음에도 불구하고, 사울의 집에 대한 잘못된 충성심 때문에, 이스라엘 사람들은 익숙한 일들을 고수하면서 사울의 후손을 계속 왕위에 앉혀놓게 됩니다. 다윗을 찾았어야 할 시점에도 이들은 계속해서 사울을 찾습니다. 매 세대마다 교회는 이와 똑같은 선택의 기로에 놓여 있었습니다. 우리는 옛날의 익숙한 질서를 향하여 계속해서 맹목적으로 잘못 충성해야 되겠습니까, 아니면 익숙하지는 않아도 하나님께서 뽑으신 새로운 질서에 충성해야 되겠습니까?

지난 세기 가장 위대한 하나님의 사람 중의 한 분이셨던, 앤드류 머레이는 거의 평생 동안 부흥을 위해서 열심으로 기도했습니다. 그러나 막상 그 부흥이 찾아왔을 때, 그 부흥이 그의 예상과는 다른 형태로 찾아오게 되자 그는 이를 거절해 버렸습니다. 오늘날도 많은 교회들이 부흥이 오기를 갈망합니다. 목사들은 교인들에게 부흥을 위해 기도하라고 권면합니다만, 그와 동시에 교회에 새로운 운동이 번지게 되면 이를 주도한 사람들의 사역을 거부해 버리는 경우가 종종 있습니다. 우리가 모든 상황을 인식하고 있을 수는 없겠지만, 교회가 실수할까봐 혹은 광신적(狂信的)이 될까봐 두려워하면서, 하나님이 이미 주신 것을 받을 생각은 안하고, 또 다시 미친듯이 구할 때가 종종 있습니다.

하나님의 '새로운 운동'이 우리의 예상과는 다른 방법으로 찾아올 때, 새로운 운동의 필요성에 대해 엄청나게 많은 설교를 해놓고도, 우리는 이를 수용하기 보다는 쉽게 거절하는 편에 섰던 역사를 가지고 있습니다. 우리의 현재 경험과 교리에 적합한 상황에 맞게 통제와 예측이 가능한 선에서 하나님의 운동을 제한해 버린다면, 이와 동시에 교회가 '하나님이 가지신 모든 것'에 대해 개방해야 된다고 떠들어 대는 일을 얼마나 더 오래 지속할 수 있겠습니까?

재미있는 것은, 하나님께서 새로운 일을 시작하실 것이라고 입에 침이 마르도록 설교하며 예언한 교회나 개인들의 경우, 막상 변화가 찾아오면 이들이 그 변화를 제일 쉽게 거절해 버린다는 점입니다. 사실 변화가 제일 두렵다고 열정적으로 설교하는 이들도 일부 있습니다. 이들은 이렇게 설교만 해도 변화를 실제로 충분히 막을 수 있다고 생각하는 것 같습니다.

반동적인 설교는 설교자 자신이 실제로는 그와 똑 같은 속박 속에 있는 것을 반증하는 경우가 종종 있습니다. 전국 음란물 퇴치 운동의 주도자가 실제로는 그 자신이 음란물에 빠져 있었다는 보도에 교회가 휘청거린 적도 있습니다. 많은 이단 연구가들의 경우, 그들이 관심을 집중했던 이단 종파보다 더 악질적인 교리나 실천 강령들을 붙들고 있는 것으로 판명되기도 했습니다. 바울은 "우리는 진리를 거스려 아무 것도 할 수 없고 오직 진리를 위할 뿐이니"라고 말하고 있습니다(고후 13:8). 복음은 반동적인 것이 아닙니다. 복음은 남을 거스르는 것이 아닙니다. 복음은 진리를 위한 것입니다. 진리는 일단 드러나면 자동적으로 어두움을 물리칩니다. 우리가 거짓을 염려하는데 허비하는 시간보다도 더 많은 시간을 진리를 드러내는데 쓰게 되면, 우리의 빛은 재빨리 거짓을 드러내어 압도해버릴 것입니다.

이와 같이, 우리가 옛 것을 반발하는 차원에서 "새로운 것"을 설교하면, 우리의 이전 세대들이 그랬던 것과 똑 같이, 우리는 새로운 가죽부대를 낡은 가죽부대로 바꿔 놓는 것이나 다름없게 됩니다. 우리가 필요로 하는 것은 단지 새로운 것이 아닙니다. 우리가 필요로 하는 것은 오히려, 하나님 안에서 믿음과 안전을 구하는 마음, 즉 새로워진 마음입니다. 우리에게 가죽부대 안에 넣을 새로운 술이 없다면, 새로운 가죽부대도 실은 쓸모가 없어지기 때문에, 사실은 우리에게 새로운 환경, 즉 새로운 가죽부대가 필요한 것은 아닙니다.

우리가 그저 새로운 것 혹은 새로운 진리 혹은 새로운 형태의 예배를 하나 더한다고 해서 하나도 새로울 것이 없는 것은, 이 모든 것들도 곧바로 낡은 가죽부대가 되어버릴 것이기 때문입니다. 새로운 술이 새로운 가죽부대를 필요로 합니다. 그리고 술이 가죽부대를 위해 있는 것이 아니고, 가죽부대가 새로운 술을 위해서 있는 것입니다. 우리에게 새로운 술이 생길 때에야 비로소 우리에게 새로운 가죽부대가 필요한 것입니다.

먼저 새로운 가죽부대를 찾는데 정신이 팔린 사람들이 나중에 새로운 술을 만들어 냈다는 사례는 교회사의 어디를 뒤져 보아도 전혀 찾을 수 없습니다. 이 말씀은 그런 일이 절대로 일어날 수 없다는 뜻으로 드리는 것이 아닙니다. 외관상 그런 일이 여태 일어난 적이 없었기 때문에, 앞으로도 하나님은 그렇게 일하시지 않을 것이라는 단순한 생각일 뿐입니다. 반대로, 새로운 술을 가진 새로운 운동들은 모두가 다 그것을 담을 수 있는 새로운 가죽부대를 찾았습니다. 주후 일 세기의 교회들은 원래 가죽부대라고는 하나도 없었습니다. 교회가 성장해가면서 이들은 가죽부대를 보충해 갔던 것입니다! 이들은 자신들 가운데 벌어지고 있는 일들의 현실을 담아내기 위해 가죽부대를 만들어 갔던 것입니다. 우리가 새 술을 얻기도 전에 단순히 새 가죽부대를 구한다면, 이런 행동은 보통 반발 심리에서 나오게 됩니다. 우리가 새로운 술을 구하고 있다면, 우리는 적당한 때에 적절한 가죽부대를 만들 수 있는 지혜를 얻게 될 것입니다.

부흥과 갱신

Restoration and Renewal

교회사에 있어서 루터, 웨슬레, 진젠도르프 같은 위대한 종교개혁자들은 거의 모두 처음에는 모교회 내부에 있으면서 교회 개혁을 시도했습니다. 도저히 내부에 머물면서 개혁이 불가능해졌을 때만, 이들은 새로운 운동을 시작했습니다. 익숙한 일들이 모두 다 나쁘다는 결론을 내리기 위해서 '익숙한 일들에 의한 속박'이라는 기준을 적용해서는 안됩니다.

바울은 고린도 교인들에게, "너희가 모든 일에 나를 기억하고 또 내가 너희에게 전하여 준 대로 그 전통을 너희가 지키므로 너희를 칭찬하노라"고 말하였습니다(고전 11:2). 저의 한 친구가, "전통은 죽은 자의 믿음이 다시 살아난 것이지만, 전통주의는 살아있는 자들의 믿음이 죽어버린 것이다"라고 말한 적이 있습니다.

전통에 모조리 반대한다고 해서 우리가 새로운 가죽부대가 되는 것은 아닙니다. 우리가 처한 환경이 새로운 것이든 오래된 것이든 상관없이, 우리는 환경을 믿지 말고, 하나님을 믿어야 합니다. 하나님은 만물을 새로운 피조물로 대체하시는 것이 아니라, 만물 자체를 새롭게 하시겠다고 말씀하셨습니다. 이것이 바로 갱신의 과정을 설명하는 말씀입니다.

종교개혁이 시작된 이후에, 갱신과 부흥을 놓고 신학적인 면에서 충돌이 있어 왔습니다. 하나님은 이 두 가지를 다 역사하고 계시는 것이 아주 확실합니다. 현명한 사람들은 보물 더미에서 오래된 것과 새로운 것 둘 다를 집을 것입니다. 겉으로 보기에 엄격하고 융통성 없는 것처럼 보이는 수많은 기성 교단들이, 반동으로 생겨난 '새로운 가죽부대' 형의 교회들 보다 더 많은 하나님의 생명과 능력을 이제는 소유하고 있습니다. 기성 교단의 교회들에게 강력하게 역사하였던 무서운 교만의식, 파벌주의, 그리고 지역편파주의의 함정에, 수많은 무교단 교회들(전부는 아니지만)이 빠지게 되었습니다.

다른 한편으로는, 파벌의식이 거의 없는 수많은 기성 교단의 교회들도 있습니다. 이러한 교단의 교회들은 모든 교회에 개방적이어서, 가장 최근에 일어난 하나님의 운동들에 대해 선봉을 담당했던 교회들보다도 하나님의 새로운 일들에 더 많이 개방되어 있습니다. "하나님이 교만한 자를 물리치시고 겸손한 자에게 은혜를 주십니다(약 4:6)." 대문에 붙이는 교회소속 간판에 상관없이 하나님은 이렇게 역사하십니다.

하나님은 새로운 가죽부대를 들여오기도 하시고, 낡은 가죽부대 중에서 일부를 새롭게 하기도 하십니다. 성서시대에는 재사용의 목적으로 낡고 터지기 쉬운 가죽부대를 새롭게 하는 과정이 있었습니다. 맨 먼저, 가죽부대를 뜨거운 물에 푹 담그게 됩니다. 그러면, 가죽부대의 미세한 분자들이 확장을 합니다. 그러고나서 이 가죽부대를 뜨거운 기름에 집어넣어 기름이 흡수되게 합니다. 이런 처리 과정을 거치게 되면, 낡은 가죽부대는 새 것처럼 탄력을 얻게 됩니다. 하나님의 말씀(=물)이 차갑거나 미지근하지 않고 우리에게 다시 '뜨거워' 질 때, 기름부으심이 오면, 그 말씀이 우리를 그 기름 부으심에 푹 젖게 만들어서 우리로 하여금 다시 탄력을 얻게 합니다.

이런 사실에 대해 바울 사도는 다음과 같이 말했습니다. "자기 앞에 영광스러운 교회로 세우사 티나 주름 잡힌 것이나 이런 것들이 없이 거룩하고 흠이 없게 하려 하심이니라(엡 5:27)." 교회에 티가 없다는 것은 죄로부터 깨끗하게 되었음을 말해 줍니다. 교회에 주름 잡힌 것이 없다는 것은 결코 나이 먹지 않는 영원한 젊음을 가졌음을 얘기해 줍니다! 그리스도의 신부는 스스로를 새롭게 하고 젊게 하는 심장을 가졌습니다. 신랑이 다시 오실 때까지 교회는 이런 젊음의 본질을 간직하게 될 것입니다.

Chapter 12

12장

피조물이 창의력을 얻게 될 것이다!
The Created Will Be Creative

    찬양 받으시기에 합당하신 우리의 창조주께서는 정말 창의력이 대단하십니다! 피조물의 다양성은 그 영광이나 독창성에 있어서 측정이 불가능합니다. 창조주께서는 모든 눈송이와 모든 나무, 그리고 우리 모든 사람을 각각 다 다르게 만드셨습니다. 분명히 창조주께서는 다양성을 좋아하십니다. 그런데, 하나님의 그런 성품을 가장 잘 반영해야 할 교회가 왜 그렇게 지겹도록 똑같습니까? 교회는 주님을 지상에서 대표하도록 위임받은 그 일을 위해 확실한 출발을 선보여야 하지 않겠습니까?

    주님께서 사람을 주님의 형상으로 지으실 때, 분명히 우리에게 창의력을 부여하셨습니다. 그런데 우리는 왜 교회로 하여금 창의력을 말살시키는 정신 구조에 계속 굴복하도록 수수방관하고 있습니까? 영화로우신 우리 하나님이, 앵무새나 컴퓨터도 금방 배우고 외워서 반복할 수 있을 정도로 쉽게 드릴 수 있는 예배를 정말 받으시겠습니까?

신약 성경에서 가장 특기할 만한 이야기 중의 하나는 엠마오로 가는 도상에 있는 두 사람에 대한 이야기 입니다. 부활하신 주님이 이들의 동행자로서 스스로를 나타내셨습니다. 그 자신의 십자가 죽음에 대한 비극적인 이야기를 이들이 나누는 것을 들으시고는, 예수님께서는 자신에 대한 성경 구절들을 설명해주시기 시작하셨습니다. 그리스도께서 그 자신에 대해 설교하시는 장면을 우리는 여기서 보게 됩니다. 이보다 더한 기름부으심이 달리 어디에 또 있겠습니까? 그런데도, 이들은 여전히 그리스도를 알아보지 못합니다! 왜 그렇습니까? 마가복음 16:12은 그 해답을 보여줍니다. "예수께서 다른 모양으로 저희에게 나타나시니."

분명히 어떤 이유가 있으셔서 주님은 이들에게 다른 모습으로 나타나셨습니다. 주님이 우리에게 가까이 다가오실 때 우리가 주님을 알아볼 수 있으려면, 그 이유를 이해해야 합니다. 살아계신 그리스도를 알려면 외모로가 아니라, 성령으로 그리스도를 알아야 합니다.

영적인 완고함
Spiritual Bigotry

익숙하지 않은 모습으로 주님이 다가오실 때, 우리는 주님을 못 알아볼 때가 얼마나 많은지요? 우리가 오순절 형태에 안주하고 있을 때, 주님이 침례교인의 모습으로 오시게 되면, 우리는 그런 주님을 알아보지 못할 것입니다. 우리가 은사주의 형태에 익숙해 있을 때 주님이 오순절 교인으로 우리에게 오시면 우리는 주님을 알아보지 못할 것입니다. 우리가 제 3의 물결 운동 가운데서 성장했는데, 평소의 익숙한 형태가 아닌 다른 형태로 주님이 우리에게 오시게 되면, 우리는 주님을 받아들이는데 어려움을 겪게 될 것입니다.

이러한 편견의 뿌리가 인종차별이라는 미묘한 형태로 드러나기도 합니다. 인종차별은 흑-백이나 유대인-이방인의 문제보다도 훨씬 미묘합니다. 인종차별은 교만의 가장 저급한 형태 중의 하나입니다. 그것은 육신 즉 외적인 형태에 대해 자부심을 갖는 것입니다. 인종차별은 익숙한 일들에 의한 속박을 더욱 조장하여, 주님과의 친밀한 만남을 우리에게서 앗아갈 수 있습니다.

예루살렘이 선지자들과 하나님의 보내신 자들을 죽인 일 때문에 주님은 슬퍼하시면서 예루살렘의 집들이 황폐해질 것이라고 선언하셨습니다.

예루살렘은 "찬송하리로다, 주의 이름으로 오시는 이여" 할 때까지 주님을 다시 보지 못할 것입니다(마 23:39). 주님은 예루살렘에게 말씀하신 내용을 영적인 예루살렘인 교회에도 동일하게 말씀하셨습니다. 우리가 주님의 이름으로 오는 자들을 송축할 때까지 우리는 주님을 보지 못할 것입니다.

예수님은 부활하신 이후부터 우리가 익숙해하는 형태와는 다른 형태로 실제로 계속 나타나셨습니다. 아주 조그만 어떤 형식에 대해 '하나님이 현재 역사하시는 운동'의 후견인이나 되는 것처럼 생각하는 영적인 교만에 대하여 하나님은 이런 방법으로 황량한 집처럼 될 때까지 계속해서 충격을 주고 계십니다.

천막 휘장 치듯이 하늘을 펼쳐 놓으신 하나님은 너무 크시기 때문에,

아무리 큰 교단이라고 해도 실제로는 조그맣다고 밖에 할 수 없는 우리의 교단 안에 하나님은 갇혀 계실 수 없으십니다. 하나님은 너무 크시기 때문에, 생동감 있는 새로운 형태의 예배이든지 아니면 옛날의 예배이든지 간에, 그 예배 안에 갇혀 계실 수 없으십니다. 하나님은 우리의 상상을 훨씬 뛰어넘는 크신 분이십니다. 하나님의 길은 우리가 하나님을 가두어 두려고 예쁘게 만들어 놓은 조그만 상자들을 언제나 초월하여 계십니다. 그러므로 형식에 불과한 것들을 뛰어넘어 바라볼 수 있는 자들만이 하나님을 실제로 한번이라도 어느 정도 목도할 수 있습니다.

우리가 계시를 받는데 있어서, 교만처럼 지장을 주는 것은 달리 없습니다. 바로 이런 연유에서 예수님이 아버지께 다음과 같은 감사를 드리셨습니다. "이것을 지혜롭고 슬기 있는 자들에게는 숨기시고 어린 아이들에게는 나타내심을 감사하나이다(마 11:25)." 어린 아이는 조그맣고 어리기 때문에 자기가 더 자라야 될 것을 압니다. 어린 아이는 자기가 배워야 하며 아는 것이 별로 많지 않다는 것을 압니다. 우리가 어린 아이의 겸손함을 잃어버릴 때, 아버지가 계시하시는 바를 받아들이는 능력을 상실하게 됩니다.

하나님의 은혜를 구함

Seeking God's Grace

"하나님은 교만한 자를 물리치시고 겸손한 자에게 은혜를 주십니다(약 4:6)." 교만처럼 하나님에게서 우리를 멀리 떼어놓는 것은 달리 없습니다. 인종차별이나 여타의 수많은 죄들도 교만의 여러 징후에 불과할 뿐입니다. 크신 하나님이 정작 우리처럼 생기셨다고 믿는 것보다 더 큰 교만은 아마 없을 것입니다! 항상 마음을 열고 호기심을 갖고 배우는 어린 아이의 성품을 우리가 잃어버린다면, 우리는 겸손한 자에게만 주시는 하나님의 은혜로부터 멀어지게 될 것입니다. 주님이 다시 오시면, 그 약속대로 염소의 성정을 가진 사람들과 양의 성정을 가진 사람들을 서로 구별하실 것입니다. 이 때, 가장 확실한 시험 중의 하나는 "내가 나그네 되었을 때에 너희가 나를 영접하였느냐?"일 것입니다 (마 25:35). 외국인은 우리와 생김새가 다른 사람들입니다. 출신 지역도 전혀 다릅니다. 아마 언어도 다를지 모릅니다. 교단이 서로 다를 수도 있습니다. 양과 염소를 판가름하실 때 하나님이 쓰시는 주요 기준 중의 하나는 우리와 다른 사람들에게 우리가 얼마나 열려 있느냐 하는 것입니다. 그런 열린 마음이 반박할 수 없는 참된 겸손을 시험하는 역할을 담당하고 있습니다. 하나님의 은혜를 받으려면 외국인에게 열린 마음을 갖는 것이 필요합니다.

이스라엘은 "너희는 나그네를 사랑하라. 전에 너희도 애굽 땅에서 나그네 되었었음이니라"는 명령을 받았습니다(신 10:19). 이 말씀의 의미를 액면 그대로 생각해 보면, 주님이 이스라엘로 하여금 타국에서 포로생활을 하게 한 이유는 외국인들을 향한 이들의 측은지심을 계발하는데 있다는 것입니다.

포로 생활을 하는 동안 생성된 겸손함 때문만이 아니라, 외국인을 향하여 측은지심을 가져야 하는 또 다른 중요한 이유가 신명기 31:12에 명시되어 있습니다. "곧 백성의 남녀와 유치와 네 성안에 우거하는 타국인을 모으고 그들로 듣고 배우고 네 하나님 여호와를 경외하며 이 율법의 모든 말씀을 지켜 행하게 하라."

영적인 권위의 기초
The Foundation of Spiritual Authority

진정한 영적인 권위는 측은지심을 기초로 하고 있습니다. 예수님이 우리의 목자가 되어주신 것은 바로 목자 없는 양들을 향한 예수님의 측은지심의 발로였습니다. 예수님은 어두움 속에서 살아가는 사람들을 향하여 측은지심을 느끼셨기 때문에, 이들의 선생과 빛이 되어 주신 것입니다.

예수님의 측은지심을 우리가 지니게 될 때에만, 우리에게 진정한 영적인 권위가 생길 것입니다. 서로 다르다는 우리의 생각 때문에 우리가 멸시하고 무시하고 거부하는 사람들을 향하여 측은지심을 갖기란 불가능합니다. 어떤 운동이나 교단을 하나님의 사랑으로 사랑하게 될 때까지, 우리는 결코 그 운동이나 교단을 교정할 수 있는 진정한 영적인 권위를 가질 수 없을 것입니다. 사랑이 없다면 우리는 진정한 사역을 하고 있는 것이 아닙니다. 우리의 편견에 따라 세워진 벽들은, 사랑과도 충돌하게 되어 있고 하나님 스스로와도 충돌하게 되어 있습니다.

교리가 잘못되거나, 교회의 예배 형식이 완전히 구식일지라도, 이들이 가난한 사람과 고아와 과부, 그리고 외국인들을 사랑한다면, 하나님은 이들을 축복하시고 보살펴 주실 것입니다. 하나님이 관심을 쏟고 싶은 사람들에게 이들도 사랑과 관심을 보이기 때문에 하나님이 이들을 축복하시는 것입니다. 하나님이 미국을 축복하신 주요 이유 중의 하나는, 미국이 외국인과 학대받는 자들을 향하여 역사상 다른 어떤 나라보다도 그 문호를 더 활짝 개방하였기 때문입니다. 이민자들이 도착한 이후에도 미국이 이들을 늘 선대했던 것은 아니지만, 하여간 이들의 입국을 받아들인 것은 사실입니다.

외국인을 사랑하기

Loving the Foreigner

복음을 가지고 반드시 외국에 나가야만 그 나라에 선교할 수 있는 것이 아닙니다. 거의 모든 주요 나라의 사람들이 미국에 있는 수많은 대학의 학생신분으로 이미 들어와 있습니다. 최근의 한 통계에 의하면, 전 세계 지도급 인사들 중에서 육십 명의 지도급 인사들이 미국에서 교육을 받은 것으로 나타났습니다. 대부분의 외국인 학생들은 외롭습니다. 이들은 가족과 친구들 그리고 자기네 문화로부터 멀리 떨어져 있기 때문에 복음을 향하여 활짝 열려 있습니다. 한 여론 조사에 의하면, 외국인 학생들의 경우, 양질의 교육을 받는 것을 제외한 제일 큰 소원이 미국인 친구를 갖는 것이었습니다.

불행하게도 수많은 외국인 학생들이 미국의 대학에서 격리된 채로 내어 쫓기며 생활하고 있습니다. 일본의 진주만 공습을 기획한 사람과 그 공습에서 실제로 일본군을 지휘한 사람이 둘 다 미국에서 교육을 받은 사람들이었습니다. 이 두 사람은 미국에서 인종 차별적인 처우를 받으면서 공부를 한 후 귀국하였습니다. 이들이 받았던 처우가 달랐더라면, 역사가 어떻게 변했을까요?

지금 미국을 향하여 '큰 사단'이라고 부르는 이슬람 지도자들의 상당수 역시 미국에서 교육을 받은 사람들입니다. 외국인 학생들이 미국에 있는 동안에 사랑과 우정을 경험하게 되었다면 우리가 사는 현 세계는 많이 달라졌을 것입니다. 우리가 우리의 인종 차별을 회개하고 현재 우리 가운데 살고 있는 외국인들을 사랑하기 시작한다면, 우리의 미래가 받는 충격은 엄청날 것입니다. 더욱 중요한 것은, 우리가 서로 다른 사람들에게 우리의 마음을 열어 보인다면, 심판날에 서게 될 우리의 위치가 많이 달라질 것이라는 점입니다.

이 말씀은 우리가 주변의 외국인들로 하여금 우리의 '전도'를 들을 수 있도록 이들을 무리하게 붙잡아도 좋다는 뜻이 아닙니다. 외국인들을 향한 진정한 사랑과 관용만이 이들의 마음을 열게 해줄 것입니다. 그 때서야, 이들은 우리의 친절에 대한 이유를 이해할 수 있을 만큼 마음문이 열리게 될 것입니다. 우리와는 다른 사람에게 증거된 사랑이야말로, 수많은 세상 종교들의 소산물이자 타락한 인간의 자연 상태인 증오심과 두려움, 그리고 완고함과 현격한 차이를 드러내 보이고 있습니다. 우리가 사랑을 증거할 때, 호기심과 질문이 생겨나는 것은 피할 수 없습니다.

바울은 "하나님의 인자하심이 너를 인도하여 회개케 하신다"고 말하였습니다(롬 2:4). 이슬람이란 말은 '복종'을 뜻합니다. 두려움이 생기면 사람들은 복종하게 됩니다. 오직 하나님의 사랑만이 진정한 회개에 이르도록 우리를 자유하게 할 수 있습니다.

신명기 14:28-29와 26:12에 따르면, 십일조가 레위인과 나그네, 그리고 고아와 과부를 위한 것임을 알 수 있습니다. 십일조를 우리가 강조하지만, 우리의 십일조를 올바른 곳에 잘 쓰고 있는지요? 현재 미국 내 기독교 교회 예산의 일퍼센트의 십분의 일도 안되는 금액이 선교에 쓰여지고 있습니다. 미국이 세계의 다른 어떤 나라보다도 더 많은 선교를 한다고 해서 그 선교가 충분하다고 생각하면 오산입니다!

외국인을 돌아보는 문제는 아주 중요하기 때문에 바울이 나열한 교회 지도자의 필수 덕목 중의 하나를 보면, 감독직의 지원자는 나그네를 환대하는 마음을 가진 자라야 된다고 쓰여 있습니다(딤전 3:2). 본 구절에서 '환대'로 번역된 희랍어 원어는 필로제노스로서, 이 말은 글자 그대로 '나그네나 외국인을 향한 환대' 라는 뜻을 지니고 있습니다.

주님은 외국인을 향하여 우리의 마음이 열려 있는 것을 확실히 문제로 삼으셨습니다. 하나님으로부터 우리를 갈라놓고, 서로서로를 갈라놓는 편견인, 우리의 인종 차별을 다루시는 하나님의 방법이 바로 여기에 있습니다. 다시 말씀드리지만, 이것은 그저 피부 색깔의 문제가 아닙니다. 인종 차별은 감리교인과 침례교인, 은사주의 교인과 오순절 교인 혹은 장로교인을 서로 나누어 놓습니다. 인종 차별은 육신 즉 외형에 대한 교만에서 옵니다.

바울이 선포한 대로, "하나님의 성령으로 봉사하며 그리스도 예수로 자랑하고 육체를 신뢰하지 아니하는 우리가 곧 참된 할례당입니다(빌 3:3)."

시험
The Test

우리가 성령과 진리 안에서 예배하며 그리스도 예수 안에서 기뻐하고 있다는 가장 확실한 증표 중의 하나는, 육신을 좇지 않고 성령을 좇아 서로가 서로를 알 수 있을만큼 외형을 초월하여 볼 수 있을 때입니다. 우리의 신뢰가 침례교인이나 혹은 은사주의 교인, 혹은 초교파 교인인 것에 그 뿌리를 두고 있다면, 우리는 여전히 그리스도와의 연합의 의미를 제대로 이해하지 못하고 있는 것입니다.

누구든지 그리스도와 합하여 세례를 받은 자는 그리스도로 옷입었느니라.

너희는 유대인이나 헬라인이나 종이나 자주자나 남자나 여자 없이 다 그리스도 예수 안에서 하나이니라 (갈 3:27-28).

교회가 인종차별 문제를 직시하게 될 때까지, 인종차별주의는 '태어나면서부터' 이스라엘 족속인 사람들의 문제가 사그라들지 않는 주원인이 되기도 할 것입니다. 약 이천 년 동안 주님은 거의 유대인에게만 국한시켜 이들을 언약 백성으로 다루셨습니다. 그리고 또 근 이천 년 동안 주님은 이제 이방인 신자들을 언약 백성으로 다루어 오셨습니다. 지금 우리는 이방인의 시대가 끝나는 시점에 와 있습니다. 지금 부상하고 있는 것은 다시한번 '유대인의 시대' 가 열리는 것이 아닙니다. 지금이 바로 이 '둘을 하나의 새 인류' 로 함께 접붙이시는 때인 것입니다. 유대인과 이방인이 함께 연합을 이룰 때가 지금 다가오고 있는 것입니다.

"하나님은 교만한 자를 물리치시고 겸손한 자에게 은혜를 주시는 분" 이시기 때문에(약 4:6), 하나님은 이 문제를 사용하시어 우리로 하여금 하나님의 은혜를 받을 수 있도록 교회와 이스라엘을 겸손의 자리로 나아가게 하십니다. 교회가 이스라엘 백성들을 향한 하나님의 목적을 알아보려면, 겸손과 함께 자기중심주의로부터 해방되는 것이 필요합니다. 이와 같이 이스라엘도 교회를 향한 하나님의 목적을 알아보려면, 겸손과 함께 자기중심주의로부터 해방되는 것이 필요합니다. 그리스도 예수를 통하지 않고는 어느 쪽도 하나님의 목적을 발견할 수 없습니다. "그는 우리의 화평이신지라. 둘로 하나를 만드사 중간에 막힌 담을 허시고, 원수 된 것을 자기 육체로 폐하셨으니, 이는 이 둘로 자기의 안에서 한 새 사람을 지어 화평케 하셨도다(엡 2:14-15)."

교만은 하나님의 제동을 받게 되어 있습니다. 교만이 인류의 첫번째 타락으로 이어졌던 것처럼, 교만은 은혜로부터 멀어지게 하는 모든 타락의 근본 원인으로서 결국 사망을 불러오게 됩니다. 사도 바울이 교회를 향하여 다음과 같이 경고한 이유가 바로 여기에 있습니다. "그 가지들을 향하여 자긍하지 말라…하나님이 원 가지들도 아끼지 아니하셨은즉 너도 아끼지 아니하시리라(롬 11:18, 21)." 우리가 그리스도 안에 거하고 있는 참된 증거 중 하나는 그리스도 안에 있으면 장벽, 즉 분리시키는 벽이 허물어지게 된다는 것입니다. 몸된 교회의 다른 지체를 향하여 교만하게 되면, 우리는 하나님이나 하나님의 은혜로부터 떨어져 나가게 될 것입니다. 왜냐하면, 하나님의 은혜는 오직 겸손을 통해서만 얻어지기 때문입니다.

'자연적인 원가지'의 문제가 교회로 하여금 겸손과 순종을 배우게 하는데 그 뜻이 있는 것은, 이와 동일한 이유에서 선악을 알게 하는 나무가 에덴동산에 배치된 것과 흡사합니다. 선악과는 사람을 넘어지게 할 목적으로 에덴동산에 배치된 것이 아니었습니다. 우리의 첫 조상들이 하나님 앞에 겸손함으로 순종하는 모습을 증명해 보일 장소로서 주어진 것이 바로 선악과였습니다.

'자연적인 원가지'와 '영적인 가지'를 둘 다 가진 이 나무는 교회와 이스라엘 둘 다에게 영향력이 있습니다. 바로 이 나무 앞에서, 우리는 겸손과 순종을 선택할 수도 있고, 아니면 아담과 하와처럼 정작 하나님의 목적으로부터 떨어져 나갈 수도 있습니다. 우리가 그리스도 안에 거하게 되면, 거기에는 어떤 분리의 벽도 있을 수 없습니다. 오직 겸손만이 있어야 되는 것입니다.

문제는 단순히 유대인 대 이방인의 문제에 있지 않습니다. 오히려 겸손과 순종의 문제에 있습니다. 이스라엘이 겸손과 순종, 아니면 교만과 불순종에 직면하게 된 목적이 바로 교회를 위한 것입니다. 교회가 이와 똑같은 선택의 기로에 직면하게 된 목적이 바로 이스라엘을 위한 것입니다. 이스라엘과 교회가 둘 다 그리스도를 통하여 장애물을 극복하고 함께 접붙임을 받게 될 때, 이 둘은 모두 다 겸손과 순종의 자리에 이르게 되어 전례 없이 커다란 하나님의 은혜와 권능의 역사를 맛보게 될 것입니다.

우리가 이런 은혜와 권능을 맛볼 수 있는 겸손을 얻게 될 때, 사망을 포함한 여타의 모든 적들을 넉넉히 이기게 될 것입니다! 유대인들이 다시 나무에 접붙여지게 되면, "그 받아들이는 것이 죽은 자 가운데서 사는 것이 아니면 무엇이리요"라고 확신 있게 사도 바울이 선언할 수 있는 이유도 바로 이 점에 있습니다(롬 11:15). 이들은 최후의 적을 정복할 수 있는 부활의 권능을 받게 될 것입니다.

거짓 관용의 해악
The Evil of Pseudo Tolerance

인종 차별 의식이 없다고 생각하는 우리들의 경우, 문제가 되는 그 '인종'이 우리와 같은 행위를 하면 우리는 보통 관용을 베풀고 받아들이게 됩니다. 침례교인은 장로교인이 침례를 베풀기만 하면 이들을 기꺼이 받아들입니다! 오순절 교인은 감리교인들이 방언을 말하기만 하면 이들을 기꺼이 받아들입니다. 이런 예는 부지기수로 많을 것입니다.

백인들의 교회는 자기네 교회 안에 흑인들이 있을 경우 이들을 사랑하고 이들의 부흥을 바랍니다. 그러나 흑인들의 교회에 참석하고 싶어하는 백인들은 거의 전무합니다. 분리의 벽을 허물어뜨리는 것으로 생각되는 행위도 그 대부분이 우리 자신의 조건을 충족시키면서 여타의 모든 사람을 우리 자신처럼 만들려는 우월의식에 그 뿌리를 여전히 두고 있습니다.

유대인이 교회의 한 일원이 되는 한, 교회는 이들의 회심을 보고 싶어합니다. 그러나 이러한 '메시야 운동'은 유대인들에게 일종의 모욕입니다. 교회도 메시야 운동도 새로운 피조물에 대한 참된 영상을 보여주고 있지는 못합니다. 제가 제 아내를 남자로 만든다고 해서 아내와 하나가 되는 것은 아닙니다. 우리의 하나됨은 우리의 다른 점들이 어떻게 서로 충돌되는가 보다는 어떻게 서로 보완되는지에 관심을 둘 때 얻어지는 것입니다.

바울은 "이는 이 둘로 자기의 안에서 한 새 사람을 지어 화평하게 하시고 또 십자가로 이 둘을 한 몸으로 하나님과 화목하게 하려 하여, 원수된 것을 십자가로 소멸하시고"라고 밝히고 있습니다(엡 2:15-16).

흑인과 백인 사이의 원수된 것이 소멸될 때, 흑인이 하얗게 변하게 되는 것은 아닙니다! 이들 사이에 일치된 목적과 화평이 있다고 하면, 이방인이 굳이 이스라엘 사람이 될 필요가 없는 것처럼, 유대인도 굳이 이방인이 될 필요가 없습니다.

한 몸이 생명력을 유지하기 위해서는 다른 여러 지체들(심장, 폐, 간, 등등)이 필요한 것처럼, 그리스도의 몸도 다른 여러 지체들이 필요합니다. 이런 지체들은 여전히 서로 다른 모습으로 존재하지만, 그 기능면에 있어서는 하나됨이 있습니다. 루터교인, 침례교인, 오순절 교인, 은사주의 교인, 그리고 여타 교인들이 각각 마지막 때 우리의 사명 성취에 필요한 진리들을 교회에 더하여 주고 있습니다. 종교개혁 당시부터 지금까지 우리는 많은 진보를 이루었음에도 불구하고, 교회는 여전히 예루살렘이나 안디옥보다는 로마에 그 기초를 두어왔습니다.

바울이 말한 대로, "여러분이[이방인] 뿌리를 보전하는 것이 아니라, 뿌리가[유대인] 여러분을 보전합니다(롬 11:18)." 이스라엘이 다시 접붙임을 받게 되면, 이로 인하여, 교회는 여태 불가능했던 일인, 교회의 참된 뿌리로 되돌아가는 일에 도움을 얻게 될 것입니다. 우리가 율법이나 모세의 의식으로 되돌아가야 한다는 취지에서 이 말씀을 드리는 것이 아니므로 오해 없으시기 바랍니다. 우리가 하나 되어야 할 이유는 이보다 훨씬 더 심오한 데 있습니다. 메시야 운동조차도 아직 이것을 이해하지 못하고 있습니다.

관건은 익숙한 일들의 횡포에 우리를 얽어매는 공포로부터 우리가 해방되는데 있습니다. 이러한 두려움으로부터 해방되지 않으면, 우리는 여전히 변화를 수용할 수도 없고, 엄청나신 하나님을 계속해서 받아들이지 못할 것입니다. 왜냐하면 하나님이 들어오셔서 머무실 수 있도록 우리가 만들어 놓은 아주 작은 틀 속에는 하나님이 들어오시지 않기 때문입니다. 하나님이 우리와 똑같을 것이라고 상상해 버리는 우리의 교만으로부터 벗어나야 합니다. 육적인 것과 영적인 것 사이에는 기본적으로 충돌이 있기 때문에, 주님은 아브라함의 자연적인 후손들과 영적인 후손들 사이를 갈라놓는 벽에다 이 문제의 초점을 맞추셨으며, 이 모든 벽들은 또 허물어져야 합니다.

인종차별 문제와 익숙한 일들에 의한 속박, 그리고 환경에서 우리의 안전을 추구하는 성향을 극복해 낼 때까지, 우리는 계속해서 엠마오로

가는 도상에 있게 될 것입니다. 우리의 작은 세계 속에 갇혀 있게 되면, 설령 주님 자신이 우리 곁에 가까이 오신다 하여도, 우리는 주님을 알아보지 못할 것입니다.

Chapter 13

13장

연합과 권능

Unity and Power

비록 이스라엘은 단일 국가이긴 하지만, 하나님의 전반적인 계획안에서 각각 서로 다른 소명과 기능을 담당하는 다양한 지파들로 구성되어 있었습니다. 이스라엘이 광야에서 터득해야 할 중요한 교훈은 서로 다른 지파들이 어떻게 함께 행진하며 일치된 기능을 발휘할 것인가 하는 것이었습니다.

이런 일은 그리스도의 몸에도 똑 같이 적용됩니다. 교회는 다양한 '흐름들' 다시 말하면, 다양한 '영적 지파들'로 구성되어지는데 그 묘미가 있습니다. 영적인 면에서 단일국가처럼 한가지로 행진하며 기능을 발휘하게 될 때까지, 우리는 약속의 땅에 들어가지 못 할 것입니다. 그리스도의 몸 안에는 다양성이 있을 것입니다만, 그 다양성은 서로 충돌하지 않고 서로 보완되어져야 합니다.

예수님은 궁녀들이 아니라, 신부를 위해 다시 오십니다!
Jesus Is Returning for a Bride-Not a Harem!

사도 바울이 한 마디 멋진 말씀을 남겼습니다. 우리가 그 말씀을 믿고 그 말씀대로 행한다면, 교회사에 있어서 가장 큰 종교개혁도 이룩해 낼 수 있을 것입니다. 그의 말씀은 단순합니다. "몸이 하나이요 성령이 하나이니 이와 같이 너희가 부르심의 한 소망 안에서 부르심을 입었느니라(빌 4:4)."

주님의 눈에는 신자들의 몸인 교회가 오직 하나만 있습니다. 예수님을 믿는 모든 참된 신자들은 동일한 하늘 아버지를 둔, 동일한 영생의 가족에 속한 일원입니다. 이 말은 이상적인 소망을 표현한 것이 아니라, 현존하는 실체를 묘사한 것입니다. 교회 안에 끝없이 현존하고 있는 분파와 당파 그리고 교파를 보지 말라는 뜻에서 드리는 말씀이 아니고, 우리가 하나님에 대한 성서의 증거에 대해 아주 높은 경의를 표해야 된다는 뜻으로 드리는 말씀입니다. 그렇게 되면 교회는 진정한 연합에 이르게 될 것입니다.

교회 안에서 서로 다른 소명이나 흐름이 강조될 수도 있습니다만, 주님은 결코 인위적인 수많은 분당들을 인정하시거나 허용하시지 않을 것입니다. 하나님은 결코 변하시지 않습니다. 우리가 하나님과 한 마음이 되려면 마음이 변해야 될 쪽은 바로 우리들입니다. 교회에 대한 우리의 이해와 인식이 전환되면, 1980년대에 동유럽에서 일어난 빠른 변화처럼, 이 전환의 물결은 곧 세상을 휩쓸게 될 것입니다.

인간의 정치판이라는 자연의 영역에서 여태껏 벌어졌거나 지금도 벌어지고 있는 정치적인 변화들은 영적인 영역의 활동들을 반영하는데 지나지 않습니다. 사람들을 가로막는 벽들이 무너져 내리고 있습니다. 지도자들이 벽들을 허물지 않으면, 백성들이 이 일을 할 것입니다. 이 변화를 막으려 했던 동유럽의 지도자들은 그들 스스로 그 변화의 물결에 휩쓸려 사라졌습니다. 이 시대의 징조를 알아보지 못하고 불가항력적인 일에 저항을 시도하는 교회의 지도자들에게도 이와 동일한 일들이 일어날 것입니다.

성서에 등장하는 각 교회의 주체를 파악하는 유일한 방법은 지역을 따라 확인하는 것이었습니다. 모든 교회가 그 교회가 소속된 도시의 이름을 따라 지어졌기 때문이었습니다. 그 당시에는 고린도에 있는 교회, 로마에 있는 교회, 예루살렘에 있는 교회, 에베소에 있는 교회, 서머나에 있는 교회 등등으로 명명되었던 것입니다. 주님은 지역명을 제외한 다른 어떤 특징으로써 교회를 결코 구분하지 않으셨습니다. 우리가 성서적인 사람들이 되려면 이와 똑같이 하는 것 외에는 다른 방도가 없습니다. 단순히 인간적인 주체에 따라 교회를 파악함으로써, 우리는 교회 안에 분당을 허용하거나 심지어 이를 촉진하기도 했습니다. 그런 날은 이제 끝이 날 것입니다. 예수님은 궁녀들을 위해 다시 오시는 것이 아닙니다. 예수님은 하나의 신부를 위해 오십니다. '하나' 라는 점에 유의하십시오. 그분이 다시 오시는 것입니다.

하나의 우주적 교회에는 다양성은 있되 분파는 없어야 됩니다. 이 우주적 교회에는 획일성의 연합이 아닌, 다양성의 연합이 있어야 됩니다. 이 교회가 기능적으로 잘 조화를 이루려면, 다양한 형태의 회중들이 있어야 됩니다. 주님이나 사도들은 어떤 비유들을 가지고 영적인 실체를 종종 묘사하였습니다. 교회는 신체적인 몸의 특성을 가지고 있기 때문에, 주님의 몸된 교회라고 지칭될 때가 자주 있습니다. 신체적인 몸의 경우, 폐나 신장, 기타 주요 기관들이 건강하지 않으면, 아무리 건강한 심장도 여전히 죽을 수밖에 없습니다. 교회도 이와 마찬가지 입니다.

그러나 암이 몸에 있는 경우가 아니면, 몸의 다른 기관들이 서로 경쟁을 벌이지는 않습니다. 암은 근본적으로 몸의 나머지 부위와 상관없이 혼자 막 자라기 때문에 생기는 세포들로 이루어져 있습니다. 자기 지역 내의 나머지 교회들은 전혀 신경 쓰지 않고 자신들의 성장만 부추기는 자기중심적인 회중은, 이와 같이 그리스도의 몸 안에 있는 암적인 존재로 불려질 수 있습니다.

우리 모두는 서로 서로 한 지체들입니다. 몸이 건강하려면 우리는 서로가 서로를 필요로 합니다. 심장이나 폐, 여타의 기관들과 상관없이 혼자만 자라기 시작하는 간의 이기주의가 결국 간 자신의 존재까지도 위험에 빠뜨리는 것처럼, 몸 전체의 필요는 아랑곳하지 않고 오직 자신의 성장만 신경 쓰는 회중은 결국 스스로를 정죄하게 될 것입니다.

모든 회중은 각각 나름대로의 비전을 가져야 합니다만, 그 비전이 주님의 교회에서 주님이 하시려는 나머지 일들과 완전히 조화를 이루는 것이어야 합니다. 아무리 건강한 심장이라도 다른 기관과 잘 조화되지 않으면 결국 죽게 될 것입니다. 아무리 건강한 회중이라도, 몸의 나머지들, 특히 자기와는 서로 다른 회중들과 잘 어울리지 못하면 결국 그 생명력을 잃게 될 것입니다. 교회가 영적으로 살아 있으려면, 전체를 구성하는 서로 다른 '기관들' 사이에 적당한 조화가 있어야 되는 것이 절대적입니다.

주님과 사도들이 교회를 지역의 이름만으로 구분한데는 다음과 같은 타당한 이유가 있습니다. "주님의 말씀에 순종하기로 헌신한 사람들이 다른 지역에서 표출된 주님의 몸과의 관계 속에서 자신들의 정체성을 발견할 수 있게 하자는 것입니다." 소유하고 있는 진리와 강조점이 동일한 교회라고 해도, 서로 멀리 떨어져 있으면 함께 성장하고 성숙해야 할 필요가 거의 없습니다. 팔 하나가 내 몸의 나머지로부터 수마일이나 떨어진 곳에 위치해 있다면, 내게 쓸모가 거의 없을 것입니다. 이와 같이, 우리가 실제적인 삶 속에 매일 관계를 맺고 살아가는 사람들과 잘 어울리지 못한다면 우리는 주님의 몸에 별로 쓸모가 없게 될 것입니다.

각 지역 교회들은 몸 안에 생명력을 유지하기 위해서 나머지 몸과 함께 상호 연락하며 조화를 이루는 방법을 터득해야 합니다. 이 시대 말에 갈등이 최고조에 달하게 되면, "뭉치지 않으면 죽는다"는 말이 미국의 최초 십삼 개 식민주에 회자되었던 것처럼 교회에도 그대로 적용될 것입니다.

교회의 현 상황을 언뜻 살펴보면 교회의 부적절한 모습이 현저하게 드러납니다. 어떤 곳에서는, 세 교회가 동일한 블록 안에 위치해 있으면서도 상호 간의 교류가 거의 없거나 전무한 경우도 있습니다. 이들 교회는 똑 같은 모양의 사역이나 기능만을 서로 반복하고 있으며, 더욱 흡사한 것은, 평상시 겨우 좌석수의 삼분지 일 정도만 차는 교회의 건물을 유지하기 위해 갖은 애를 쓰고 있다는 점입니다.

교회 간에 중복되는 부분이 확실히 없어진다면, 수많은 우리의 자원들이 진정한 사역과 복음 전파에 전적으로 쓰여질 수 있을 것입니다. 우리에게 현재 상호간의 관계와 교류가 없기 때문에, 거짓 선지자나 선생이 어떤 교회에 들어와 그 교회를 훼파하고 적발될 경우, 이들은 거리를 가로질러 곧바로 다른 교회에 가서 똑 같은 일을 또 저질러도 되는 것입니다. 몸이 제대로 연합되어 있으면 이런 일은 일어나지 않을 것이라고 바울은 에베소 교인들에게 다음과 같이 말했습니다.

이는 우리가 이제부터 어린 아이가 되지 아니하여 사람의 궤술과 간사한 유혹에 빠져 모든 교훈의 풍조에 밀려 요동치 않게 하려 함이라. 오직 사랑 안에서 참된 것을 하여 범사에 그에게까지 자랄지라. 그는 머리니 곧 그리스도라. 그에게서 온 몸이 각 마디를 통하여 도움을 입음으로 연락하고 상합하여 각 지체의 분량대로 역사하여 그 몸을 자라게 하며 사랑 안에서 스스로 세우느니라 (엡 4:14-16).

우리가 제대로 연합하지 못하기 때문에, 교회는 새로운 풍조의 교리나 협잡, 술책과 사기 등에 의해 계속해서 떠밀려 다니고 있습니다.

하나님은 불가능한 것이 없으십니다. 하나님은 원하시기만 하면 우리 모두에게 똑 같은 교리를 믿게 하실 수 있으시지만, 이렇게 되면 참다운 연합이 이루어지지 않습니다. 주님의 관심은 우리를 교리상으로 완전히 하나되게 하시는 것보다 서로 사랑하게 하시는데 있습니다. 비슷한 교리는 연합의 기초가 되지 못합니다. 오히려 분열의 기초가 될 뿐입니다.

진정한 영적인 연합은 단순히 교리상으로 하나되는데 있지 않고, 기능과 목적과 상호간의 사랑에 있어서 하나됨에 있습니다. 이스라엘 지파들은 예배와 전쟁, 오직 이 두 가지 기본적인 영역에서만 하나되도록 명령을 받았습니다. 이들은 선택된 하나님의 처소에서만 여호와를 예배해야 하고, 만약 지파 중의 하나가 공격을 받으면, 전체 지파가 단일한 한 국가처럼 함께 일어나야 합니다. 그러나 여타의 모든 영역에서 이들 지파들은 다양성을 누렸습니다. 하나되게 하시려는 주님의 은혜가 임하지 않은 영역에서 우리가 하나됨을 추구하게 된 결과, 교회 내에 수많은 불일치가 생겨나게 되었습니다.

연합되었다고 해서 교단 혹은 단체와 관련한 모든 부속 활동을 중단할 필요는 없습니다. 우리는 하나의 거대한 조직 밑에 들어가거나 조직과 관련된 모든 부속 활동을 중단할 필요가 없습니다. 교단이란 기구가 더 이상 필요 없을 때가 올지 모릅니다만, 현재는 동일한 지역 내의 몸된 다른 지체들과 억지로 똑 같아져야 한다는 느낌이 없이도, 자기들의 비전에 집중할 수 있도록 교회를 섬기며 이끌어 가는데 교단의 목적이 있습니다.

교회는 한 몸이라는 사실에 집중하려면, 우리는 다양성을 살려야 합니다. 정당하지 않은 획일성을 요구하는 모든 불안전을 떨쳐버릴 때까지, 다양한 교단과 운동들이 필요합니다. 바울이 설명한 대로, 다양한 사역과 은사가 있습니다. 몸은 한 지체가 아니고 여러 지체로 이루어져 있기 때문에, "손이 발이 아니기 때문에 지체의 한 부분이 될 수 없다"고 발이 손에게 말할 수는 없습니다(고전 12:4-15). 우리는 하나님이 정해두신 차이점을 알고 있어야 하며, 그 차이점 안에서 홀로 있지 말고 함께 조화를 이룰 수 있어야 됩니다.

세상을 믿게하는 방법
How the World Will Believe

하나님이 도시를 사랑하시기 때문에 신약 성경에서는 교인들이 사는 도시의 이름을 따라 교회의 이름이 주어졌습니다. 예수님은 예루살렘에 오셨을 때 성전을 위하여 우시지 않고 도시를 위하여 우셨습니다. 우리가 도시를 생각할 때, 우리는 보통 건물이나 쇼핑센터 혹은 사업 등을 생각합니다. 예수님은 도시를 그렇게 바라보시지 않고 사람을 바라보셨습니다. 교회가 도시에 세워진 이유는 도시의 빛이 되어 도시의 거주민들을 전도하기 위함입니다.

예수님은 자신의 교회를 위해 기도하실 때, "저희로 온전함을 이루어 하나가 되게 하려 함은 아버지께서 나를 보내신 것을 세상으로 알게 하려 함이라"고 말씀하셨습니다(요 17:23). 세상은 교회가 하나되는 것을 볼 때까지 복음을 믿지 않을 것입니다. 교회의 연합이 확대되면 여태껏 볼 수 없었던 가장 큰 전도의 힘이 표출될 것입니다. 교회는 하나되기 전까지 온전함이나 성숙함에 이르지 못할 것입니다.

진정한 연합은 서로 다른 진영들 사이의 담합이나 정치적인 동의에 의해서 생기지 않습니다. 자기 백성들의 연합을 위해 기도하셨던 주님은, 다음과 같은 연합의 방법을 제시하셨습니다. "내게 주신 영광을 내가 저희에게 주었사오니 이는 우리가 하나가 된 것같이 저희도 하나가 되게 하려 함이니이다(요 17:22)." 우리는 주님의 영광을 보는 순간 변화될 것입니다(고후 3:18). 어린양이 들어오시면, 모든 장로들이 어린 양의 발 앞에 자기들의 면류관을 던질 것입니다(계 4:10).

누가 주님의 임재 앞에 자신의 영광이나 지위를 당연시 할 수 있겠습니까? 우리가 우리의 시선을 주님께 돌릴 때, 시기심과 이기적인 야망은 영광의 주님을 바라보며 주님의 희생에 따른 보상을 받기 위한 불타는 열심으로 대체될 것입니다.

시편 133편은 '연합의 시'라는 제목이 붙여져 있습니다. 이 시는 교회가 어떻게 연합해야 될지를 다음과 같이 단순하고 명쾌한 필치로 설명하고 있습니다.

형제가 연합하여 동거함이 어찌 그리 선하고 아름다운고! 머리에 있는 보배로운 기름이 수염 곧 아론의 수염에 흘러서 그 옷깃까지 내림 같고 헐몬의 이슬이 시온의 산들에 내림 같도다. 거기서 여호와께서 복을 명하셨으니 곧 영생이로다 (시 133).

여기서 아론은 하나님의 대제사장이신 그리스도의 성서적인 전형입니다. 우리가 머리이신 예수님께 우리의 경배와 헌신을 통하여 기름 붓게 되면, 우리로 하여금 선하고 아름다운 연합에 이를 수 있도록 그 기름이 나머지 몸 전체를 덮어 흘러넘치는 것을 보게 될 것입니다.

교회가 스스로에게서 시선을 떼고 주님께로 다시 향하게 될 때까지 부르심을 받은 그 본연의 위치에 결코 이르지 못할 것입니다. 우리 때로는 성전의 주님을 예배하기 보다는 주님의 성전을 예배합니다. 주님이 그 안에 계시지 않으면 아무리 멋진 성전이라도 무슨 유익이 있겠습니까? 주님이 성전 안에 계실 때, 성전이 우리의 마음을 빼앗아 가서는 안됩니다! 변화를 가져오는 것은 바로 영광입니다. 연합을 가져오는 것은 바로 영광입니다. 성전이 지어지고 주님의 영광으로 성전이 가득차게 되는 것도 바로 주님의 영광입니다.

사역

The Ministry

신(新)언약 시대의 선구자인 세례 요한은 아마 신(新)언약 사역의 가장 완전한 모델일 것입니다. 그의 전체 사역의 초점은 하나님의 어린 양을 가리켜 주고 어린 양의 길을 예비하는 것이었습니다. 그리스도께서 흥하시는 대로, 요한은 쇠할 준비가 되어 있었습니다. 사람들에게 예수님을 가리켜 주고 그분의 길을 예비하는 모든 사역의 진정한 목적은, 주님과 사람들과의 관계가 돈독해짐에 따라, 이들을 향한 우리들 자신의 권위가 쇠해져 가도 이를 기꺼이 받아들이는데 있습니다.

세례 요한이 요한과 안드레에게 예수님을 가리켜 주자, 이들은 예수님을 좇기 시작합니다. 그 때 예수님은 몸을 돌이켜서 이들에게 이들의 삶에 있어서 가장 중요한 질문 하나를 물으셨습니다. "무엇을 구하느냐?(요 1:38)." 우리가 주님을 따르면서 구하는 바는 무엇입니까? 질병의 치유입니까? 물질적인 번영입니까? 사람들로부터 인정받는 것입니까? 영원한 생명입니까? 그저 마음의 평안만 얻어도 되십니까? 예수님의 첫 번째 제자가 된 이 두 사람은 예수님의 질문에 대한 답으로서 가장 멋진 질문 하나를 다시 던지게 됩니다. "랍비여… 어디 계시오니이까?(요 1:38)."

주님이 계실 수 있는 곳은 어떤 곳입니까? 주님의 축복하실 수 있는 장소는 여러 군데입니다. 주님의 방문하실 수 있는 장소는 조금 더 많습니다. 그러나 주님이 거하실 수 있는 장소는 어디에 있습니까? 인자는 여전히 그분의 머리를 둘 장소, 다시 말하면, 인자가 머리가 되실 수 있는 장소를 찾고 계십니다. 우리가 교회라고 부르는 곳의 대부분이 실상은 독점 판매소에 지나지 않습니다. 주님보다는 사람을 위하여 우리는 대개 성전을 짓습니다. 주님의 성전은 어디에 있습니까? 주님이 거하시는 처소는 어디에 있습니까?

많은 사람들이 부차적인 성공 때문에 오히려 실패하게 된다고 우드로우 윌슨이 예전에 말한 적이 있습니다. 좋은 것이 더 좋은 것의 출현을 막는 최악의 적이 될 수 있습니다. 우리가 교회의 전체적인 목적을 이해하기 전까지는 교회 낱낱의 상황에 대한 목적을 이해할 수 없을 것입니다. 우리는 각 개인의 성취에 만족할 수 없으며, 오직 전체 교회의 목적이 성취될 때만이 만족하게 됩니다. 대제사장은 그의 품속에 이스라엘 모든 지파의 돌들을 지니고 있습니다. 우리가 하나님의 높으신 부르심 가운데서 생활하려면, 우리의 마음속에 모든 하나님의 사람을 간직해야 합니다.

우리의 비전은 하나님의 최종적인 목적에 그 초점이 맞추어져야 합니다. 그렇지 않으면, 하나님의 소소한 목적들로 인하여 우리의 정신이 분산될 것입니다. 하나님의 최종적인 목적은 만물이 '아들' 안에서 통일되는 것입니다. 성숙하여 영광 가운데 접어든 교회조차도 이런 목적을 위한 수단일 뿐입니다. 교회는 '아들'을 높이고 '아들'의 거하시는 처소가 될 목적으로 주어졌습니다.

저는 어느 목사에 대한 환상을 반복해서 본적이 있습니다. 그 목사가 주님께 시선을 집중할 때는, 수많은 군중이 그 주위로 모여 들었습니다. 그 목사가 사람을 보느라고 주님으로부터 시선을 뗄 때마다, 군중들은 그로부터 흩어지기 시작했습니다. 사람들은 나를 보러 오는 것이 아니고 주님을 보러 오는 것입니다. 사람들이 우리를 보러 오게 되면, 이들은 속은 것이며 잘못 인도된 것입니다. 우리의 인격이나 능력이 군중을 끌어

모을 수 있을는지 모르지만, 오직 주님만이 올바른 명분을 가지고 이들을 끌어당겨 주님의 처소로 인도할 수 있습니다.

단순히 사람들을 끌어 모으는 장소로서가 아니라, 주님이 원하시는 거처로서의 교회를 짓기 위해 주님과 함께 동역하는 것이 우리의 할 일입니다. 교회가 주님이 거하실 수 있는 처소로서 지어지게 되면, 우리가 감당할 수 있다고 생각하는 것보다 훨씬 많은 사람들이 오게 될 것입니다. 주님이 진정 높임을 받게 되면, 주님은 모든 사람들을 주님 자신에게로 이끄실 것입니다(요 12:32). 진정한 교회는 명설교가나 특정한 형태의 예배 혹은 어떤 교리에 의해서가 아니라, 바로 주님에 의해서 이끌림을 받은 사람들 위에 지어질 것입니다.

Chapter 14

14장

도하

渡河 Crossing Over

우리가 출애굽의 부르심을 받게 된 데는 이유가 있습니다. 우리가 약속의 땅을 정복하는데 필요한 모든 교훈을 광야에서 배우기 위함입니다. 우리는 보통 하나님의 약속을 개인적인 차원에서 생각합니다만, 그런 생각이 효과가 있다는 것도 알지만, 여기에는 훨씬 더 많은 의미가 담겨 있습니다. 우리는 성숙해 질수록, 개인적인 차원에서 얻을 수 있는 일보다 교회 안에서 혹은 교회를 통해서 주님의 유업을 받는 것에 우리의 더 많은 관심을 쏟게 됩니다.

이교도들도 주님의 유업이며, 온 땅의 끝도 주님의 소유입니다(시 2:8). 우리 자신의 개인적인 부를 획득하는 것보다 더욱 놀라운 일은 잃어버린 자들이 구원 받는 것을 보는 일입니다. 이스라엘이 추수기에 강을 건너 약속의 땅에 들어간 것은 우연한 일이 아닙니다(수 3:15). 교회가 그 유업 가운데로 들어가기 시작하면 세상이 여태껏 보지 못했던 가장 큰 추수기가 시작될 것입니다.

여호수아서에는 우리가 우리의 유업 가운데로 들어가서 하나님의 약속들을 소유하는 방법에 대한 개략적인 줄거리가 서술되어 있습니다. 요단강은 사해로 방출되기 때문에 성경에서 죽음에 대한 상징으로 쓰일 때가 간혹 있습니다. 세례 요한이나 예수님이 모두 다 요단강에서 세례를 베푸신 이유가 바로 여기 있습니다.

"저희에게 당한 이런 일이 거울이 되고 또한 말세를 만난 우리의 경계로 기록하였느니라"고 바울은 말합니다(고전 10:11). 이스라엘이 요단강을 건너 유업의 땅에 들어간 시기에 많은 위험이 있었다고 성경은 말씀합니다. "요단이 모맥 거두는 시기에는 항상 언덕에 넘치더라(수 3:15)." 이 말씀은 추수기 동안에 강을 건너서 우리의 유업으로 들어가게 되면, 죽음이 넘치고 있다는 사실을 증거해 줍니다. 이 말씀에는 시대 말(末)은 추수기이기도 하지만, 또 세상이 여태껏 알지 못했던 가장 큰 환란의 때이기도 하다는 주님의 증거가 확증되어 있습니다(마 13:39, 24:1-44).

박해와 환란에도 불구하고, 우리는 용기를 가질 수 있습니다. 언약궤를 메고 가는 제사장들이 요단강에 발을 들여 놓는 순간, (죽음의) 물이 "심히 멀리 아담에 일어나 쌓였습니다!(수 3:16)." 우리보다 이천 규빗(년〈年〉) 멀리 앞장서서 요단강에 들어간 하나님의 법궤인 예수님을 상징하며 우리가 끝까지 잘 따를 때(수 3:4), 아담으로부터 직접 내려오던 모든 죄의 결과를 이겨낼 것입니다. 주님이 이사야를 통해서 다음과 같이 말씀하셨습니다.

일어나라, 빛을 발하라, 이는 네 빛이 이르렀고 여호와의 영광이 네 위에 임하였음이니라. 보라, 어두움이 땅을 덮을 것이며 캄캄함이 만민을 가리우려니와, 오직 여호와께서 네 위에 임하실 것이며 그 영광이 네 위에 나타나리니, 열방은 네 빛으로, 열왕은 비취는 네 광명으로 나아오리라. 네 눈을 들어 사면을 보라, 무리가 다 모여 네게로 오느니라. 네 아들들은 원방에서 오겠고 네 딸들은 안기워 올 것이라. 그 때에 네가 보고 희색을 발하며 네 마음이 놀라고 또 화창하리니, 이는 바다의 풍부가 네게로 돌아오며 열방의 재물이 옴이라 (사 60:1-5).

어두움이 땅을 덮고, 깊은 어두움이 사람을 덮는 바로 그 최악의 시기에, 주님의 영광이 주님의 백성들 위로 임하실 것입니다. 바로 그 때, 여태껏 세상이 보지 못했던 가장 큰 추수기가 다가오면서, 사람들은 교회로 모여들 것입니다.

겸손은 높임의 앞잡이

Humility before Exaltation

이스라엘이 요단강을 건넌 후, 광야에서 태어난 젊은이들이 할례를 받고 나서야 앞으로 진군하게 됩니다. 할례는 육신 즉, 육적인 본성의 제거를 의미합니다. 할례는 여리고 성벽 바로 바깥 부근에 있는 길갈에서 행해지게 됩니다. 이 할례로 인하여 이스라엘은 적들 앞에서 면목을 잃고 육신적으로 연약한 상태에 있게 됩니다.

지난 몇 년 동안 교회에서 일어난 일들을 보면 이와 유사점이 있음을 발견할 수 있습니다! 굴욕을 참는다는 것은 어려운 일입니다만, 이 모든 일은 하나님의 계획 중의 일부분입니다. 지금 우리의 땅을 차지하고 있는 적의 진지를 정복하려면, 먼저 창피당하는 일이 필수적으로 있어야 된다는 것입니다. "그러므로, 하나님의 능하신 손아래서 겸손하라. 때가 되면 너희를 높이시리라(벧전 5:6)."

주님의 백성들을 위해서, 주님은 이들을 높이시기 전에 먼저 지속적으로 겸손하게 만듭니다. 주님은 요셉을 당대의 가장 큰 권력자 중의 한사람으로 만드시기 전에, 먼저 그를 노예로 만드셨고 감옥에도 보내셨습니다. 하나님이 이스라엘 사람들을 하나님의 처소로 들여보내시기 전에, 그리고 하나님의 능력이 이들을 통해서 드러나기 전 수세기 동안 이들은 애굽에서 종살이를 하였습니다. 모세는 애굽의 궁전에서 살고난 후, 그 당시 가장 천한 직업이었던 양치는 일을 사십 년 동안 해야 했습니다. 다윗은 백성들의 머리가 되는 지위를 차지하기 전에, 후일 자신의 다스림을 받게 될 바로 그 백성들을 피하여 동굴에서 지내면서 수년 동안 도망자의 삶을 살아야 했습니다.

하나님이 우리에게 장려하시는 가장 좋은 기회 중의 하나로서 겸손을 바라보는 법을 우리는 배워야 합니다. 더 많은 겸손을 우리가 인내하면 할수록, 하나님이 우리에게 맡기실 권위는 그만큼 더 커질 것입니다.

최근 몇 년 동안 그리스도의 몸이 경험한 굴욕은 할례였습니다. 지금 적들이 살고 있는 바로 그 땅을 우리가 차지하기 전에, 먼저 하나님은 그 적들 앞에서 우리를 낮추시고 연약하게 만드셨습니다. 이런 때에 우리는 교훈을 잘 배워야 합니다. 큰 권능과 권위가 오고 있습니다. 그러나 우리가 이러한 권위를 교만한 마음으로 받게되면, 우리는 멸망에 이를 뿐입니다. 겸손을 껴안으십시오. 그러면 여러분은 어느 날 높여진 자리에 앉게 될 것입니다.

두 번째 유월절
A Second Passover

할례 후에, 이스라엘 사람들은 약속의 땅에서 이들의 첫 번째 유월절을 경축하게 됩니다. 우리가 알고 있는대로, 그리스도는 우리의 유월절이십니다(고전 5:7). 애굽의 종살이로부터 이스라엘 백성들을 해방시켜 준 것이 바로 유월절 희생이었으며, 우리 안에 남아있는 애굽의 잔재로부터 우리를 해방시켜 준 것 또한 그리스도의 유월절 희생입니다. 이스라엘 백성들이 약속의 땅에 들어갔을 때에 이들은 또 유월절에 참예했습니다.

이와 마찬가지로, 우리로 하여금 현재의 악한 시대를 피하면서 하나님의 약속에 들어갈 수 있게 만드는 것이 바로 그리스도의 유월절 희생입니다. 우리를 끌어내시는 것도 십자가이고 우리를 들여보내시는 것도 십자가입니다. 우리가 광야의 여정을 시작할 때도 십자가가 있었고, 이 여정의 끝에서도 십자가가 발견될 것입니다. 하나님의 백성들의 모든 성취는 바로 예수님의 십자가를 통해서 옵니다. 우리가 진정으로 여기까지 이르게 되었다면, 우리는 십자가에 대한 강조점을 새롭게 하면서, 예수님이 우리의 유월절이 되시는 의미를 깨닫기 시작할 것입니다.

우리가 약속의 땅을 소유하려면 정복해야만 되는 원수의 진지들을 상징하는 성벽의 도시들을, 이스라엘은 할례와 유월절 의식을 마친 후에 찾아 나설 준비를 합니다. 우리에게는 원수의 진지를 파괴할 강력한 하나님의 무기가 주어져 있습니다. 이 무기들을 이제 써야 할 때가 온 것입니다.

노스캐롤라이나의 샬롯에 있는 랜달 월리목사는 우리 도시 주변의 진지들에 대해 통찰력 있는 말을 남겼습니다. 그의 말에 따르면, "우리는 아무런 제재도 받지 않고 들락거리면서 아주 수월하게 물리적 형태의 담이나 경계선을 넘나듭니다. 그러나 우리는 도시에 있는 영적인 담들에 대해서는 이를 거의 꿰뚫지 못하고 있습니다. 이런 담들은 교만, 편견, 분노, 반역, 방탕, 기타 영적인 힘들로 이루어진 진지들입니다. 이스라엘이 여리고를 둘러싼 것처럼, 우리 주변의 도시에 있는 원수의 진지들을 둘러싸서 무너져 내리게 하는 일에 쓰시려고 주님의 백성들을 주님은 부르고 계십니다."

벽을 무너뜨림
Bringing the Walls Down

이런 영적인 진지들은 여호수아가 썼던 것과 동일한 방법을 활용하면 보통 무너져 내리게 됩니다. 첫 번째로, 여호수아는 강력한 군사들로 하여금 도시를 둘러싸게 하였습니다(수 6:3). 하나님의 '강력한 군사들' 은 강력한 기도를 통하여 하나님이 함께 하시는 권위를 가지고 있는 사람들입니다. 이러한 하나님의 '강력한 군사들' 은 실제로 여성들이 많습니다.

하늘에서 가장 큰 권세를 가진 사람들은 기도에 충성하는 갑남을녀인 경우가 보통입니다. 우리의 주의를 끌지도 모르는 유명한 명설교자들 보다도 평범한 이런 사람들에 의해서 하나님 나라를 위한 성취가 훨씬 더 많이 이루어질 수 있습니다. 강단에서 성취되는 것들도 강단 위의 기도보다 강단 뒤의 기도에 의해서 보통 더 많은 부분이 이루어집니다.

우리가 원수의 진지로부터 사람들을 자유케 할 수 있는 복음을 가지고 우리의 도시에 충격을 주려면, 우리는 먼저 하나님의 강력한 힘을 가진 사람들과 함께 우리의 도시를 둘러싸야 합니다. 중보 기도는 교회의 수고 중에서 언제나 가장 풍성한 열매를 맺는 작업 중의 하나였으며 앞으로도 그럴 것입니다. 주님의 교회는 "만민을 위해 기도하는 집"이 될 것이라고 주님은 말씀하셨습니다(사 56:7). 우리 자신을 위해 기도하는 법을 배우는 것은 좋은 일입니다만, 우리 자신을 위하여 기도할 뿐 아니라 모든 사람들-우리의 도시, 우리의 학교, 우리의 정부, 그리고 다른 도시, 다른 학교, 다른 정부 등-을 위해서도 기도할 수 있을 만큼 성숙해져야 할 것입니다.

여리고 성이 강력한 군사들에 의해 둘러싸이자, 여호수아는 제사장들과 함께 이 성을 둘러쌉니다(수 6:4). 중보기도는 지도력의 단결을 가져옵니다. 교회의 지도자들은 이 때 우리의 도시들을 함께 둘러싸기 시작해야 합니다. 제사장은 소식을 전달할 때 쓰는 자신의 양각 나팔을 가지고 다닙니다. 이제 전달되어지는 소식들은 단순한 개인적 차원이 아니라, 커다란 집단적 차원에서 오게 될 것입니다. 제사장들은 하나님의 영광과 임재의 상징인 법궤를 또한 운반합니다. 주님이 우리와 함께 올라가시지 않으면, 가장 성서적인 전략을 정확하게 따른다고 해도 성취되는 일은 아무 것도 없을 것입니다. 우리는 어떤 방식이나 원칙을 따르기 위하여 부름받지 않았습니다. 우리는 주님을 따르도록 부름 받았습니다.

제사장들이 여리고 주위를 행진한 후에, 각 지파의 모든 군사들이 그 대열에 참여합니다(수 6:7). 여리고 성을 둘러싸는 중보기도는 그 성을 둘러싸는 지도력을 낳게 됩니다. 이스라엘 백성들이 중보자들과 지도자들의 뒤를 따르게 되면 이 두 가지가 종국에는 하나된 함성의 외침으로 연결될 것입니다. 백성들이 부르짖는 하나된 함성의 외침은 영적인 벽들을 무너져 내리게 할 것입니다.

사람들이 바벨탑을 짓는 것을 보시고, 주님께서는 중요한 말씀을 하셨습니다. "여호와께서 가라사대 이 무리가 한 족속이요 언어도 하나이므로 이같이 시작하였으니 이후로는 그 경영하는 일을 금지할 수 없으리로다(창 11:6)."

하나됨에는 강력한 영적인 힘이 있습니다. 예수님은 제자들에게, "진실로 다시 너희에게 이르노니, 너희 중에 두 사람이 땅에서 합심하여 무엇이든지 구하면 하늘에 계신 내 아버지께서 저희를 위하여 이루게 하시리라"고 말씀하셨습니다(마 18:19). 지금 여기에 번역된 "합심하여"라는 단어는 단순한 지적인 동의 이상의 훨씬 많은 의미를 담고 있으며, 일종의 본질적인 조화를 반영해 주는 말입니다. 우리의 본질이 하나되는 영역이 많으면 더 많을수록, 우리가 공유할 수 있는 아버지의 권세는 그만큼 더 많아질 것입니다.

우리가 '아들' 안에 거할 때에만 하나됨을 이룰 수 있다는 것을 아버지는 아시기 때문에, 우리가 하나됨을 이룬 상태에서 드리는 기도에 대해서 아버지는 스스로 응답 하실 수밖에 없으십니다. 바벨에서 사람들의 언어가 흩어지게 된 이후에, 어떤 목적에 있어서 진정한 하나됨을 이룰 수 있는 유일한 길은, 사람들을 향한 하나님의 전언(傳言)인, '말씀'을 통해서 입니다.

영적인 권위는 하나됨을 통해서 배가됩니다. 중보자들이 하나되면, 영적인 지도자들이 하나되는 결과를 낳게 될 것입니다. 그렇게 되면, 백성들이 따르게 될 것입니다. 그렇게 되면, 어떠한 악의 요새도 우리 앞에서 견딜 수 없을 것입니다.

주님은 여전히 도시들을 향하여 울고 계십니다
He Still Weeps over the Cities

앞에서 언급한 대로 예수님은 예루살렘에 오셨을 때, 성전을 위해서 우시지 않았습니다. 예수님은 도시를 위해서 우셨습니다. 에스겔이 이상 가운데 예루살렘으로 옮겨졌을 때, 이 성읍의 가증한 것들 때문에 우는 사람들을 위하여 구원의 표식을 하라는 말씀을 듣게 됩니다. 주님이 도시들을 위하여 우는 사람들에게 다시 표식을 주시면서 도시들을 위한 영적인 권세를 이들에게 부여하시는 날이 바로 지금인 것 같습니다.

기도가 도시의 영적인 진지에 어떻게 충격을 주기 시작했는지에 대한 간증들이 현재 많이 있습니다. 아이오와 주의 한 도시에서는 모든 의사들이 낙태 수술을 하지 않습니다. 어떤 단일한 법률안이 통과된 것도 없이 이런 일이 이루어지게 되었습니다. 캘리포니아 주의 한 도시에서는 소규모의 지도자들이 매춘업을 없애달라고 주님께 기도하였습니다. 며칠 뒤에 지역 신문의 머릿기사는, '이유는 모르겠지만' 매춘업 종사자들이 도시를 떠나고 있다고 보도하였습니다.

언젠가 프랜시스 프랜지팬(Francis Frangipane)과 필자는 워싱턴

D.C. 지역에서 온 지도자 그룹과 함께 기도를 하던 도중, 어떤 느낌을 받고 주님께 워싱턴을 붙잡고 있는 거짓의 진지를 깨뜨려 달라고 간구하게 되었습니다. 그날 밤, 워싱턴 시장이 경찰의 마약단 급습 때문에 붙잡혔습니다. 마약 단속반들이 수년 동안 워싱턴 시장을 체포하려고 했지만, 그는 "거짓으로 위장하고 있었다."고 다음 날 지역 신문들은 보도했습니다.

필자는 이런 사례들 중의 하나를 통하여 어떤 주관자가 무너져 내렸다는 점을 추정하여 말씀드리는 것이 아니라, 이 도시들 안에 있는 영적인 지도자들의 연합된 기도가 즉각적인 충격을 주었다는 점을 말씀드리는 것입니다. 거짓의 외투가 워싱턴 시로부터 최소한 잠깐이라도 벗겨진 것입니다. 그러나 이런 일은 우리가 워싱턴 시를 향하여 가지고 있는 궁극적인 목표와는 전혀 다릅니다. 이 지역에 있는 교회들이 하나되어 계속 성장하는 가운데 계속 기도한다면, 진리에 대한 뜨거운 사랑이 이곳에 널리 펼쳐지는 것을 우리는 목도하게 될 것입니다.

우리는 우쭐대서는 안됩니다. 아직까지 무너져 내린 악한 주관자들은 거의 없는 실정입니다. 그러나 더러는 충격을 받은 것이 분명하며, 많은 교회 지도자들도 교회연합이 가져다주는 영적인 큰 권세를 이해하기 시작하고 있습니다. 우리의 도시와 교회, 가족, 그리고 다양한 형태의 삶 속에 침투할 접촉점을 확보하기 위해서 지옥이 활용하고 있는 출입구인 지옥의 문을 우리가 찾아 나서기 시작할 때, 이러한 일들은 전투적인 교회에서 벌어질 수 있는 조그만 시작에 불과할 뿐입니다.

여리고 성의 전투는 강력한 군사들이 그 성을 포위했을 때-이것은 기도를 상징함-시작되었습니다. 그 때 영적인 지도자들과 백성들이 뒤따랐습니다. 그러나 성벽이 무너져 내리고 난 후에는 이들 모두가 싸워야 했습니다. 우리가 기도로 주관자들을 무너뜨릴 수 있는 것은 아닙니다. 우리가 귀신을 쫓아낼 수는 있습니다만, 주관자들과는 씨름을 해야 합니다. 하나님의 말씀인 우리의 검들과 원수 사이에는 실제적인 접전이 있음에 틀림이 없습니다. 주님이 이스라엘에게 약속하신 바대로, "너희 다섯이 백을 쫓고 너희 백이 만을 쫓으리니 너희 대적들이 너희 앞에서 칼에 엎드러질 것이라(레 26:8)." 연합하게 되면, 우리의 영적인 권위가 배가되는 것입니다.

이스라엘이 약속의 땅에 들어갔을 때, 모든 지파가 자기들의 땅을 각각 차지할 때까지, 어떤 지파도 군대에서 철수할 수 없게 되어 있었습니다. 동일한 진리가 교회에도 적용됩니다. 족속이 어떻든지, 연합이 어떻든지 상관없이, 우리의 모든 형제들이 그들의 유업을 각기 얻게 될 때까지, 싸움을 멈춰서는 안됩니다. 교회에 관하여서는, 다음과 같은 격언이 정말 맞습니다. "하나는 모두를 위하여! 모두는 하나를 위하여!"(One for All, All for One)

Chapter 15

15장

하늘의 만나와 제칠일의 안식

Manna from Heaven, and the Sabbath Rest

지금까지의 내용을 잠시 접어두고, 이스라엘의 광야 여정을 다시한번 살펴보십시다. '세례'에 해당되는 홍해를 통과한 후, 이스라엘 백성들은 즉각 다른 중요한 시험에 직면하게 됩니다. 첫 번째로, 백성들이 삼일동안 물 없는 길을 가야 했습니다. 결국 우물에 도달하기는 하였지만, 그 우물엔 쓴물만 있었습니다. 이스라엘 백성들의 경우처럼, 세례 이후의 첫 번째 시험에는 보통 우리의 쓴물이 단물로 바뀌는 것을 터득하는 과정이 들어있습니다. 우리가 메마른 땅에 있을 때, 우리는 하나님의 말씀이라는 순전한 물을 점점 더 필사적으로 찾게 됩니다.

더 이상 지탱할 수 없을 것처럼 보일 때, 말씀을 만나게 되지만, 그 말씀이 쓰거나 딱딱할 때가 종종 있습니다. 이런 일은 우리의 인내를 넘어서는 것처럼 보일 수도 있습니다. 커다란 시험이 지나고 나면, 우리를 새롭게 할 수 있는 순전한 권면이 필요한 것은 사실이지만, 우리에게 필요한 것이 늘 이렇지만은 않습니다. 하나님이 우리에게 주시는 것은 무엇이든지 간에, 모두 우리에게 필요한 것들입니다. 우리의 인내를 요구하는 시험이 크면 클수록, 우리는 약속의 땅에 그만큼 더 빨리 도착할 수 있습니다.

안락함, 편리함, 안전 그리고 평화가 당연한 권리로 요구되어지는 현대의 서구 사회에서, 하나님이 우리의 유익을 위해서 어려움을 계획해 놓으셨다는 생각은 많은 사람들에게 쉽게 이해될 수 없습니다. 기록으로 잘 보존된 하나님의 방법들은 어려움을 두려워하는 우리들의 마음을 어루만지기 위해 계발된 수많은 현대 신학들에게 큰 도전을 주고 있습니다. 사람들이 '평화와 안전'을 외치고 있는 동안, 이 세상에 여태껏 없었던 가장 큰 어려움이 이 땅을 휩쓸 것입니다(살전 5:3).

환란 전에 들림 받을 것이라는 신학으로 사람들을 안심시키는 자들의 경우, 주님이 말씀하신대로 이 시대 말에 찾아오게 될 어려움들은 단지 '산고(産苦)의 시작'일 뿐임을 깨달아야 합니다(마 24:8). 설령 엄청난 '환란의 때'가 오기 전에 우리가 끌어냄을 받는다고 해도, 그리스도인들에게 나쁜 일이 일어나서는 안된다고 생각하는 이런 그리스도인들의 경우, 시작되는 산고(産苦)를 참는 일조차도 이들이 가지고 있는 신종(新種)의 이상한 신학 체계를 훨씬 뛰어넘는 것일 수 있습니다. 일반적으로, 현재의 서구 교회는 우리에게 곧 다가오게 될 시대를 대비함에 있어서 지구상에서 그 준비가 제일 미비한 사람들일지도 모릅니다.

베드로는 하나님의 집에서부터 심판이 시작될 것이라고 말했습니다

(벧전 4:17). 이 구절에서 '심판'으로 번역된 말의 희랍원어는 크리시스 (krisis)로서, 여기에서 영어의 '위기(crisis)'라는 단어가 파생되었습니다. 위기(crisis)에 대한 웹스터 사전 정의 중의 하나는 "질병에 걸린 환자가 살 것인지 아니면 죽을 것인지를 결정해야 될 시점"이라고 말합니다. 시대의 종말에 대한 신구약의 모든 예언들은 종말이 오면 창세 이래로 가장 큰 환란의 때가 될 것이라고 증거하고 있습니다. 이러한 환란의 때는 교회로부터 시작될 것입니다!

이러한 환란이 징벌의 형태로 오는 것은 아닙니다. 환란은 우리에게 인내를 이루게 할 뿐 아니라, 큰 어두움 가운데서 빛과 같이 빛날 수 있도록 우리를 준비시키는데 그 의의가 있습니다. 교회는 세상의 빛으로 부르심을 받았습니다. 빛은 어두워질 때까지 필요하지 않습니다. 빛은 장차 오게 될 큰 어두움 가운데서 훨씬 더 밝게 빛나게 될 것입니다. 우리가 앞서 살펴본 대로, 이사야는 "보라, 어두움이 땅을 덮을 것이며 캄캄함이 만민을 가리우려니와, 오직 여호와께서 네 위에 임하실 것이며 그 영광이 네 위에 나타나리니"라고 말합니다(사 60:2).

어두움이 이 땅을 덮고, 깊은 어두움이 모든 민족들을 덮는 바로 그 시기에, 주님의 영광이 주님의 백성들 위에 높이 드러날 것입니다. 교회에서 시작되는 심판이나 위기는 흔들리지 않는 하나님의 나라에 우리의 생명의 터를 세우는데 그 의미가 있습니다. 그 때에는, 온 세상이 흔들릴 터인데, 오히려 우리는 안개 속의 등대처럼, 혹은 언덕위의 등불처럼 흔들리지 않고 꿋꿋하게 서있을 것입니다. 교회의 부르심은 임박한 어두움을 헤치고 나갈 수 있도록 길을 선도하는데 있습니다.

모든 문제에는 목적이 있습니다! 주님이 우리를 부르신 것은 우리가 이 땅에서 안락하게 잘 살다가 영생을 덤으로 얻게 되는데 있지 않습니다. 우리가 대환란 가운데서 살든지 아니 살든지 상관없이, 우리의 부르심은 강력한 믿음과 올바른 인격을 통하여 이 시대의 어두움을 물리치는 데 있습니다. 광야에서의 우리의 경험을 통하여 하나님에 대한 우리의 믿음이 확고해지고 강력해지면서, 비록 온 세상은 떨어져 나가도, 세상이 우리 힘의 근원이 아니기 때문에 우리는 흔들리지 않을 것입니다. 우리가 다시 광야를 통과해서 약속에 대한 유업을 이제 받고 싶으면, 그 동안 우리가 받았던 시험의 경험들을 낭비해서는 안됩니다!

주님은 쓴물에 대한 이스라엘의 불평을 오래 참으시며 들으신 다음, 물을 달게 할 수 있는 나무를 이들에게 지목하여 주셨습니다. 그리고 주님은 이들을 열두 개의 물샘으로 인도하신 다음 쉼을 허락하셨습니다. 이 대목에서 하나님께 제대로 불평하기만 하면, 원하는 것은 무엇이든지 얻을 수 있다고 생각하기 시작하는 사람들도 아마 있을지 모르겠습니다. 그렇지 않습니다!

주님은 우리에게 아주 오래 참으십니다. 요구하는 우리의 태도가 옳지 않을 때에도, 하나님은 우리의 요구하는 바를 응답해 주실 때가 종종 있습니다. 그렇다고 해서, 우리가 그 시험을 통과했다는 것은 아닙니다. 프랜시스 프랜지팬(Francis Frangipane)의 말대로, "우리는 결코 하나님의 시험에 실패해서는 안됩니다. 우리는 그 시험에 합격할 때까지 계속해서 시험을 치러야 합니다." 시험의 결과가 실패라고 불려지든지, 아니면 단순히 시험에 통과하지 못한 것이든지 간에, 이스라엘은 시험을 다시 반복하게 되어 있습니다. 우리도 시험에 대해 불평하게 되면 그 때마다 시험을 반복하게 될 것입니다. 이스라엘이 하나님께 물을 달라고 한 것은 이해할 수 있습니다만, 아무리 힘든 상황이라고 해도 원망하는 것은 약속의 땅에 이르는 길이 아닙니다. 원망과 불평은 기껏해야 길을 우회하게 함으로써 길을 더 멀게 만들 뿐입니다.

사람들은 단물을 마시고 나니, 배도 고프다는 것을 알게 되었습니다. 지난번에 불평이 효과를 보았던 것처럼 생각하고 이들은 또 불평합니다. 물론 주님께 직접 불평하는 것은 아니고 모세와 아론에게 불평을 합니다. 그러나 주님은 이 때문에 속지 않으십니다. 주님은 우리의 동일한 시도에 속지 않으십니다. 모세는 백성들에게, "이는 여호와께서 자기를 향하여 너희의 원망하는 그 말을 들으셨음이니라. 우리가 누구냐? 너희의 원망은 우리를 향하여 함이 아니요, 여호와를 향하여 함이로다"라고 대답합니다(출 16:8).

우리의 문제가 무엇이든지 간에, 주님은 모든 것의 주님이십니다. 주님이 허락하지 않으시면 어떤 것도 일어날 수 없습니다. 하나님의 눈길 밖에서는 원수가 단 한 방도 날릴 수 없습니다. 모든 불평은 그 목표가 누구든지 무엇이든지 간에 실제로는 주님을 겨냥한 것입니다. 모든 불평은 주님을 거역하는 것이며 또 주님이 우리 안에서 성취하고자 하시는 일을 거역하는 것입니다.

불평은 시험으로부터의 미봉책은 될 수 있을지언정 정작 승리로 결말을 맺지는 못합니다. 주님은 백성들이 요구한 대로 만나와 고기를 주셨지만, 이들은 약속의 땅을 밟아보지도 못한 채 멸망으로 인도하는 길로 계속 추락하고 있는 것입니다. 광야에서의 모든 시험은 실제로는 믿음을 성장시킬 수 있는 좋은 기회입니다.

시험의 목적
The Purpose of Trials

　우리의 인내를 요구하는 모든 시험은 '단계 높이기'라는 한 가지 목적에 그 초점이 맞추어져 있습니다. 우리가 하나님의 예비하심을 오래 참고 기다리면서 하나님을 신뢰하는 가운데 시험을 통과하게 되면 더 많은 영적인 권세를 받게 될 것이지만 다른 한편으로는 더 큰 시험을 받을 자격도 얻게 됩니다.

　하나님의 기적적인 공급하심이 있다고 해서 우리가 올바른 길에 있다거나 우리의 믿음이 기적을 성취해 내었다는 증거가 되는 것은 아닙니다. 참된 믿음을 가졌음에도 불구하고 하나님의 공급하심이 지연될 수도 있습니다. 믿음을 시험하고 정화시키는 것이야 말로 우리들의 간구하는 바가 즉각적으로 채워지는 것보다 더욱 더 귀중합니다. 성경이 증거하시는 바와 같이, 믿음을 가진 자들에 대한 시험이, 믿음이 없는 자들에 대한 시험보다 훨씬 더 심각할 수 있습니다. 이렇게 된 이유는, 하나님이 믿음을 가진 자들을 점점 더 높은 수준의 승리와 영적인 성숙으로 끌어 올리시고자 하시기 때문입니다.

　'주님 안에서 움직이고' 있는 대다수의 사람들이 가끔은 그저 제자리만을 맴돌 수 있습니다. 이들은 약속의 땅을 향하여 가고 있다고 주장할지 몰라도, 실제로는 동일한 사막을 이리 저리 헤매고 있을 뿐입니다. 몇 바퀴를 돌고 나면 무슨 일이 생기고 있는지 깨닫는 사람들도 더러 있을 것입니다. 그러나 대다수가 이 사실을 깨닫지 못하고 있으며, 만나와 기적의 물을 먹고 있기 때문에 심지어는 약속의 땅에 있는 것으로 생각할 수도 있습니다.

영적으로 성숙한 사람들에게는 올바른 노정임을 확인해주는 이정표들이 분명하게 포착되지만, 미성숙한 사람들은 똑 같은 이정표를 보고도 예전에 이 길을 지나간 사람들의 발자국을 거의 확인할 수 없기 때문에, 행로에서 벗어난 위험한 길로 생각해 버릴 때가 종종 있습니다. 주 예수님은 다음과 같이 경고하셨습니다.

좁은 문으로 들어가라. 멸망으로 인도하는 문은 크고 그 길이 넓어 그리로 들어가는 자가 많고, 생명으로 인도하는 문은 좁고 길이 협착하여 찾는 이가 적음이니라 (마 7:13-14).

만나

Th e Manna

예수님은 또한 이스라엘이 받아먹은 만나가 바로 예수님 자신에 대한 예표였음을 다음과 같이 말씀하셨습니다.

내가 곧 생명의 떡이로다. 너희 조상들은 광야에서 만나를 먹었어도 죽었거니와 이는 하늘로서 내려오는 떡이니 사람으로 하여금 먹고 죽지 아니하게 하는 것이니라. 나는 하늘로서 내려온 산 떡이니 사람이 이 떡을 먹으면 영생하리라. 나의 줄 떡은 곧 세상의 생명을 위한 내 살이로라 하시니라 (요 6:48-51).

예수님은 심령의 진정한 배고픔에 대한 유일한 만족이십니다. 예수님은 태초부터 우리의 양식으로 주어진 생명나무이십니다. 광야는 아주 힘든 장소이지만, 우리가 매일 예수님께 참예하는 법을 배우는 곳이 바로 광야인 것입니다.

매일 아침 하나님은 이스라엘에게 신선한 만나를 공급해 주십니다. 만나는 매일매일 거두어 들여야 했는데, 그 이유는 만나가 내리지 않는 안식일 전날을 제외하고는 하루를 넘겨 저장할 수 없었기 때문이었습니다. 어떤 사람이 하루 먹을 분량 이상으로 거두어들이게 되면 그것은 썩어버렸습니다. 많이 거둔 자들도 많이 가질 수 없고, 적게 거둔 자들도 충분하였던 것입니다.

예수님은 하늘로서 온 떡입니다. 이 말씀은 우리가 매일 예수님께 새롭게 참예해야 됨을 우리에게 증거해 주고 있습니다. 예수님을 찾고 싶지 않은 날짜만큼 버틸 수 있도록 우리가 예수님을 충분히 거두어들인다고 해도 그것은 헛일입니다. 그렇게 모아둔 떡은 부패되었습니다.

하늘로서 온 떡을 모아들이는 일에 적용된 원리는, 말씀의 사역자로서 우리가 함께 나누는 떡에 대해서도 동일하게 적용됩니다. 우리가 하늘로서 온 신선한 만나에 참예할 때, 우리가 섬기는 사람들에게 줄 신선한 만나를 우리는 가지게 될 것입니다.

이 말은 우리가 매번 설교할 때마다 다른 말씀이나 메시지를 전해야 한다는 뜻이 결코 아닙니다. 어떤 메시지는 순전해지려면, 여러 번 선포되어져야 할 때도 있습니다. 시편 기자는, "여호와의 말씀은 순결함이여, 흙 도가니에 일곱 번 단련한 은 같도다"라고 선언합니다(시 12:6). 어떤 말씀들은 선포될 때마다 더 순결해지고 더 예리해집니다만, 어찌 되었든 우리는 주님께 나아가 매번 말씀을 새롭게 모아 들여야 합니다. 그렇지 않으면 그 말씀은 썩게 되어 생명을 나누어 줄 수 없게 됩니다.

우리 메시지의 신선함은 주님의 임재하심으로부터 우리가 경험하게 되는 기름부으심에 있습니다. 우리가 주님과 함께 동행하면서 신선함을 늘 유지한다면, 우리의 메시지에는 늘 신선함이 있을 것입니다. 이러한 신선함을 어떻게 유지할 수 있겠습니까? 우리에게 필요한 핵심적인 방법 중의 하나를 이스라엘이 광야에서 배우게 된 다음의 교훈에서 찾아볼 수 있습니다.

제칠일의 안식
The Sabbath Rest

주님은 이스라엘에게 만나를 공급하신 후에 첫 계명을 주셨는데 그것이 바로 안식일을 지키라는 것이었습니다(출 16:22-29). 이것은 우연한 일이 아닙니다. 주님의 안식에 들어가는 것을 배우는 일이야 말로 하늘로부터 신선한 만나를 받게 되는 열쇠이기 때문입니다.

하나님은 창조 후 제칠일에 안식하셨습니다. 이와 같이 하나님의 백성들도 매주의 마지막 날에 안식하도록 하나님은 이것을 제도화 하셨습니다. 사천년이 넘는 역사 동안에, 안식일을 지키는 일이 유대인의 종교와 문화에 있어서 핵심적인 역할을 지속적으로 담당해 왔습니다. 이것은 안식일이 그만큼 중요하다는 것을 시사해 줍니다. 주님은 이스라엘에게 말씀하셨습니다. "너는 이스라엘 자손에게 고하여 이르기를, 너희는 나의 안식일을 지키라. 이는 나와 너희 사이에 너희 대대의 표징이니, 나는 너희를 거룩하게 하는 여호와인 줄 너희로 알게 함이라(출 31:13)."

창세기의 기록에 따르면, 주님은 창조를 끝내신 후, "하나님이 일곱째 날을 복 주사 거룩하게 하셨으니, 이는 하나님이 그 창조하시며 만드시던 모든 일을 마치시고 이 날에 안식하셨음이더라"고 되어 있습니다(창 2:3). 제칠일의 유일한 다른 점은 하나님이 이 날에 안식하셨다는 점입니다. 거룩한 날이 제칠일이라는 말이 아닙니다. 하나님의 안식이 거룩한 것입니다. 하나님이 또 다른 어느 날을 잡아 안식하셨다면, 그 때는 그 날이 거룩하게 되었을 것입니다. 거룩의 근원은 하나님이시지 그날 자체가 아닌 것입니다.

안식은 날 자체에 있는 것이 아니고 하나님 안에 있습니다. 우리가 하나님 안에 거할 때 안식하게 되는 것입니다. 하나님은 피곤하셔서 안식하신 것이 아니었습니다. 이사야는 "땅 끝까지 창조하신 자는 피곤치 아니하시며 곤비치 아니하시며"라고 선언합니다(사40:28). 하나님은 제칠일에 안식을 주셨습니다. 안식일이 하나님께 안식을 준 것이 아닙니다. 안식은 날 자체에 있는 것이 아니고, 하나님 안에 있는 것입니다.

세례는 하나님을 위해 살아갈 목적으로 우리 자신의 삶과 관심사를 버리고자 하는 우리의 헌신을 상징하는 의식입니다. 이와 마찬가지로, 안식일에는 일주일 중의 한 날에 단순히 노동하지 않는다는 점보다 더욱 심오한 어떤 상징이 들어 있습니다. 히브리서 기자는 하나님의 안식에 들어가는 것을 약속의 땅에 들어가는 것과 동일시 하고 있습니다(히 3,4장). 히브리서 기자는, "이미 그의 안식에 들어간 자는 하나님이 자기 일을 쉬심과 같이 자기 일을 쉬느니라"고 해설하고 있습니다(히 4:10).

사람은 제육일 마지막에 창조되었습니다. 아담은 하나님이 안식하시기 전에 만드신 마지막 작품입니다. 아담의 첫 번째 날은 실제로는 하나님의 창조의 일곱째 날에 해당됩니다. 그러므로 아담이 하나님과의 교제에 들어가려면 아담도 하나님의 안식에 들어갔어야 합니다. 이것이 바로 안식일의 핵심 사항입니다. 안식일은 단순히 안식만을 의도한 날이 아닙니다. 우리는 하나님과의 교제에 들어가서 또한 그 교제로 인해 생기는 안식과 새롭게 하심에 들어가야 하는 것입니다.

아담이 창조되자 하나님의 창조의 일이 이제 끝나게 되었습니다. 아담에게는 창조를 즐기면서 주님을 즐거워하는 것 외에 별도로 할 일이 없었습니다. 이스라엘을 향한 약속의 땅에 대한 목적을 충분히 이해하려면, 타락하기 전의 원래의 위치로 사람을 회복시키고자 하시는 하나님의 궁극적인 목적을 우리는 이해해야 합니다. 하나님이 사람이나 여타의 피조물과 친밀한 교제를 유지하시면서 통치하시고 동행하시는 곳이 바로 낙원인 것입니다.

이스라엘의 약속의 땅은 그리스도의 통치 기간에 이루어지게 될, 땅의 회복에 대한 예언적인 상징입니다. 그러나 그 동안에 우리에게는 이 땅을 차지하기 위해 싸워야 될 전쟁이 남아 있습니다. 번성과 평화를 주창하는 현재의 대부분 신학은 성서적으로는 정확하지만, 시간적으로는 잘못되어 있습니다. 일부 이런 신학은 우리가 요단강을 건너기도 전에, 심지어는 거인족속을 제거하기도 전에, 약속의 땅에서 살 수 있다고 홍보합니다.

주님은 장차 뒤따르게 될 약속과 평화를 소유하는데 필요한 전쟁에 대해서 우리를 준비시키기 위해서 광야의 경험을 활용하고 계십니다. 광야와 전쟁은 다같이 믿음과 영적 능력, 그리고 도덕적인 순결과 주님과의 친밀함을 요구하고 있습니다.

안식이 있는 곳에서
Where Rest Is Found

주님은 모세에게, "내가 친히 가리라. 내가 너로 편케 하리라"고 말씀하셨습니다(출 33:14). 하나님이 우리 사역 가운데 정말 우리와 함께 계시다는 확실한 증표는 우리에게 쉼이 있다는 것입니다. 우리가 하나님과 함께 멍에를 멜 때, 우리의 영혼에서 쉼이 발견됩니다. 하나님과 멍에를 같이 메지 않을 때, 우리는 애쓰며 걱정하게 됩니다.

멍에를 멘다는 것은 힘든 일을 할 채비를 갖췄다는 뜻입니다. 그러나 우리가 하나님과 함께 멍에를 메게 되면, 하나님의 힘이 일을 성취하게 됩니다. 바울 사도는 다른 어떤 사도보다 더 많은 노력을 하였다고 말했는데, 확실히 사도들 모두는 사역하는 일에 열심을 내었습니다. 주님 안에 거하는 사람들이 노력하기는 하지만, 그것을 수고라고 할 수는 없습니다. 주님 안에서의 사역은 우리의 영혼에 새로움과 원기회복을 가져다 주는 사랑의 노력인 것입니다.

"무슨 일을 하든지 마음을 다하여 주께 하듯 하고 사람에게 하듯 하지 말라"고 바울은 말합니다(골 3:23). 제가 맨 처음 목수의 조수로 일할 때, 그 일이 단조롭고 힘들었습니다. 그 때 저는 주님께 하듯이 모든 일을 하겠다고 마음먹게 되었습니다. 마치 주님이 직접 그 집에서 앞으로 사시기나 할 것처럼, 저는 모든 집을 짓곤 하였습니다. 저는 곧바로 이 일과 사랑에 빠지게 되었고, 그러다보니 밤이 되어서도 일을 그만두고 싶지 않았습니다. 밤이 되어 일을 중단하게 되면, 다음날 일이 시작될 때까지 기다릴 수 없을 지경이었습니다.

이 일은 굉장히 바쁘기 때문에, 저는 이 일을 하면서 내내 주님을 생각할 수 없었습니다. 그러나 제가 모든 일을 주님을 위해 하다 보니 주님의 임재 가운데 거하게 된 것입니다. 제가 일을 마치고 돌아갈 때면 마치 예배드리고 있다가 나가는 것처럼 매일 느끼게 되었습니다! 일이 바뀐 것이 아니었습니다. 제가 변한 것입니다. 비록 일이 고되어도, 사랑의 노력으로 일을 하다보면 새로움이 생깁니다. 사랑하는 사람들을 위한 우리의 노력은 결코 수고롭지 않습니다. 우리가 어떤 일을 하든 주님께 예배드리듯이 그 일을 하게 되면 그 때부터 그 일에 대한 우리의 시각이 놀랍게 달라질 것입니다.

목수 일에 대한 저의 마음이 변하게 되자 따분한 일도 영광스러운 경험으로 바뀌게 된 것처럼, 저의 '마음이 미혹당한' 경우에는 (히 3:10), 사역이 따분한 일로 바뀌어 버린 적도 있었습니다. 자기 자신의 사역을 일으키고 싶은 열망이나, 어떤 특정한 사람의 환심을 사고 싶은 열망에서, 아니면, 돈을 벌고 싶은 열망이나 또는 죄의식과 같은 다양한 근거 때문에, 주님과 주님의 진리를 위한 열정의 발로에서 사역하는 것을 멈추고, 어떤 다른 이유 때문에 사역을 한다면, 그 사역은 부담스러워지게 됩니다. 우리가 주님의 멍에 외에 다른 멍에를 메고 있으면 우리의 사역은 피곤함과 진부함을 가져다 줄 것입니다.

주님이 이스라엘에게 하늘의 만나를 주셨을 때 안식일을 제도화 하신 것은 우연이 아닙니다. 신선한 만나를 우리가 매일 모으는 일은 우리가 주님과 주님의 안식 안에 거할 때에만 가능합니다. 우리의 생명도, 우리의 일도, 우리의 사역도, 결코 진부한 것이 되어서는 안됩니다. 만약 진부함을 느끼게 되면, 어떤 멍에를 메고 있는지 우리는 점검해봐야 합니다. 우리가 주님과 함께 멍에를 멘다면, 그 일이 어떤 일인지에 상관없이, 우리는 언제나 우리의 수고를 통하여 새로워지게 될 것입니다.

Chapter 16

16장

회복과 구속

Restoration and Redemption

우리는 '아들'에 의해서, '아들'을 위해서, '아들'의 형상으로 창조되었습니다(골 1:16, 창 1:26). 이 말씀은 창조의 궁극적인 목표를 요약하여 표현하고 있습니다. 우리가 하나님을 위해 살지 않고 우리 자신을 위해 살기로 작정할 때, 우리 안에 창조되어진 '아들'의 형상이 망가지게 됩니다. 지금 우리 사람들의 목표는 '아들'의 형상을 회복하는 것입니다. 이런 과정이 이른 바 회복인데 여기에는 대속이 포함됩니다. 우리가 우리의 노력을 멈추고 하나님이 이미 이룩해 놓으신 일 안으로 들어가려면 이 말씀의 의미를 이해해야 합니다.

교회가 탄생한 첫 날 첫 설교에서 베드로는 다음과 같은 짤막한 말로 회복에 대해 요약하여 말했습니다.

> 그러므로 너희가 회개하고 돌이켜 너희 죄 없이 함을 받으라. 이같이 하면 유쾌하게 되는 날이 주 앞으로부터 이를 것이요, 또 주께서 너희를 위하여 예정하신 그리스도 곧 예수를 보내시리니, 하나님이 영원 전부터 거룩한 선지자의 입을 의탁하여 말씀하신 바, 만유를 회복하실 때까지는 하늘이 마땅히 그를 받아두리라 (행 3:19-21).

만물을 회복시키는 것이야말로 하나님의 궁극적인 의도의 일부분입니다. 이 말은 무엇을 의미합니까? 이것을 이해하려면 성경의 전체 줄거리에 대한 조망이 필요합니다.

성경의 맨 첫 장과 맨 마지막 두 장은 서로 완벽한 줄거리를 이루고 있습니다. 창세기 1장에 따르면, 피조물 중에서 유일하게 사람은 하나님과 자리를 함께 하며 교제를 나누게 되어 있습니다. 창세기 3장에서 사람은 반역으로 인하여 하나님과 함께하는 자리와 교제를 잃어버리게 됩니다. 성경의 맨 마지막 두 장을 제외한 나머지 성경 모두가 사람이 잃어버린 거룩한 자리와 교제를 다시 회복시켜 주는데 그 초점을 맞추고 있습니다. 성경의 맨 마지막 두 장에서는 사람의 회복이 완성되게 됩니다. 다음 표는 이러한 분리와 회복에 대한 몇 가지 요점들을 정리한 것입니다.

분리와 회복
Separation and Restoration

창세기 1장 하나님이 사람과 동행하시면서 친밀한 교제를 나누심	계시록 21장 교제가 회복이 되면서 하나님이 다시 사람 사이에 거하시게 됨
창세기 3장 사람이 뱀의 유혹에 넘어감에 따라, 사람의 영역인 이 땅에 사단이 권세를 가지고 놓여남을 받음	계시록 20장 사단이 묶임을 받게 되고, 마지막 아담인 예수님은 이 땅위에 자신의 보좌를 세우심
창세기 3장 생명나무 과실을 먹을 수 없도록 사람이 에덴 동산에서 추방됨	계시록 22장 사람에게 생명나무 과실이 다시 주어지게 됨
창세기 3장 땅이 저주를 받음	계시록 21장 저주가 없어지고, 애통하는 것이나 곡하는 것이나 아픈 것이 더 이상 존재하지 않게 됨
창세기 3장 사망이 세상에 들어오면서 땅에 사는 모든 생물이 사망을 겪게 됨	계시록 20장, 21장 '사망과 음부'가 불못에 던져짐. 더 이상 사망이 없는 새 하늘과 새 땅이 전개됨

교제가 목적임

Fellowship Is the Goal

타락으로 인하여 사람이 잃어버린 특권 중에서 첫 번째는 하나님과의 교제입니다. 이러한 교제를 재개하는 것이 회복에 있어서 제일 중요한 목적이 됩니다. 교제의 회복이야말로 구속의 목적이며, 구속받은 모든 영혼들의 삶에 있어서 최우선적인 중요 목표가 되어야 합니다. 우리의 부르심에 있어서 최우선은 우리를 구속하신 분과의 교제에 있습니다(고전 1:9). 이것이 바로 기독교의 첫 번째 우선순위이며 기독교와 여타의 모든 종교를 구분하는 주요 쟁점입니다. 기독교는 그저 도덕적인 삶의 도식 같은 것이 아닙니다. 진정한 기독교는 하나님과의 연합이 회복되는 것입니다.

　진정한 기독교는 하나님의 영으로 거듭나는 것입니다. 이러한 중생이 우리와 하나님과의 연합을 회복시키는 과정을 착수하게 만듭니다. 새로 거듭나는 것은 끝이 아니고 일종의 새로운 시작입니다. 이것은 우리의 회복의 과정에 있어서 첫 번째 단계에 불과합니다. 진정한 기독교는 우리 아버지와의 친밀한 교제를 쌓아가는 여정인 것입니다. 그리스도인의 성숙도를 조금이라도 측정할 수 있다면, 그 기준은 아버지와의 친밀함의 정도에 따라 측정되어야 할 것입니다.

　얼마나 오랫동안 그리스도인이었는지, 얼마나 많은 지식을 가졌는지, 혹은 심지어 어떤 믿음의 행동을 하는지를 가지고 우리의 영적인 키를 측정하기 시작한다면, 이것은 하여간 우리의 신앙이 정도를 벗어나고 있음을 보여주는 단순한 사례라 하겠습니다. 믿음은 우리가 얼마나 많이 하나님에 대해 알고 있는가 하는 문제가 아니고, 우리가 하나님과 얼마나 친밀한가의 문제인 것입니다.

　신약 성경에서 '교제'라는 말로 자주 번역되는 희랍어 원어는 코이노니아 (koinonia)입니다. 이 말은 글자 그대로 '공동연합'이란 뜻을 지니고 있습니다. 영어 단어 커뮤니온(communion)은 원래 두개의 단어, 커먼(common)과 유니온 (union)의 합성어입니다. 사람들이 어떤 것을 '공통으로' 가졌다는 말은 서로 같은 점이 있거나, 아니면 이들의 목적이 하나라는 것을 뜻합니다. 이 두 가지 의미가 다 우리와 하나님과의 연합에 대한 성격을 표현하는 말입니다. 우리는 하나님과의 교제를 통하여 하나님과 같이 되고 하나님과 하나되는 공동의 목적을 갖게 됩니다.

노부부(老夫婦)들이 수많은 세월을 함께 살았기 때문에 서로 닮아 보이기 시작한다는 것을 우리 대부분은 눈치 챌 수 있습니다. 이것은 참 놀라운 현상입니다. 그저 오랜 세월 동안 누구와 같이 있기만 해도 우리는 습관뿐 아니라 이상하게 외모까지도 서로 닮게 됩니다.

이와 마찬가지로, 우리가 주님과 함께 있기만 하면 우리는 주님의 형상으로 변화됩니다. "우리가 다 수건을 벗은 얼굴로 거울을 보는 것 같이 주의 영광을 보매, 저와 같은 형상으로 화하여 영광으로 영광에 이르니, 곧 주의 영으로 말미암음이니라(고후 3:18)." 우리가 주님의 형상으로 변화되는 것은 주님을 바라볼 경우에 한해서 입니다. 주님과 교제를 나누기 위해서 우리가 먼저 변해야 되는 것이 아닙니다. 먼저 주님과 교제를 나누다 보면 결국 우리가 변화되는 것입니다.

하나님의 사역을 하는 것
Doing the Works of God

우리 그리스도인의 소명 중 제일 순위는 일이 아니라 교제입니다. 우리가 이 사실을 망각할 때, 참된 기독교의 특징은 왜곡되기 시작할 것입니다. 하나님의 안식은 단순히 휴식을 통한 원기회복에 그 목적이 있지 않습니다. 하나님의 안식은 하나님을 발견하고 하나님 안에 거하는 데 그 목적이 있습니다. 예수님은 아버지 안에 단순히 거하셨고, 아버지는 아버지의 일을 예수님을 통하여 행하셨습니다. 예수님은 "내 안에 거하시는 아버지께서 아버지의 일을 하시는 것이라"고 말씀하셨습니다(요 14:10). 비록 인간의 여러 가지 상황들로 인하여 연민을 느끼시기는 하셨지만, 예수님은 결코 인간의 필요에 맞추어 행동하지 않으셨습니다. 예수님은 오로지 하나님이 일 하시는 것을 본 그대로 행동하셨습니다. 이와 똑같이, 우리도 예수님 안에 거해야 합니다. 하나님을 떠나서는 우리가 하나님의 일을 할 수 없습니다. 바울은 아덴의 사람들에게, "우주와 그 가운데 있는 만유를 지으신 신께서는. . .손으로 지은 전에 계시지 아니하시고, 또 사람의 손으로 섬김을 받으시는 것이 아니니"라고 설명했습니다(행 17:24-25). 오직 성령이 성령의 것을 낳습니다. 오늘날 사역하다가 '지치게 되는' 주요한 원인은 주님의 멍에를 메지 않고 사람들의 멍에를 메기 때문입니다. 주님 자신이 우리에게 다음과 같이 간곡하게 말씀하셨습니다.

> 수고하고 무거운 짐진 자들아, 다 내게로 오라. 내가 너희를 쉬게 하리라. 나는 마음이 온유하고 겸손하니 나의 멍에를 메고 내게 배우라. 그러면 너희 마음이 쉼을 얻으리니 (마 11:28-29).

우리가 지고 있는 짐이 무겁게 느껴지는 것은 주님의 멍에가 아닌 것을 메고 있기 때문입니다. 우리의 사역에 피곤함이 있다는 것은 그 동안 주님 안에 거하지 않았음을 보여주는 확실한 증거입니다. 멍에는 일을 시키려고 씌우는 것인데, 우리가 주님과 함께 멍에를 멜 때 주님이 우리를 통해서 일을 하시게 됩니다. 우리가 주님과 함께 일을 할 때, 힘이 고갈되지 않은 상태에서 실제로 안식을 얻게 됩니다. 대부분의 사역에서 요구되어지는 인간적인 기대감의 멍에를 우리가 단호히 거절한다면, 사람들이 받게 될 사역의 질은 지금보다 훨씬 더 진실될 것입니다.

인간의 타락으로 인간의 삶과 일의 터전이 저주를 받게 되었습니다. 그 결과, "너는 종신토록 수고하여야 그 소산을 먹으리라. . . 네가 얼굴에 땀을 흘려야 식물을 먹고"라는 말씀이 이루어지게 되었습니다(창 3:17, 19). 수고는 일종의 저주입니다만 노동은 그렇지 않습니다. 사람은 타락 전에 에덴동산에서 노동에 종사하였습니다(땅을 경작하였습니다). 수고는 '쓰라린 많은 노력을 통하여 성취하는 것' 혹은 '어려움 속에서도 나아가는 것'으로 정의될 수 있습니다. '수고'라는 저주는 그리스도 안에서 다시없지만 여전히 노동은 합니다.

하나님의 안식에 들어가지 않고 영적인 노력을 시도하는 것은 모래 속에 갇힌 차를 운전하는 것과 같습니다. 우리에게 모든 것을 뿜어낼 수 있는 이백 마력짜리 차가 있다고 해도, 모래 속에 갇혀 있으면 아무데도 갈 수 없습니다. 하나님의 안식을 모르는 사람들은 인간적인 정열을 가지고 활동하면 발전하고 있다고 생각합니다. 사람의 손을 가지고 짓는 성전은 그것이 아무리 많을지라도 영적인 면에서 보면 여전히 모래 속에 갇혀 있습니다.

예레미야를 통하여 주님은 다음과 같이 더욱 확실하게 밝혀주고 계십니다.

> 내 백성은 잃어버린 양떼로다. 그 목자들이 그들을 곁길로 가게하여 산으로 돌이키게 하였으므로, 그들이 산에서 작은 산으로 돌아다니며 쉴 곳을 잊었도다 (렘 50:6).

길을 잃고 헤매는 수많은 그리스도인들이 이와 똑같이 속임을 당하고 있습니다. 목자들이 이들을 이 산에서 저 언덕으로, 자극적인 이런 일에서 또 다른 일로, 혹은 이런 촉진책에서 저런 촉진책으로 이끌고 다닙니다. 그러나 이들은 안식의 주님 즉, 안식의 장소에는 직접 인도 받지 못하고 있습니다. 이것이 바로 오늘 날의 교회가 라오디게아 교회처럼 미지근함을 갖게 된 주요 원인 중의 하나입니다. 프로젝트나 흥행위주의 촉진책은 결코 영혼을 만족시킬 수 없으며, 이런 일들로 인하여 사람들은 지치게 됩니다. 목자인 우리가 하나님의 사람들을 하나님의 안식 가운데로 인도할 수 없다면, 우리는 이들을 잘못 인도하고 있다는 죄의식에 빠지게 될 것입니다.

주님은 여전히 우리에게 "너희는 가만히 있어 내가 하나님 됨을 알찌어다"라고 권면하십니다(시46:10). 하나님이 하나님이신 것을 정말 우리가 안다면, 우리는 애쓰는 것을 멈출 것입니다. 하나님은 손 안에 온 우주를 갖고 계십니다. 하나님은 우리 인생에게 정하신 목적들을 성취하실 수 있으십니다. 우리는 염려 때문에 단지 애를 쓰고 있는 셈인데, 염려는 믿음의 정반대에 해당됩니다. 하나님이 하나님이신 것을 우리가 정말 믿는다면, 우리는 하나님 안에서 안식을 누릴 것입니다. 하나님이 누구신지를 보지 못하기 때문에 우리는 애쓰게 되는 것입니다.

> 그러므로 성령이 이르신 바와 같이, 오늘날 너희가 그의 음성을 듣거든 노하심을 격동하여 광야에서 시험하던 때와 같이 너희 마음을 강퍅케 하지 말라. . . 그러므로, 내가 이 세대를 노하여 가로되, 저희가 항상 마음이 미혹되어 내 길을 알지 못하는도다 하였고, 내가 노하여 맹세한 바와 같이, 저희는 내 안식에 들어오지 못하리라 하셨다 하였으니 (히 3:7-8, 10-11).

이 말씀에 따르면 주님은, "저희가 항상 마음이 미혹되어 내 길을 알지 못하는도다… 저희는 내 안식에 들어오지 못하리라"라고 말씀하십니다. 어떤 지식이 우리의 마음속에 전이되지 않는다면, 단순히 우리의 생각으로만 믿고 있는 것은 성취되지 않습니다. 특히 중압감이나 혹은 시험 때문에 우리가 시달리고 있을 때, 머리에서 가슴으로의 이런 전이 현상이 일어나면, 우리 삶의 방식은 변화되어질 것입니다. 주님은 "저희의 생각이 아니라 저희의 마음이 미혹되었다"고 말씀하십니다.

그리스도인으로서 우리들은 보통 우리의 믿는 바를 타인에게 심어주려고 열심을 냅니다만, 하나님은 우리 믿음의 방식에 대해서 더 많은 관심을 갖고 계십니다. 우리가 미혹 당할 때를 보면 우리의 생각이 미혹당하는 경우는 거의 없고 우리의 마음이 미혹당하는 경우가 대부분입니다. 우리는 모든 교리를 정확하게 믿기는 하면서도 그 교리 중 어느 것 하나도 삶에 적용하지 못할 수 있습니다. 우리는 성경을 암기할 수는 있지만, 여전히 성경을 거스르는 삶을 살 수도 있습니다. "사람이 마음으로 믿어 의에 이르고 입으로 시인하여 구원에 이르느니라"고 하였지만(롬 10:10), 우리 중의 수많은 사람들이 하나님을 마음으로 믿지 않고 머리로 믿고 있습니다.

우리가 그리스도의 심판대 앞에 서게 될 때, 그리스도는 우리에게 교리적인 내용을 시험하시지 않을 것입니다. 우리가 진리를 사랑한다면 정확한 교리를 갖고 싶어하겠습니다만, 우리가 그 교리대로 살지 못하여 그리스도의 형상대로 변하지 못한다면 정확한 교리 자체도 우리에게 아무런 유익이 없습니다.

하나님의 길을 아는 것
Knowing God's Ways

주님은 "이들이 나의 길을 알지 못하니... 나의 안식에 들어오지 못하리라"고 말씀하셨습니다. 하나님의 길을 알게 되면 하나님의 안식에 들어가게 됩니다. 다윗은 "그 행위를 모세에게 그 행사를 이스라엘 자손에게 알리셨도다"고 쓰고 있습니다(시 103:7).

모세는 여태껏 살았던 사람들 중에서 영적으로 가장 큰 분별력을 가진 사람 중 하나였습니다. 이스라엘이 반역함으로 말미암아 주님이 이스라엘을 멸망시키려고 작정하셨을 때, 모세는 확신을 가지고 주님과 백성들 사이에 서서 백성들의 목숨을 살려달라고 중보하였습니다. 염병이 백성들의 모든 진을 휩쓸기 시작할 때, 모세는 그것을 멈추게 하는 방법을 확실히 알고 있었습니다. 모세는 아론으로 하여금 기도와 중보의 상징인 향로를 들고 가게 합니다. "아론이 모세의 명을 좇아 향로를 가지고 회중에게로 달려간즉 백성 중에 염병이 시작되었는지라. 이에 백성을 위하여 속죄하고 죽은 자와 산 자 사이에 섰을 때에 염병이 그치니라(민 16:47-48)."

이런 행동은 전례가 없었습니다. 향로가 염병을 멈추게 한다고 말한 법은 어디에도 없었습니다. 모세는 하나님의 길을 알고 있었기에 직관적으로 어떻게 해야 할지를 알았습니다. 원칙이나 공식을 안다고 해서 확고한 영적인 지도자가 되는 것은 아닙니다. 진정한 지도자는 하나님과 하나님의 길을 아는 사람들입니다. 출애굽기 33:12-18에서, 모세의 마음 바탕이 큰 분별력의 열쇠인 것을 엿볼 수 있습니다.

모세가 여호와께 고하되 보시옵소서, 주께서 나더러 이 백성을 인도하여 올라가라 하시면서, 나와 함께 보낼 자를 내게 지시하지 아니하시나이다. 주께서 전에 말씀하시기를, 나는 이름으로도 너를 알고, 너도 내 앞에 은총을 입었다 하셨사온즉, 내가 참으로 주의 목전에 은총을 입게 하시며, 이 족속을 주의 백성으로 여기소서. 여호와께서 가라사대 내가 친히 가리라, 내가 너로 편케 하리라. 모세가 여호와께 고하되, 주께서 친히 가지 아니하시려거든 우리를 이곳에서 올려 보내지 마옵소서. 나와 주의 백성이 주의 목전에 은총 입은 줄을 무엇으로 알리이까? 주께서 우리와 함께 행하심으로 나와 주의 백성을 천하 만민 중에 구별하심이 아니니이까? 여호와께서 모세에게 이르시되 너의 말하는 이 일도 내가 하리니 너는 내 목전에 은총을 입었고 내가 이름으로도 너를 앎이니라. 모세가 가로되 원컨대 주의 영광을 내게 보이소서!"

모세가 가진 지혜의 위대함은, 주님의 임재하심이 백성들과 함께 가지 않으면, 백성들을 인도할 마음을 더 이상 갖지 말아야 한다는 것을 알았다는데 있습니다. 하나님을 좇는다고 주장하는 여타의 단체나 종교로부터 교회를 구별해 내는 것은 오직 주님의 임재하심에 의해서만 가능합니다. 하나님에 대한 우리의 교리가 모두 다 옳다고 해도, 하나님이 우리와 함께 하시지 않으시면 우리에게는 아무런 유익이 없습니다! 가짜 지도자로부터 참된 영적 지도자를 구분해 내는 확실한 특징은 하나님께서 함께 하시지 않으면 움직이지 않는 지혜가 이들에게 있다는 점입니다.

Chapter 17 / 17장

반석에서 나오는 물
Water from the Rock

형제들아 너희가 알지 못하기를 내가 원치 아니하노니

우리 조상들이 다 구름 아래 있고 바다 가운데로 지나며

모세에게 속하여 다 구름과 바다에서 세례를 받고

다 같은 신령한 식물을 먹으며

다 같은 신령한 음료를 마셨으니

이는 저희를 따르는 신령한 반석으로부터 마셨으매

그 반석은 곧 그리스도시라

(고전 10:1-4)

이스라엘이 광야의 여정 가운데 있을 때 반석이 이스라엘을 따랐습니다. 그리고 "이 반석이 그리스도이십니다." 그리스도는 또한 만나이셨습니다. 예수님은 참된 떡과 생명수의 근원이십니다. 광야에서 이 사실을 배워가면서 우리는 예수님을 전적으로 의지하게 됩니다. 우리는 예수님을 향한 굶주림과 목마름을 처리하는 법을 터득하게 됩니다. 인간의 영혼의 타는 목마름이 해소되는 방법은 오직 주님 자신의 임재에서 나오는 물을 마시는 길뿐입니다.

식물이나 동물의 먹이의 형태는 아주 다양합니다만 모든 생물에 있어서 기본적으로 동일한 먹이 형태는 물을 필요로 한다는 점입니다. 이 사실은 그리스도를 계시해 주고 있습니다만 사람들이 별로 이해하고 있지 못합니다. 범신론자의 주장처럼 피조물이 하나님일 수는 없지만, 피조물을 보며 우리는 주님과 주님의 성품을 이해할 수 있습니다. 우리는 자연을 숭배하지는 않습니다만, 바울이 말한 대로 자연을 바라보면서 우리는 하나님의 속성과 영원하신 능력과 신성을 분명히 발견하게 됩니다.

> 창세로부터 그의 보이지 아니하는 것들, 곧 그의 영원하신 능력과 신성이 그 만드신 만물에 분명히 보여 알게 되나니, 그러므로 저희가 핑계치 못할찌니라 (롬 1:20).

> 만물이 그에게 창조되되, 하늘과 땅에서 보이는 것들과, 보이지 않는 것들과, 혹은 보좌들이나, 주관들이나, 정사들이나, 권세들이나, 만물이 다 그로 말미암고, 그를 위하여 창조되었고, 또한 그가 만물보다 먼저 계시고 만물이 그 안에 함께 섰느니라 (골 1:16-17).

건강한 사람의 경우 음식을 먹지 않고도 사십일 정도는 버틸 수 있습니다만, 물을 마시지 않고서는 아무도 이삼 일 이상 버틸 수 없습니다. 만나는 우리가 매일 받아먹어야 할, 하나님에 대한 새로운 계시와 이해를 주시는 예수님을 상징합니다. 물은 예수님에 대해서 훨씬 더 심오한 뜻을 말해 주고 있습니다.

바울은, "우리가 그를 힘입어 살며 기동하며 있느니라"고 말합니다(행 17:28). 예수님은 우주와 모든 피조물의 근본적인 동인(動因)이십니다. 피조물 전체가 그리스도를 드러냅니다. 그리스도는 생명수이십니다. 지구 표면의 칠십 퍼센트 이상이 물이고, 거의 모든 생물체에 있어서 물이 그 구성의 칠십 퍼센트 이상을 차지하고 있는 것처럼, 주님은 모든 생명체를 채우시며 붙잡고 계십니다. 주님은 피조물이 아니시지만, 주님의 임재하심을 통하여 피조물 안으로 들어가십니다.

그리스도가 세상에서 사라지면, 모든 생명체는 즉시 죽고 썩어서 먼지가 될 것입니다. 그리스도를 믿지 않는 무신론자라도 그리스도 없이는 단 일초도 존재할 수 없습니다! "그리스도 안에서 만물이 함께 서 있느니라."

주님의 특별하신 임재와 은혜가 전 우주 가운데 들어와 계시는데도 우리는 종종 주님을 알아보지 못하는 실정에 처해 있으며, 설령 알아본다 해도 우리는 주님을 의당 계시는 분으로 당연시하기 아주 쉽습니다. 모든 인간은 본인이 깨닫든지 못깨닫든지 매일 주님의 임재하심에 참예하고 있습니다. 이것이 바로 하나님이 모든 사람들에게 주시는 일반 은혜인 것입니다. 하나님은 그의 태양(sun)/아들(Son)의 빛을 의인과 악인에게 동일하게 비춰 주십니다.

엘리자베스 브라우닝(Elizabeth Browning)이 한번은, "지구는 천국으로 가득차 있으며, 모든 관목도 하나님의 영광으로 불타고 있습니다. 그러나 오직 이것을 보는 자가 자기 신발을 벗게 될 뿐이고, 나머지 사람들은 그저 열매나 따고 있는 것입니다"라고 말한 적이 있습니다. 그리스도의 특별한 임재하심이 온 우주를 붙들고 있습니다. 우리의 눈이 뜨인다면, 우리는 만물 안에 계신 그리스도를 목도하면서 정결하신 생명수에 계속 참예하게 될 것입니다.

우리가 오늘 아침 눈을 떴을 때 몸을 돌려보니 우리 침대 옆에 예수님이 서계신 것을 알게 된다면 대부분의 우리는 평소와는 훨씬 다른 하루를 경험하게 될 것입니다! 그런데 사실은, 오늘 아침 우리가 일어났을 때, 예수님이 우리 침대 옆에 계셨다는 점입니다. 마음의 문이 열렸었다면 우리는 침대 옆의 예수님을 보게 되었을 것이며, 또한 계속해서 하루 내내 예수님을 분명하게 보게 되었을 것입니다. 우리의 반석이시며, 모든 생명수의 근원이 되시는 그 분을 인식할 수 있는 방법을 우리는 터득해야 합니다.

예술가의 모든 작품 속에 예술가의 혼이 깃들어 있는 것처럼 피조물이 하나님일 수는 없지만 피조물 속에는 하나님의 성품이 드러나 있습니다. 예술가의 작품을 연구하게 되면, 우리는 점차로 그 예술가를 이해할 수 있습니다. 그런데 우리가 그 예술가를 직접 만나서 시간을 같이 보내게 된다면 훨씬 더 많이 그 예술가를 알게 될 것입니다. 주님에 대해서도 마찬가지 입니다. 주님의 피조물을 관찰함으로써 (이런 관찰은 해볼 만한 멋있는 일입니다) 주님의 성품과 주님의 길에 대해 많은 것을 우리는 배울 수 있습니다. 그러나 우리에게는 또 언제든지 주님 자신께 직접 나아갈 수 있는 길이 열려 있습니다. 우리에게는 최선의 방법이 있다는 것을 결코 잊지 마십시오! 주님을 찾고 주님을 이해하기 위한 방법론으로서 피조물을 연구하는 것이 아니라, 주님과 동행하면서 주님의 피조물을 연구하는 이것이 바로 최선의 방법입니다.

"일을 살피는 것이 왕의 영화이니라"는 말씀이 있기는 하지만(잠언 25:2), 우리가 알고 있는 하나님에 대한 계시가 하나님으로부터 온다는 점을 이해하는 것도 지혜입니다. 하나님의 길은 우리의 길보다 더 높고 하나님의 생각은 우리의 생각보다 더 높기 때문에, 우리 자신들의 노력으로는 하나님의 길에 대한 지식에 결코 이를 수 없습니다(사 55:8-9). 우리가 주님께 드릴 수 있는 것은, 헌신하고자 마음과 주님을 찾고자 하는 우리의 마음입니다. 주님을 찾을 때, 우리는 주님을 만나게 됩니다. 우리가 두드릴 때, 주님은 문을 열어 주십니다. 우리가 구할 때, 우리는 얻게 됩니다.

이 우주에서 주님 자신보다도 더 귀하고 더 소망을 둘 만한 것은 아무것도 없으며, 주님께서는 스스로 우리의 접근을 기꺼이 허락해 주셨습니다. 우리를 따르는 반석은 단순한 돌이 아니고 그리스도이십니다. 반석으로부터 물을 낼 수 있는 방법을 배우기 위해 광야에서의 우리 모든 경험을 활용하십시오.

반석을 치는 것

Smiting the Rock

모세에게 반석에서 물을 내게 하는 명령이 내린 사건이 두 번 나옵니다. 첫 번째는 출애굽기 17장에 기록되어 있고 또 다른 하나는 민수기 20

장에 기록되어 있습니다. 첫 번째의 경우에는 모세에게 지팡이를 들고 반석을 치도록 명령이 내립니다. 이 행위는 그리스도께서 하나님의 백성들에게 생수를 가져다주시기 위해 우리의 죄를 대신해 고난당하신 것을 보여주는 예표입니다.

두 번째는 모세에게 '반석에게 명하여' 물을 내라는 명령이 내려집니다(민20:8). 백성들에 대한 실망 때문에 모세는 바위를 두 번 치게 됩니다. 두 번째의 경우에, 명령을 받은 대로 반석을 명하지 않고, 반석을 쳐서 물을 내려고 한 그 불순종 때문에 모세는 약속의 땅에 들어가지 못하게 됩니다. 모세와 반석, 그리고 백성들을 위한 물 등을 다루고 있는 이 두 가지 사건은 영적인 지도력을 행사하도록 부르심을 입은 모든 사람들에게 아주 흥미진진하면서도 시의적절한 교훈을 보여주고 있습니다.

예수님은 우리의 죄를 위하여 한번 오직 한 번 고난당하시게 되어 있습니다. 이런 사실은 히브리서에 "그리스도는... 자주 자기를 드리려고 아니하실지니, 이와 같이 그리스도도 많은 사람의 죄를 담당하시려고 단번에 드리신바 되셨고 구원에 이르게 하기 위하여 두 번째 나타나시리라"고 분명히 말씀되어 있습니다(히 9:25, 28). 그리스도는 우리 죄를 위하여 오직 한 번 고난당하시면 되었기에, 그 이후로는 결코 고난을 다시 당하실 수 없습니다. 주님이 우리에게 주신 권위의 지팡이를 가지고, '머리'이신 그리스도를 치면서 무엇을 요구하다 보면, 우리가 받은 약속을 희생시켜 버릴 수도 있는, 아주 무서운 교만에 우리는 빠지게 됩니다.

우리가 주님을 거스르는데 우리의 영적인 권위를 사용한다면, 모세처럼 우리도 위험천만의 땅을 밟고 있는 것입니다. 최근 교회사에 있어서 가장 큰 비극 중의 하나는 하나님의 사람들이 하나님의 말씀을 가지고 하나님을 공격하는데서 비롯되었습니다. 이들은 하나님의 승락과 하나님의 복종을 요구하기 위해 하나님의 말씀을 이용합니다. 이런 행동은 말씀에 대한 믿음에서 나온 것이 아니고 가장 치명적인 형태의 교만에서 나온 것입니다.

모세의 경우처럼, 우리는 미성숙하거나 반역을 일삼는 사람들로 인하여 좌절하게 되면서, 그 여파로 인하여 성급한 행동을 취하게 될 때가 상당히 자주 있습니다. 우리에게 하나님의 권위가 주어지게 되면, 우리는 그 권위를 활용하는 방법에 있어서 신중을 기해야 합니다. 우리는 좌절감 때문에 결코 우리의 영적인 권위를 활용해서는 안됩니다. 하나님의 권위는 결코 좌절하시는 법이 없으신 성령께 순종하기 위해서만 쓰여져야 합니다. 수많은 하나님의 사람들이 하나님이 주신 권위를 잘못 사용함으로 말미암아 자신들의 소명에 온전히 충성하지 못하고 있습니다.

주님은 은혜와 진리가 충만하시며, 우리는 더 이상 율법아래 있지 않고 은혜의 시대에 살고 있습니다. 율법을 제정하였던 모세는 자신의 범죄함에 대한 대가를 지불해야 했지만 반면 우리는 은혜의 보좌로 가까이 갈 수 있게 되었습니다. 영적인 권위를 가지고 살았던 사람들 중에서 그 권위를 온전히 행사한 이들은 거의 없습니다. 가끔은 잘못하고 있다는 것을 알지도 못한 채, 우리 중 대부분은 부적절하게 영적인 권위를 사용해 왔습니다. 더군다나 권위의 단계가 높아지면 높아질수록, 권위의 오용에 대한 결과는 그만큼 더 커지게 됩니다.

이스라엘의 장로 중 한 사람이 모세와 똑 같은 실수를 했다고 하면, 아마 하나님은 단지 꾸짖고 말았을지도 모릅니다. 그러나 우리가 더 높은 단계의 권위 속에서 살게 되면 더 낮은 단계에서는 그냥 넘어갔던 책벌까지도 이제는 모면할 수 없게 됩니다. 우리의 권위와 영향력이 더 커지면 커질수록, 권위의 오용에 따른 손상은 그만큼 더 커질 수 있습니다. 더 큰 영적인 권위는 더 높은 수준의 순종을 필요로 합니다. 성막의 바깥뜰에서 섬기는 레위인에게는 허용되었던 잘못이 지성소를 섬기는 사람들에게는 죽음을 불러올 수도 있습니다.

종교개혁을 통하여 대두된 두 가지 근본적인 진리는 만인제사장설과 하나님과 사람 사이의 유일한 중보가 예수 그리스도라는 사상입니다. 그럼에도 불구하고, 새로운 언약교회 지도자들의 경우, 일반 교인들에게는 문제 삼지 않았던 더 높은 수준의 삶을 성경은 요구하고 있습니다. 이 말은 종교개혁의 기본적인 진리에서 멀어지는 것도 아니며, 성직자와 평신도의 틈새를 더 갈라놓는 시도도 아닙니다. 영적인 권위가 커지게 되면 책임도 그만큼 더 커지게 된다는 점을 단순히 인식하고 있는 말씀인 것입니다.

예루살렘 공회가 신자들에게 부과하기로 제정한 몇 가지 제약은 오로지 "우상의 제물과 피와 목매어 죽인 것과 음행을 멀리 하는 것"으로서 "이 모든 것에서 스스로 삼가면 잘되리라"는 것이었습니다(행 15:29). 그러나 정작 이 공회에 참여했던 사도들의 서신을 보면, 집사나 장로 될 사람들에게 훨씬 더 높은 수준을 요구하고 있습니다. 다시 말씀드립니다만 일반 교인들뿐 아니라 우리 자신을 위해서도, 우리의 소명이 더 많은 영적인 권위를 지니게 될수록, 우리는 그만큼 더 순종해야 합니다.

주님께서 사람들에게 놀라운 능력과 권위를 일단 허락하시게 되면, 그것을 지속적으로 맡기신다는 사실은 특기할 만합니다. 주님이 이렇게 하시는 것은 우리를 우쭐대게 만드시고자 함이 아닙니다. 우리 하나님은 거룩하십니다. 우리는 하나님을 거룩하게 모셔야 합니다. 모세가 두 번째 경우에 반석을 쳐버리자 주님은 모세에게 다음과 같이 책망하셨음을 유의하십시오. "너희가 나를 믿지 아니하고 이스라엘 자손의 목전에 나의 거룩함을 나타내지 아니한 고로, 너희는 이 총회를 내가 그들에게 준 땅으로 인도하여 들이지 못하리라(민20:12)." 실제로 하나님으로부터 얼마나 많은 권위를 우리가 받았든지 이것을 사용하는 방법 면에 있어서 우리는 결코 우쭐대서는 안됩니다.

교회사에 있어서 가장 큰 비극 중의 하나는, 모세의 경우처럼, 주님을 그렇게 오랫동안 잘 섬긴 하나님의 사람들이 생의 마지막 무렵에 넘어지고 타락하게 되는 경우가 있다는 점입니다. 이런 경우 대부분은 최소한 자기들의 업적에 대한 미묘한 교만심리 때문에 지도자들이 하나님의 기름부으심을 자랑하며 이기적인 목적으로 이용하려는 데서 비롯됩니다. 어떤 사람의 기름부으심과 과시하는 것이 커지면 커질수록, 그의 타락은 불가피하게 그만큼 더 커지게 됩니다.

초대교회 시절에 장로가 된다는 사실은 고상한 일이었습니다. 장로에게는 그 자신의 목숨에 대한 위협이 거의 확실하게 있었고, 아마 가족들의 목숨에도 위협이 있었을 것입니다. 현대 서구 교회에 있어서의 장로는 종종, 성경상의 장로에게서 보다 어떤 기업체의 실무 책임자에게서 오히려 더 많은 공통점을 발견하게 됩니다. 하나님으로부터 확실한 소명의 증거를 받아내기 위해서라기보다는 사람들의 영광을 추구하기 위해 영적 권위의 자리들이 얼마나 많이 남용되어 왔는지요? 준비되지 못한 사람들이 아주 위험한 자리를 억지로 맡게 될 때가 간혹 있습니다. 그 결과, 영적 권위가 오용되면서 수많은 사람들에게 상처를 입히는 비극을 낮게 됩니다.

우리에게는 하나님의 자녀들을 돌보는 책임이 맡겨져 있습니다. 교만한 마음으로나 게으른 태도로 이러한 책임을 처리하는 사람들에게는 화가 있을 것입니다. 우리에게는 책임을 감당할 날이 올 것입니다! 아담이 타락하자 수십억의 사람들이 그 값을 지불하게 되었습니다. 다윗 왕이 백성들의 인구를 조사했을 때, 이 죄에 대하여 누가 그 대가를 지불하였습니까? 백성들이었습니다! 이것이 불공평하다고 말할지 모르겠습니다만, 책임이 없으면 진정한 권위도 생길 수 없습니다. 우리가 우리의 권위를 오용하면 다른 사람들이 상처를 입게 될 것입니다. 우리의 권위가 크면 클수록, 그만큼 더 많은 사람들이 상처를 입게 될 것입니다.

그리스도의 몸 안에서 자리를 통하여 과시하고 싶은 사람들은, 성령을 통하지 않고 다른 방법으로 얻은 영향력은 모조리 자기들 스스로에게 장애물이 된다는 사실을 깨닫지 못하고 있습니다. 그리스도처럼, 영적인 권위를 이해하는 사람이라면 누구나 다 명성을 얻으려 하기 보다는 차라리 무명해지는 것을 택합니다. 이런 사람은 모든 사람들의 지도자가 되려 하기 보다는 차라리 자신을 낮추어 모든 사람들의 종이 되는 길을 택합니다. "누구든지 자기를 높이는 자는 낮아지고 누구든지 자기를 낮추는 자는 높아지리라(마 23:12)." 우리가 성령의 도우심을 힘입지 않고 기타 다른 방법으로 영향력을 얻으려고 하는 그 정도만큼, 확실히 우리는 궁극적으로 굴욕을 당하게 될 것입니다.

현명한 지도자는 더 많은 과시의 삶이 아니라, 더 많은 겸손의 삶을 살아갑니다. 그러나 겸손과 불안을 혼동하지는 맙시다. 모세가 맨처음 주님으로부터 부르심을 받았을 때, 그는 자신이 그 일에 부적합하다고 느겼습니다. 우리는 가끔 이런 종류의 겸손이 하나님을 기쁘시게 해드릴 수 있다고 생각합니다만, 사실 이것은 무서운 교만입니다! 부적합하다는 느낌이 겸손일 수는 없습니다. 부적합하다는 느낌은 오히려 우리가 자기중심적인 생각을 계속하고 있었다는 반증인 것입니다.

부적합하다고 느끼는 교만
The Pride of Inadequacy

모세는 온 땅에서 가장 겸손한 사람으로 일컬어지고 있습니다(민 12:3). 누가 이 말을 했는지 여러분은 한번 생각해 보셨는지요? 바로 모세 자신입니다! 겸손은 열등감의 복합체가 아닙니다. 참된 겸손은 하나님과의 단순한 일치를 의미합니다. 바울이 다른 누구보다도 더 많이 애썼다고 주장하면서 자신의 사도권을 변호한 것도 참된 겸손의 발로였습니다. 우리 스스로 선지자라고 우긴다면 그것은 교만이나 망상일 수 있습니다. 우리 스스로 선지자가 아니라고 우긴다 해도 그것 또한 교만이나 망상일 수 있습니다. 문제의 핵심은 하나님이 무엇이라고 말씀하셨나 하는 것입니다.

하나님이 우리를 부르신 그 어떤 일에 우리가 부적합하다고 우긴다면, 기본적으로 우리는 '적합하다'는 하나님의 판정보다 '부적합하다'는 우리의 생각이 더 중요하다고 말하는 셈이 됩니다. 우리는 또 그 일이 하나님의 능력에 따라 좌우되지 않고, 실제로는 우리의 능력에 따라 좌우된다고 말하는 것과 같습니다. 이러한 거짓된 겸손 때문에 주님은 모세를 향하여 분을 발하셨습니다.

우리는 하나님이 우리를 부르신 사명에 결코 적합하지 않습니다. 사실 우리가 부르심을 받은 어떤 일에 적합하다고 느끼기 시작한다면, 오히려 그 순간 우리는 위험에 처하게 될 것입니다. 우리는 언제나 하나님의 일에 부적합할 것이므로 언제나 하나님을 의지하면서 하나님의 은혜와 능력과 권위를 구해야 할 것입니다. 여러분이 사역에 들어가기 전에 그 일에 적합하다고 느낄 때까지 기다리신다면 여러분은 결코 소명을 완수하지 못할 것입니다.

하나님이 모세에게 그의 권위의 상징인 지팡이를 던지도록 명령하시자 그 지팡이는 뱀으로 변한 채 모세가 그것을 다시 집을 때까지 모세를 추적하였습니다! 하나님이 불러주신 권위의 자리를 우리가 거절하면 우리에게도 동일한 일이 일어납니다. 바울이 "만일 복음을 전하지 아니하면 내게 화가 있을 것임이로라"고 선언한 이유가 바로 여기에 있습니다(고전 9:16). 비록 우리가 우리 자신을 선전하지 않았고 우리의 모든 권위가 정말 하나님으로부터 받은 것일찌라도, 하나님께서 불러주신 권위를 선택하여 사용하다 보면, 우리는 여전히 우쭐대거나 부주의 할 수 있으며, 그 권위를 잘못 사용할 수 있습니다. "그런즉, 선줄로 생각하는 자는 넘어질까 조심하라(고전 10:12)."

The Journey Begins

제 3 부
기록된 말씀을 주신 하나님
God Gives His Written Word

Chapter 18

18장

성육신해야 하는 말씀
The Word Must Become Flesh

시내 산에서 하나님은 십계명을 돌에 손수 새기셨습니다. 그런후 하나님은 그 십계명을 모세에게 주셔서 백성들에게 전달하도록 하셨습니다. 이것이 기록된 말씀의 형태로 사람에게 주어진 첫번째 하나님의 선물입니다. 첫째로, 말씀이 율법의 형태로 주어졌습니다. 율법은 딱딱하고 단단한 성질을 상징하는 돌에 기록되었습니다. 율법은 우리 마음의 완악함을 드러내기 위하여 주어졌습니다.

그러나 하나님이 말씀을 주신 궁극적인 목적은 그 말씀이 육신이 될 수 있음을 보여주시는데 있었습니다. 이 말씀이 맨 먼저 예수님 안에서 육신이 되셨습니다. 예수님께서 이 말씀으로 하여금 우리 모두 안에서 육신이 되실 수 있는 길을 열어 놓으신 것입니다. 말씀이 단순한 개념이나 원칙을 뛰어 넘어 우리의 본질로 바뀔 때 말씀이 우리 안에서 육신이 되시는 것입니다. 그렇게 되면 말씀은 우리 믿음의 대상이 되실 뿐만 아니라 우리의 본질도 되시는 것입니다.

사도적 권위를 가진 사역은 사람들로 하여금 단순히 올바른 교리를 믿게 하는 것을 뛰어넘어서, 하나님의 말씀이신 그리스도의 형상이 하나님의 백성들 안에서 이루어질 때까지 노력하게 됩니다. 사도적 권위의 위임명령은 단순한 일치의 추구에 있지 않고 말씀의 형상화에 있습니다. 인본주의는 사람의 환경과 제도와 정부와 행위 규범을 변화시킴으로써 사람의 본질적인 변화를 꾀합니다. 기독교는 사람의 마음을 변화시킴으로써 사람의 제도나 정부나 행위를 변화시킵니다. 하나님 말씀의 궁극적인 목표는 우리로 하여금 올바른 일을 단순하게 믿고 행하게 하려는데 있지 않고, 우리가 하나님을 사랑하고 하나님의 목적에 합치된다는 올바른 이유로 인하여, 우리로 하여금 올바른 일을 믿고 행하게 하려는데 있습니다.

하나님은 모세로 하여금 산에 올라 하나님 자신의 임재 속에 들어와서 자신의 말씀을 받도록 말씀하셨습니다. 모세 이후의 사천년 동안에, 각각 다른 사람들이 이와 같이 하나님의 임재 속으로 부르심을 받고 사람들에게 주시는 하나님의 말씀을 받게 됩니다. 이러한 말씀은 여태껏 땅에서 캐낸 어떤 보물보다 더욱 더 귀중한 것입니다. 이 말씀은 천국에서 캐낸 말씀이기 때문입니다. 종국에는 한 권의 책으로 편집되면서, 성경은 우리 모두를 하나님의 임재하심 속으로 끌어올리기 위해 천국과 땅 사이에 있는 교량에 이르는 길을 가리켜 주고 있습니다.

말씀이신 예수님

Jesus Is the Word

"태초에 말씀이 계시니라. 이 말씀이 하나님과 함께 계셨으니 이 말씀은 곧 하나님이시니라(요 1:1)." 예수님은 인간의 몸을 입으신 하나님의 말씀이십니다. 기록된 말씀은 인류를 위하여 예수님 및 예수님의 뜻과 계획을 계시해 줍니다. 다시 말씀드리면, 하나님의 궁극적인 목적은 만물이 하나님의 아들 안에서 통일되게 하는 데 있습니다(엡 1:10). 하나님의 기록된 말씀은 우리를 하나님께 인도할 목적으로 주어졌습니다. 이 말씀에는 예수님이 표현되어 있는데, 이 기록된 말씀이 사람을 위해 육신으로 표현된 것이 바로 예수님입니다. 예수님과 말씀, 이 두 가지는 따로 떨어져 있지 않으며 사람들에게 주어진 하나님의 뜻과 마음에 대한 온전한 계시입니다.

우리가 성경을 제대로 이해할 수 있을 때, 그것이 주원인이 되어 우리는 생명의 떡에 참예하여 하나님이 부르시는 처소에서 빛이 될 수 있습니다. 이런 말씀을 드리는 것은, 과거에나 현재에도 가장 잔인하고 가장 무시무시한 반대에 저항하여 타협하지 않고 진리를 고수한 수많은 믿음의 거인들의 경우, 성경에 대한 접근이 거의 혹은 전혀 불가능했던 사정을 이해하고 있기 때문입니다. 박해를 받았던 교회에 속한 이와 같은 수많은 믿음의 사람들의 경우, 한 권의 성경도 갖지 못했을지 모르지만, 우리와 동일하게 이들 안에도 성경의 저자가 직접 살아계셨습니다. 그러나 성경을 가진 자는 더 많이 받았습니다. "무릇 많이 받은 자에게는 많이 찾을 것이니라"(눅 12:48).

성경은 불가사의한 가치를 지닌 하나님의 선물입니다. 성경은 그리스도 안에서 우리 삶의 방향을 잡아주고, 우리로 하여금 올바른 길에 계속 머물 수 있게 하면서, 우리에게 하나님의 생각과 마음을 들여다볼 수 있는 통찰력을 줄 목적으로 주어져 있습니다. 이 모든 것은 결국 우리를 그리스도와 동일한 형상으로 변화시키는데 그 목적이 있습니다. 우리가 정말 성경을 하나님의 말씀으로 존중한다면, 지극히 조심하여 성경을 다룰 것이 확실합니다. 그러나 우리는 성경의 내용에 완전히 자유롭게 참예할 수 있습니다.

바로는 성경적으로 보면 사단에 대한 큰 예표 중 하나인데, 바로의 근본적인 목적은 사단이 지속적으로 보여주었던 동기는 하나님의 사람들을 속박하는 것과 똑같습니다. 모세는 성경적으로 볼 때 그리스도의 큰 전형 중의 하나입니다. 모세가 이스라엘 백성들에게 했던 것과 똑 같이 예수님은 우리를 종살이에서 해방시켜 약속의 땅에 인도하기 위해 오셨습니다. 하나님의 나라와, 악한 자에게 처한 악한 현(現)시대를 구분할 수 있게 하는 기본적인 사항은 자유 대(對) 종살이의 문제입니다.

우리가 자유로워지기 전에는 진실로 하나님을 섬길 수 없다는 사실을 사단은 알고 있습니다. "주의 영이 계신 곳에는 자유함이 있느니라(고후 3:17)." 영의 자유함이 단순히 우리의 생각 속에 들어오는 것이 아니라 우리 심령 깊은 곳까지 들어 올 때에야 비로소 우리는 기록된 말씀의 진정한 실체와 권능을 알게 될 것입니다. 양심의 자유와 종교의 자유가 모든 것 중에서 가장 귀한 자유인 이유가 바로 여기에 있습니다.

말씀의 혁명적 권능
The Revolutionary Power of the Word

예수님이 요한의 제자들로부터 정말 "오실 그 이"가 맞는지에 대해 질문을 받으셨을 때, 예수님이 증명하시려고 내놓으신 자신의 사역에 대한 증거가 "가난한 자들에게 복음이 전파된다"는 것이었습니다(눅 7:22).

하나님의 마음은 언제나 가난한 자와 압제당하는 자에게 가있으신데, 이렇게 된 데는 전략적인 이유가 숨어 있습니다. 진리에 의해서 보통사람들이 감동을 받을 때에야 비로소 커다란 사회적 변화가 일어나게 됩니다. 성경이 보통사람들의 언어로 번역되자, 그 결과 즉각적으로 민주주의와 자유기업들이 생겨났습니다. 주님은 우리의 정부나 경제 형태를 바꾸려 하시지 않습니다. 변화가 생겼다는 것은 사람들이 영적으로 자유롭게 된 결과일 뿐입니다.

자유와 종살이 간의 충돌에 있어서, 주요한 영적 역사적 전쟁터가 바로 성경이었습니다. 성경이 선포되어질 때, 사람들은 악한 자의 멍에로부터 해방 받게 되고, 그 결과 하나님과의 교제를 회복하고 하나님께 순복하게 됩니다. 중세 시대에 있어서 사단의 주요 전략은 보통사람들의 손에 성경이 들어가지 않게 하는 것이었습니다. 성경을 가진 사람은 누구나 다 사형에 처해졌습니다.

그 당시 종교적 기득권층에 의해 성경이 일반 백성들에게 읽혀질 때, 대부분의 백성들이 이해할 수 없는 고전 라틴어로만 읽혀졌습니다. 그 결과 여태껏 기록된 인류의 역사 가운데 가장 큰 타락의 시대였던 암흑시대로 그 끝을 맺게 되었습니다. 원수가 보통사람들의 손으로부터 성경을 차단하는 전쟁에서 지게 되었을 때, 그는 사람들로 하여금 성경을 읽지 않고, 이해할 수 없게 만드는 또 다른 전략을 고안했습니다.

오직 영적인 일의 전담자인 사제들만이 말씀을 적절하게 해석할 수 있는 지혜와 학문성을 가졌다고 주장하는 것이 중세 시대에 있어서 교회의 권위에 대한 교리였습니다. 보통사람들이 성경을 해석하려다 보면 이단에 빠질 뿐이라는 것이 이들의 주장이었습니다.

이들의 말에는 약간의 일리가 있습니다. 각 개인에게 성경을 자의로 해석할 수 있는 자유를 늘려주다 보면 일부 사람들의 경우 이단에 빠질 수 있기 때문에 위험성이 있다는 말은 사실입니다. 그러나 사람들에게 이런 자유를 허락하지 않을 때 생기는 위험성은 훨씬 더 큽니다! 사실 일부 선택받은 영적인 일의 전담자들만이 하나님의 말씀에 접근할 수 있었던 시대에서 여태껏 개진되지 않았던 가장 마귀적인 교리가 시작되었습니다.

영지주의자들

The Gnostics

초대 교회의 교리적 갈등에 있어서 주요한 것 중 하나는 영지주의자들과 관련되어 있습니다. 영지주의자들은, 오직 주도적인 엘리트들만이 이해할 수 있도록 성경의 메시지는 감춰져 있다고 선전하였습니다. 비록 이들이 제기한 일부 이단적인 교리들은 즉각 교회에서 사라지게 되었지만, 영지주의의 기본적인 전제는 제도화된 교회를 지배하였습니다. 성경론에 대한 갈등이 첨예화 되었을 때, 사단은 이런 영지주의라는 교묘한 형태를 이용하여 집중적인 포탄을 퍼부었습니다.

영지주의의 영은 거의 모든 기독교 운동이나 교단에 어느 정도 기어들어와 있으며, 실제로 카톨릭이나 개신교, 그리고 복음주의 교회들의 극보수주의 혹은 극자유주의 진영 안에 그 주요 진지를 구축하고 있습니다. 모든 보수주의자들이 이런 마귀적인 계략에 의해 영향을 받게 되었다는 뜻에서 이런 말씀을 드리는 것은 아닙니다. 그러나 분파적인 성향을 가진 거의 모든 극단주의자의 진영이 보통 이런 영향을 받고 있습니다. 영지주의를 키우는 온상은 교만과 엘리트주의에 기초를 두고있는 극단주의이기 때문입니다. 일단 보통사람들이 진리를 인식하게 되면 원수에게 제일 큰 위협이 될 것이기에, 영지주의의 주요 목표는 보통사람들로부터 하나님의 말씀을 빼앗는데 있습니다.

부자와 정치 권력자들은 자신의 이득이라는 두꺼운 베일을 통해서 보기 때문에 진리를 거의 볼 수조차도 없습니다. 설령 진리를 본다 해도, 이들은 이 땅에서 매여 있는 것들이 많기 때문에 진리를 제대로 수용하지 못합니다. 부자나 연약한 자, 그리고 억눌린 자들은 보통 진리를 급진적으로 수용한다 해도 아무 것도 잃을 것이 없기 때문에, 이들은 보통 진리를 따릅니다.

자신이 확신하는 바를 타협하지 않았던 무명의 독일 수도사 마르틴 루터(Martin Luther)는, 그 때 이후로 아무도 필적할 수 없는 예언자적인 권능을 가지고, 95개조의 반박문을 조그마한 비텐베르크 교회 문에 붙였고, 이로 인해 온 세상이 변하게 되었습니다! 원수의 진영에서 가장 두려워하는 광경은, 자신의 확신하는 바를 타협하지 않는, 비천한 사람들의 손에 하나님의 말씀이 들어가는 것입니다.

그러한 성실함은 보통사람들을 제외한 다른 사람들에게서는 거의 발견되지 않습니다. 가난한 사람들에게 복음이 전파될 때, 세상은 변하게 됩니다. 성경이 인쇄되어 가난한 사람들에게 보급되는 것을 막는 전쟁에서 사단이 일단 실패하자, 사단의 다음 전략은 가난한 사람들에게 자기들 스스로는 성경을 이해할 수 없다는 생각을 집어넣는 것이었습니다. 일단 성경이 사람들의 손에 들어가게 되자, 이들의 생각이나 마음으로부터 성경 해석에 대한 욕구를 사라지게 만드는 것이 사단의 그 다음 전쟁터가 되었습니다.

하나님이 깨우쳐 주시지 않으면 이해될 수 없는 신비와 감추어진 의미가 성경 속에 담겨 있는 것은 사실입니다. 하나님이 주시는 이러한 깨달음이 오로지 특정의 엘리트들에게만 주어진다고 영지주의자들은 주장합니다. 하나님께서 선택된 사람들에게만 계시를 주시는 것이 사실이긴 합니다만, 선택된 자들은 엘리트들이 아니고 겸손한 사람들인 것입니다. 교만한 사람들은 자기의 이득을 챙기려는 목적 때문에 진리를 보지 못하게 되는데, 오직 겸손한 자들에게는 이런 것이 없습니다. 겸손한 자들만이 잃어버릴 것이 거의 없기 때문에 진리에 기꺼이 순종합니다.

진리에 순종하는 것이 성경의 의미를 풀게되는 열쇠입니다. 예수님께서는, "사람이 하나님의 뜻을 행하려 하면 이 교훈이 하나님께로서 왔는지 내가 스스로 말함인지 알리라"고 직접 선포하셨습니다(요 7:17). 하나님의 말씀을 타협하지 않고 기꺼이 순종하다 보면 그 말씀을 제대로 이해하는 사람들과 그렇지 못한 사람들이 서로 나뉘게 됩니다.

완고함과 바리새주의
Intolerance and Pharisaism

바리새인들은 그 누구보다도 더 많이 성경을 사랑하고 존중했습니다.

이러한 헌신 때문에, 이들에게는 성경을 필사(筆寫)하고 재필사(再筆寫)하는 수세기 동안의 과정을 통하여 성경의 완전성을 보존해야 하는 주요한 임무가 맡겨졌습니다. 이 점에 있어서 우리는 이들의 덕을 많이 보았습니다.

그러나 애석하게도 성경을 보호하려는 그 열심 때문에, 바리새인들은 주님을 향하여 성경 해석을 구하는 겸손함을 갖기 보다는 자기들의 전통에 입각한 성경해석 체계를 운용하고 말았습니다. 이들은 전통 투성이의 자기네 입장 때문에 육신을 입고 오신 하나님의 말씀을 몰라보고 심지어 핍박하기까지 했습니다.

오늘 날에도 기독교의 극보수 진영에서는 현대판 바리새인들이 이와 동일한 행동을 하고 있습니다. 성경을 교리적 남용으로부터 보호하려는 열심을 가지고, 이러한 현대판 바리새인들이 실제로는 사람들로 하여금 진리를 알아볼 수 없게 만드는 반동적인 성경 해석 체계를 세워놓고 말았습니다.

진리를 사랑하는 사람들은 누구나 다 정확한 교리를 원합니다. 그럼에도 불구하고, 정확한 교리는 수단이지 목적이 아닙니다. 우리는 하나님께 순종하기 위해서 교리에 의거하여 하나님의 뜻을 식별합니다. 우리가 성경을 암기할 수는 있지만, 여전히 주님께 순종하지 않을 수도 있습니다. 바리새인들은 성경 속의 하나님을 사랑하는 것보다 성경을 더 많이 사랑하였는데, 오늘 날에도 수많은 사람들이 동일한 함정에 빠져 있습니다. 우리가 하나님의 말씀을 사랑하지 않고서 하나님을 사랑할 수는 없지만, 성경에서 우상을 만들어 냄으로써 사실상 하나님에 대한 우리의 사랑을 무색하게 해서는 안됩니다.

평민들의 손에서 성경을 빼앗기 위한 전쟁에서 실패한 후에도, 사단은 계속해서 '영적인 전체주의'를 가지고 많은 교회들을 노예로 만들고 있습니다. 영적인 전체주의란 말은 두려움과 겁을 줌으로써 사람들을 통제하고 압제한다는 뜻입니다. 사단은 "사람이 마음으로 믿어 의에 이른다"는 것을 잘 알고 있습니다(롬 10:10).

두려움과 겁을 줌으로써 사람들에게 믿고 있다는 생각이 들도록 압박할 수는 있습니다만, 이렇게 되면 그 믿음이 결코 마음까지 이르지 못합니다. 두려움과 겁을 통해서는 결코 참된 믿음에 이를 수 없습니다. 두려움에는 믿음을 대적하는 힘이 들어 있습니다. 두려움에는 어두움에 속한 나라의 힘이 들어 있어서 모든 것을 노예화 시킵니다. 믿음에는 하나님 나라의 힘이 들어 있어서 우리 모두를 해방시켜서 성령과 진리로서 하나님을 예배하게 만듭니다. 두려움은 외부에서 억압과 겁을 줌으로써 사람을 지배하지만, 믿음은 마음을 통하여 다스립니다.

앵무새는 말이나 행동을 제대로 하도록 배울 수는 있지만, 그것이 그 마음에 있을 수는 없습니다. 우리가 겁에 질려 혹은 억압에 못이겨 무엇을 믿게 된다면, 그 믿음이 아무리 정확하고 사실적인 믿음이라고 해도, 그런 우리의 믿음은 결코 의롭게 되지 않을 것입니다. 믿음에 대한 우리의 이해가 단순히 지적인 수준에서 머물고 있는 한, 사단은 우리가 믿는 바에 대해 별로 상관하지 않을 것입니다. 진짜 살아있는 물은 뱃속 깊은 곳에서만 나올 수 있습니다. 우리의 뱃속에서 솟구치는 설교를 하기 전까지는 우리는 결코 우리의 가르침과 설교를 통하여 참된 생명을 나누어 줄 수 없습니다.

'종살이'와 '자유' 사이에는 여전히 근본적인 충돌이 있습니다. 예수님은, "너희가 내 말에 거하면 참 내 제자가 되고, 진리를 알지니 진리가 너희를 자유케 하리라"고 말씀하셨습니다(요 8:31-32). 진리는 우리를 자유케 하며, 바로 이러한 자유가 우리로 하여금 진리를 이해할 수 있게 해줍니다. 하나님께 순종하는 것은 중요합니다만, 그렇다고 해서 하나님은 순종만을 목표삼지 않으십니다. 하나님은 우리가 올바른 이유를 가지고 순종에 이르기를 바라십니다.

예를 들면, 어떤 여자들은 권위에 대한 순종의 표시로 교회에서 두건을 씁니다. 두건을 쓰는 것 자체가 순종인 것은 아니고, 순종에 대한 상징인 것입니다. 의롭지 못한 여자도 두건을 쓸 수 있습니다. 그러나 그렇다고 해서 이 여자가 순종했다고 볼 수 없습니다. 반대로 의롭지 못한 여자가 순종하지 못하는 자신의 삶을 위장하기 위하여 두건을 쓸 수도 있습니다.

주님은 우리에게 순종을 상징하는 것들을 머리에 쓰고 다니라고 요구하지 않습니다. 주님은 마음으로부터의 순종을 요구하십니다. 기독교에서 선전하고 있는 교리 중에서 너무 많은 부분들이 마음을 변화시키기 보다는 교리적인 '두건'을 쓰는데 강조점을 두고 있습니다.

순종의 본질
The Nature of Obedience

하나님이 사람에게 요구하시는 것의 전부가 순종이라면, 하나님은 에덴동산에서 아담과 하와에게 선택권을 주시지 않았을 것입니다. 하나님은 에덴동산에 유혹거리로 선악과를 두신 것이 아니었습니다. 이들이 하나님을 향한 불순종을 선택할 수 있는 그 자리가 바로 하나님을 향한 순종을 선택할 수 있는 유일한 자리인 것입니다. 하나님이 절대적 순종만을 원하셨다면, 하나님은 아담과 하와를 처음부터 불순종하지 못하도록 만드셨을 것입니다. 그러나 천사조차도 그렇게 만드시지 않았습니다. 달리 어쩔 도리가 없어서 드리는 피조물의 예배라면 무슨 유익이 있겠습니까?

마음으로부터 우러나오는 순종에 대한 가능성을 보시고, 하나님은 사람에게 선택권을 주셔야 했습니다. 그 선택권이 크면 클수록, 잘못을 선택할 가능성도 그만큼 더 커지겠지만, 반면에 올바로 선택한 사람들이 마음에서 우러나오는 순종을 하나님께 드리는 것도 그만큼 더 커질 것입니다. 그러나 아예 불순종할 수 없도록 우리 주변에 우리가 담을 쌓아 놓는다면 올바른 마음이 생기지 않을지도 모릅니다. 도둑이 감옥에 갇힌다면 이제는 훔치지 못할 수도 있지만, 그렇다고 해서 도둑질할 마음까지 그에게서 사라진 것은 아닙니다. 바리새인들이 그랬던 것처럼 우리가 두려움과 겁 때문에 우리의 교리 주변에 담과 장벽을 쌓아 놓는다면, 그 때부터 우리는 모든 올바른 일을 말하고 행동할지는 몰라도 결코 마음으로는 예배할 수는 없는 영적인 꼭두각시를 만들어 낼 뿐입니다.

자유란 참된 관계를 갖기 위한 선결조건입니다. 바리새인들이 성경에 제일 헌신되어 있으면서도 정작 말씀 자체에 대해서는 가장 큰 적이 되었던 것처럼, 말씀의 순결함을 지키기 위해 외형상 크게 헌신하고 있는 수많은 사람들이 오늘날 진리의 가장 큰 적이 되고 있습니다. 두려움과 겁에 떨며 일하고 있는 현대판 바리새인들이 진리를 거역하는 대적(大敵)인 것입니다.

두려움에 의해서 통제받는 사람들은 겁을 줘도 통제할 수 없는 사람들을 만나면 가장 큰 두려움을 갖게 됩니다. 마음으로 하나님을 믿고 있는 사람들은 자기들이 믿고 있는 그 분을 압니다. 우리가 하나님께 아신 바 되었다는 사실을 알게 될 때, 그 밖의 어떤 이가 우리에 대해서 어떤 생각을 하든지 간에 우리는 크게 염려하지 않을 것입니다. 그러므로 이 땅의 누구에게서도 두려움이나 겁을 느끼지 않게 될 것입니다. 이러한 마음의 바탕을 가진 사람들이 정략적인 압력 때문에서가 아니라, 올바르다는 이유 때문에 올바른 것을 선택하게 될 것입니다.

예수님은 죄인들인 경우에는 용인하셨지만, 바리새인과 율법사들인 경우에는 거의 용인하지 않으셨습니다. 후자의 사람들은 하나님의 나라에 본인도 들어가지 않으면서 다른 사람들도 들어가지 못하게 하였습니다. 현대판 바리새인들은 자기네들의 교리에서 조금이라도 벗어나는 사람들을 보면 적이나 거짓 선생 혹은 거짓 선지자로 취급해 버립니다.

물론 거짓 선생이나 거짓 선지자가 더러 있는 것은 사실입니다. 그러나 어떤 사람의 가르침이나 실천 강령이 대속이나 은혜, 혹은 그리스도의 본질과 같은 근본적인 교리를 허물어 버리는 경우에만 이러한 딱지가 적용되어야 합니다. 초대 교회의 사도들은 "그리스도 예수 안에서 우리의 가진 자유를 엿보고 우리를 종으로 삼으려고 가만히 들어온 거짓 형제들"을 아주 경계 했습니다(갈 2:4).

주후 1세기의 바리새인들처럼 이런 현대판 바리새인들은 이단과 거짓 교사나 선지자를 모두 합친 것보다도 더 많은 폐해를 교회에 끼치고 있습니다. 사실 성경에서 거짓 교사나 선지자로 지목하고 있는 자들 대부분이 바로 이런 사람들입니다.

자유는 성령과 진리로 예배드리기 위해서 꼭 필요한 부분입니다. 우리가 성령과 진리로 예배드리고자 한다면 비본질적인 교리나 신조를 차별화하기 위해서 신자의 자유를 양보할 수는 없습니다. 이렇게 자유를 침해하는 사람들이 자기네들의 뜻은 진리를 보호하는데 있다고 아무리 떠들어도, 이들은 진리의 적들입니다.

하나님의 섭리에 의해서 우리는 현재 '거울로 보는 것같이 희미' 합니다(고전 13:12). 우리 각 사람은 전체 그림의 일부만을 볼 수 있을 뿐이며, 우리가 각자의 부분들을 함께 맞추는 법을 터득하기 전에는 결코 전체 그림을 볼 수 없을 것입니다. 하나님의 통일성은 획일성의 연합이 아니고 수많은 다양한 부분들의 연합입니다. 진실한 마음을 가진 믿음은 타인을 용인하는데 그 증거가 있으며, 진실한 마음의 연합이 지속적으로 이루어지려면 이러한 용인의 자세가 요구됩니다.

각자가 자신의 만나를 모아야 합니다
Each Must Gather His Own Manna

이스라엘 백성들에게 하늘로부터 만나가 주어졌을 때, 가정마다 자기들이 먹을 분량을 모아야 했습니다. 영적인 하늘의 만나를 모으는데도 이와 같은 진리가 적용됩니다. 우리는 영적인 양식을 위해서 우리의 지도자들에게만 의존할 수 없습니다.

이런 말씀을 드리는 것은 말씀과 사역을 제공하는 지도자들이나 선생들의 중요성을 폄하하려는 것이 아닙니다. 레위인들이 이스라엘 회중의 봉사를 위해서 필요했던 것처럼, 우리의 지도자들도 오늘날 우리에게 필요합니다. 그러나 지도자들이 한 개인이나 한 가정의 책임을 떠맡을 수는 없습니다. 말씀 사역에 헌신하고 있는 사람들이 공급해 줘야 할 일반적인 가르침과, 각 가정에서 모아져야 될 일용할 하늘 양식 사이에는 분명한 차이점이 있습니다.

훈련을 받지 않은 사람이 오류나 거짓된 가르침에 빠지지 않고 성경 속에서 하늘의 신선한 말씀을 어떻게 찾을 수 있을까요? 기록된 말씀이 사람에게 처음 주어진 이후 사천년 동안 하나님의 백성들이 직면하게 된 가장 중요한 문제들 중의 하나가 바로 이런 것입니다. 종교개혁이 시작된 이후에 기독교의 가장 큰 몸부림 중의 하나는 보통사람들이 자기 힘으로 성경을 접해서 해석할 수 있는 자유에 대한 부분이었습니다.

부흥과 갱신을 위해 거의 모든 것을 걸고 있는 운동들조차도, 백성들의 손으로부터 성서 해석의 능력을 빼앗아서, 전문가들의 손에서만 성서를 해석하게 하는 성향을 지닌 성경 해석의 방법이나 체계(성경 해석학)를 결국 전개시켜 왔습니다. 이러한 해석 체계의 대부분은 이단이나 오류를 예방한다는 고상한 목적으로 전개되었습니다. 그러나 불행하게도 이러한 처방전이 의도한 대로 질병이 치료되는 것보다 더 많은 해악이 너무나 자주 드러나고 있습니다.

Chapter 19

19장

성경 해석상의 문제들

Hermeneutical Problems

'해석의 체계'라는 단순한 뜻을 지닌 용어인 해석학을 계발하고 활용하는데 쓰여지는 적절한 방법이 있습니다. 그러나 이런 방법이 각 개인이 자기 힘으로 성경을 읽고 이해하는 능력을 키우는 것을 의도적으로 막아 버리는 성명서로 쓰이기도 합니다. 아주 보수적인 교단의 지도자들 중 일부는 각 개인들로 하여금 성경으로부터 새로운 계시와 해석을 받아들이는 능력을 키우지 못하도록 장벽을 세워 놓기도 합니다. 이런 태도는 자기들이 미리 정해놓은 해석 방법을 보호하기 위한 전형적인 조치입니다.

보수적인 인사들이 주장하는 수많은 교리나 해석체계가 거짓은 아니지만, 한계를 가지고 있으며 불완전합니다. 분명한 것은 현재 성경을 이해하고 있는 것보다 훨씬 더 많은 것들을 이해할 수 있을 것이라는 점입니다. 다양한 양상을 가진 보수적인 성경 해석학은 간절히 요청되는 전향적인 성경 연구와 이해를 금하고 있거나 최소한 상당히 훼방하고 있습니다.

기독교에 있어서 가장 독특한 현상 중의 하나는 그리스도인들이 읽을 수 있는 성경의 종류나 번역본이 동일한 내용을 담고 있으면서도 그 해석에 있어서는 아주 다양하다는 사실입니다. 일이 이렇게 된데는 부분적으로 하나님의 섭리가 있는 것이 사실입니다. 몸의 서로 다른 지체는 진리의 서로 다른 면을 보게 되기 때문에, 그림 전체를 보려면 이 모든 것이 한데 어우러져야 합니다. 오직 성숙한 그리스도인들만이 서로 다른 모습의 진리들이 서로 충돌되기 보다는 어떻게 서로 합치되고 보완되는지를 알게 될 것입니다.

그러나 사실은 서로 충돌되는 해석들도 많이 있습니다. 그 부분적인 이유는 교회의 거개가 아주 다른 성경 해석법을 수용하고 있기 때문이기도 합니다. 일부의 이런 해석법들이 극단으로 치닫는 요소를 갖고 있기는 하지만, 이들 모두가 약간의 타당성을 갖추고 있는 경향이 있으며, 적어도 성서적인 전례에 부분적으로 그 뿌리를 두고 있습니다.

교회 안에 다양한 신학적인 진영들이 있는 것을 보면, 장님 코끼리 만지는 격이라는 속담이 교회의 상황과 흡사합니다. 다리를 만지는 이는 코끼리는 확실히 나무 같다고 확신합니다. 꼬리를 만지는 이는 코끼리가 밧줄 같다고 생각합니다. 귀를 만지는 이는 앞의 두 사람이 다 틀렸다면서, 코끼리를 큰 나뭇잎처럼 생각합니다. 이들 모두가 부분적으로는 다 옳지만 전체 입장에서 보면 틀린 것입니다. 이들이 서로의 얘기를 들으면서 각자가 알고 있는 짝을 하나로 맞춰보기 전까지는 전체 코끼리를 이해할 수 없습니다.

성서 해석상 극단적인 방법을 수용한 사람들조차도 거의 언제나 반대 진영에서 쓰는 원칙들의 일부를 활용합니다. 예를 들면, 성경은 내부적으로 문자적인 해석법과 비유적인 해석법 두 가지를 모두 허용하는 수많은 선례들을 갖고 있습니다. 이 두 가지 방법들이 서로 상충되는 것처럼 보이는데도, 실제로는 대부분의 그리스도인들의 가르침이나 교리의 양태를 보면 이 두 가지가 다 쓰여지고 있습니다. 두 가지 방법이 일부 사람들에 의해서 극단으로 운용된다고 해도, 이 두 가지에는 최소한 약간의 당위성이 들어 있습니다. 하여간, 이 두 가지가 다 성경을 제대로 이해하는데 쓰여져야 됩니다.

한 가지 해석 방법만을 사용하기로 전적으로 고집하는 사람들은 남이 접근하지 못하게 보호용 울타리를 쳐놓고 자기들의 방법론을 선전합니다. 오류에 물들지 않게 보호하려고 했던 이러한 장벽 때문에 교회는 도리어 혼란과 분열에 빠지게 됩니다. 이런 불확실성이 존재하는 것은 우리 모두가 진리로 인도함 받으려면 계속해서 성령을 의지해야 된다는 섭리에 의한 것입니다. 진리는 양극단 사이의 긴장 가운데서 발견되어지기 때문에 성경에는 수많은 역설들이 담겨 있습니다.

시편 기자는 "주의 말씀의 강령은 진리오니"라고 지혜롭게 선언하고 있습니다(시 119:160). 우리 각자의 진리는 한 부분일 수 있지만, 각 부분들이 다른 부분과 함께 제대로 합치되게 되면 비로소 전체적인 진리가 드러나게 됩니다. 성경 해석상에 있어서 다른 진영의 방법을 이해하게 되면 나쁜 일로 넘어지지 않고 그 대신에 좋은 일을 받아들이는 도움을 얻게 될 것입니다. 이러한 이유 때문에, 우리는 시간을 들여 그 동안 교회에서 사용되어진 성경 해석의 주요 방법들을 간단히 살펴보고자 합니다.

그러나 우리는 먼저 '마음 해석학' 이라고 불리우는 저의 방법을 살펴보고자 합니다. 이 방법은 성경에 입각하여 진리를 수용하는데 필요한 인격적인 원리들을 담고 있습니다. 이러한 인격적인 원칙들이 없다면, 해석학에 있어서 가장 완벽한 원칙조차도 우리를 진리로 인도하거나 생명의 길에 서게 하지 못할 것입니다.

Chapter 20

마음 해석학
Heart Hermeneutics

진리를 진지하게 추구하는 사람들을 도울 수 있는 (보증할 수는 없지만) 성경 해석의 일반 원칙들이 있습니다. 이런 원칙들은 우리로 하여금 성경적인 시각 안에 머물게 하면서 성령의 인도를 받을 수 있도록 도움을 줍니다. 이런 원칙들과 함께, 진리 안에 걷기 위해서는 성경적인 근거 위에서 마음으로 갖춰야 할 필수적인 자세들이 수립되어야 합니다. 저는 이러한 필수 사항들을 '마음 해석학' 이라 부릅니다.

우리의 마음이 올바르지 않으면, 가장 완벽한 해석학도 우리에게 도움이 되지 않을 것이며, 우리가 해석한 진리도 교회 안에 분열을 일으키면서 결국 악용될 수밖에 없을 것입니다. 본 장에서 필자는 마음의 자세와 함께 성경적으로 수립된 성경 해석상의 일반 원칙들을 두 가지 다 살펴보고자 합니다. 마음의 자세와 해석상의 원칙들은 대개는 어느 정도 중복될 것입니다.

1. 우리는 하나님에 대한 어떤 사실이 아니라 하나님을 숭배해야 합니다.

적절한 성경 해석을 위한 근본적인 선결조건은 우리가 주님의 말씀을 단순히 들으려고만 하는 것이 아니라 말씀이신 주님 자신을 들으려고 해야 된다는 것입니다. 주 예수님은 요한복음 5:39에서, "너희가 성경에서 영생을 얻는 줄 생각하고 성경을 상고하거니와 이 성경이 곧 내게 대하여 증거하는 것이로다"라고 증거하셨습니다. 주님의 책을 아는 것만으로는 충분하지 않습니다. 우리는 책안에 계신 주님을 알아야 합니다.

우리가 주님을 사랑한다면, 성경은 주님의 말씀이기 때문에 우리는 또한 성경을 사랑하게 될 것입니다. 우리가 진리를 사랑한다면, 우리는 또한 성경 해석에 정확을 기하기 위해 혼신의 힘을 기울일 것입니다. 우리가 성경을 제대로 존중하지 않는다면, 우리는 결국 우리 자신의 편견과 야망을 정당화하기 위해 성경을 의지하고 이용하게 될 것입니다. 성경이 거의 모든 이단을 정당화시키는데도 이용되긴 했지만, 성경에는 전혀 오류가 없습니다. 잘못이 있다면 이기적인 목적을 위해서 하나님의 말씀을 부추기는 자기중심적인 마음에 있는 것입니다. 진리와 하나님의 말씀을 진정으로 사랑하는 사람은 자기가 처한 상황을 정당화시키기 위해 말씀을 사용하지는 않을 것입니다. 그런 사람은 말씀으로부터 자기가 틀렸다는 지적을 받을 때에도 말씀에서 기꺼이 배우려고 합니다. 우리에게 이런 자세가 갖춰져 있지 않으면, 우리는 진리를 사랑하기 보다는 우리의 자존심을 더 사랑하는 것입니다.

2. 오직 겸손의 은혜만이 우리를 바리새주의와 광신주의 사이에서 적절한 중용을 취하게 할 수 있습니다.

'생명으로 인도하는 곧게 뻗은 좁은 길'이라는 말이 있습니다. 생명의 길은 정말 그렇게 곧게 뻗어있고 좁습니다. 곧게 뻗어있는 좁은 길을 걷기위해서는 균형 감각이 필요합니다. 우리는 성령의 인도함을 받아야만 적절한 균형감각을 유지할 수 있습니다. 외부의 압력을 따르다 보면 정도를 벗어나 이 편 혹은 저 편 등 어느 한 편으로 치우치게 될 것입니다.

때로는 일부 사람들 내지 심지어 수많은 사람들의 경우 진리를 극단적인 데서 찾을 수 있다고 생각합니다. 그러나 극단적인 위치에서 발견되었다는 단순한 사실만으로 그것을 진리라고 할 수는 없습니다. 성경이나 역사에 등장하는 거의 모든 예언자적인 목소리들의 경우 일반적으로 그 대부분이 후세대 사람들에 의해서는 온건주의자로 분류되었지만, 그 당시에는 급진주의자나 극단주의자 취급을 받았었습니다. 이러한 '급진적인' 예언자적 목소리에는 주 예수님이나 주님의 사도들이 포함됩니다. 오늘 날까지도 이들의 목소리는 참된 말씀의 수호자라고 주장하는 사람들에 의해서도 쉽게 받아들여지지 않고 있습니다.

진리 가운데 걷기 위해서는 변화를 거부하는 마음과 변화에 중독된 마음 사이에서 특별한 균형이 필요합니다. 수많은 무전통주의자들은 전통에 대한 반역자에 지나지 않으며, 반역은 우리 모두를 진리로 이끌지 못합니다. 사단이 우리를 멈추게 하지 못할 때에는, 우리를 아주 빨리 달리게 하거나 혹은 아주 멀리 극단에 치우치도록 부추깁니다. 성령이 없는 말씀은 바리새주의에 빠지게 되고, 말씀이 없는 성령은 광신주의에 빠집니다. 우리가 생명에 이르는 길에 있으려면 말씀과 성령 사이의 적절한 균형이 요구됩니다. 이 길은 협착한데다, 길을 벗어나는 사람들을 향해서 함정이 도사리고 있습니다.

우리는 어떻게 적절한 균형을 잡을 수 있을까요? 우리의 전형적인 서구식 사고방식에는 이에 대비한 나름대로의 어떤 공식이 있습니다. 그러나 성경 해석에 있어서는, 이런 공식들이 적용되면 심각한 문제가 발생합니다. 이런 공식들의 경우, 설령 지혜와 통찰력에 기초를 둔 공식일지라도, 생명으로 인도하는 좁은 길 가운데 우리를 붙잡아 두기에는 충분하지 않습니다. 생명의 길에 머물기 위해서는 하나님의 은혜라는 기본적인 한 가지 요소에 의존해야 합니다.

그렇다고 해서 우리 스스로 할 수 있는 일이 아무것도 없다는 뜻은 아닙니다. 반대로 우리가 할 수 있는 일들은 많습니다. 주님의 은혜는 겸손을 통하여 채워질 수 있다는 점을 주님은 분명히 밝히셨습니다. "하나님이 교만한 자를 물리치시고 겸손한 자에게 은혜를 주시느니라(약 4:6)." 그리고 뒷부분 10절에는 "네 자신을 낮추라"는 권면이 들어있습니다. 진리 안에 계속해서 걷고 싶다면 겸손은 우리의 의무입니다. 영적으로 성숙한 사람들은 하나님께 교만하다고 여김 받기보다는 차라리 온 세상에게 바보라고 놀림당하는 것을 택할 것입니다. 하나님이 반대하시는 것이야 말로 모든 사람들과 마귀들이 합동으로 반대하는 것보다 훨씬 더 두려워해야 할 일입니다.

"그러므로 하나님의 능하신 손아래서 겸손하라. 때가 되면 너희를 높이시리라(벧전 5:6)." 우리가 우리 자신을 겸손하게 헌신하면 하나님은 우리를 높여주시기 위해 오히려 헌신하실 것입니다. 우리가 우리 자신을 높이는 일에 열중하면 하나님은 우리를 낮추시는 일에 열중하실 것입니다.

선택권은 우리에게 있습니다. 우리가 하나님의 일을 하려고 하면, 반대로 하나님은 우리의 일을 해주실 것입니다. 우리가 우리의 일을 해낼 수 있는 것보다, 하나님은 하나님의 일과 우리의 일을 둘 다, 더 잘 해결하실 수 있음을 우리는 확신할 수 있습니다. 성숙한 그리스도인들은 하나님의 은혜를 인간적인 명성보다 더욱 귀중히 여기면서 가장 낮은 자리를 찾는 일에 열심을 내야 합니다. 자기 자신을 높이는 일에 열중하는 사람들의 경우, 이들이 겸손해질 때까지 주님이 반대의 강도를 더해 가실 것이기 때문에, 이들은 계속될수록 점점 심화되어 가는 전쟁터에서 언제나 자신의 체면과 위신을 지키는 일에 급급한 자신들을 발견하게 될 것입니다.

3. "마음이 청결한 자는 복이 있나니 저희가 하나님을 볼 것임이요" (마 5:8).

청결한 하나님의 말씀을 보려면 청결한 마음이 필요합니다. 비록 우리가 가장 완벽한 해석학적 방법론을 가졌다 해도, 우리의 동기가 악하면 우리의 보는 것이 왜곡될 것입니다.

자기 자신을 추구하는 일에는 우리를 타락시키는 영향력이 숨어 있어서 우리로 하여금 진리를 알 수 없게 만듭니다. 주 예수님이 요한복음 7:18의 말씀을 통하여 이 점을 분명히 하셨습니다. "스스로 말하는 자는 자기 영광[글자 그대로의 뜻은 '인정(認定)']만 구하되, 보내신 이의 영광을 구하는 자는 참되니 그 속에 불의가 없느니라."

일단 사람들이 자기 자신을 추구하는 것이 얼마나 파괴적일 수 있는지를 깨닫는다면, 그 때는 대부분이 자신을 비우려 들 것입니다. 그러나 자신을 비우는 것도 은혜로부터 떠나게 만들 수 있습니다. "주님이 흥하실 수 있도록 우리가 쇠하여야 한다"는 말씀은 성경이 잘못 인용된 것입니다. 요한은 "그는 흥하여야 하겠고, 나는 쇠하여야 하리라"고 말합니다 (요 3:30).

올바른 순서를 갖는 것이 중요합니다. 우리 삶 가운데 주님이 흥하시기 전에 우리가 쇠하게 되면, 우리는 단순히 텅 비고 말 것입니다! 우리가 그리스도의 흥하심을 구한다면, 우리는 쇠하게 될 것입니다. 복음은 "예와 아멘"이 되시는데, 이 말은 복음이 부정적이지 않고 긍정적이라는 뜻입니다(고후 1:20). 우리가 예수님의 영광을 구하려 하면, 우리는 예수님의 영광을 볼 것이며, 예수님에 의해 변화될 것입니다. 하나님의 아들을 향한 열정이 있다면 우리를 불구로 만드는 자기중심적인 생각을 갈아치울 수 있을 것입니다.

신약에서 핵심적인 성경구절 중 하나는 다음과 같은 갈라디아서 2:20 말씀입니다. "내가 그리스도와 함께 십자가에 못 박혔나니, 그런즉 이제는 내가 산 것이 아니요, 오직 내 안에 그리스도께서 사신 것이라." 우리가 그리스도와 함께 십자가에 못박혔을 때 우리의 생명이 발견됩니다. 우리가 우리의 의지로 우리 자신을 십자가에 못 박으려 할 때, 우리에게 있을 수 있는 가장 파괴적인 형태의 교만인 '자기의' 외에 우리가 건질 수 있는 것은 아무것도 없습니다. 우리는 매일 우리의 십자가를 지는 법을 배워야 합니다. 그러나 매일 우리의 삶을 포기하는 것은 우리를 변화시키기 위해서가 아니라, 세상을 향한 사역을 담당하기 위한 것입니다.

"에녹이 하나님과 동행하더니 그가 있지 아니하였더라"는 말씀이 기록되어 있습니다(창 5:24). 에녹이 있지 않게 된 것은 바로 하나님과 동행할 때였습니다. "하나님이 에녹을 데리고 가실" 때까지 에녹은 쇠하게 된 것입니다. 본 성경 구절은 에녹이 글자 그대로 옮기워진 것을 말씀하고 있습니다. 그러나 어떤 의미에서는 이 말씀이 하나님의 아들의 형상으로 전이되는 것을 언급하는 말씀으로 받아들여질 수 있습니다.

우리가 그저 주변에 앉아서 자신을 비우려고 시도할 때가 아니라, 우리가 하나님과 동행할 때 이런 일이 일어납니다. 우리가 주님의 흥하심을 구할 때, 거의 깨닫지도 못하는 사이에 우리는 쇠하게 됩니다. 우리 자신을 비울 수 있는 방법에 골몰하다 보면 우리가 쫓아내려고 하는 바로 그 귀신들을 오히려 흥하게 만드는 자기중심적인 사고 속에 우리는 계속해서 거하게 될 것입니다.

4. 사랑은 우리의 연구 목표가 되어야 합니다.

"경계의 목적은 청결한 마음과 선한 양심과 거짓이 없는 믿음으로 나는 사랑이라(딤전 1:5)." 청결한 마음으로 하나님을 사랑하는 사람들은 왜곡되지 않은 하나님을 볼 것입니다. 모든 성서 연구의 목적은 그저 지식에서가 아니라 사랑에서 자라가는 것이라야 합니다. 우리 자신이 가치 있는 사람임을 증명하고, 아니면 타인을 지배하는 힘과 영향력을 얻고, 심지어는 진리로 타인을 공격하는 것과 같은 수많은 잘못된 이유 때문에 우리는 진리를 원할 수도 있습니다. 배우려는 우리의 동기가 사랑 안에서 성장하는 것을 떠나서 청결한 마음과 거짓이 없는 믿음에서 벗어나게 될 때, 우리는 진리로부터, 아니면 최소한 진리의 적절한 사용으로부터 멀어지면서 표류하게 됩니다.

예수님은 마태복음 22:37-40을 통하여 율법에서 '하지 말라'고 한 모든 것들을 요약해서서, "네 마음을 다하고 목숨을 다하고 뜻을 다하여 주 너의 하나님을 사랑하라"와 "네 이웃을 네 몸과 같이 사랑하라"고 말씀하셨습니다. 사랑은 새로운 언약의 씨앗이며 바탕입니다. 예수님은 율법의 모든 소극적인 명령('하지 말라')을 '사랑하라'는 단순한 적극적인 명령으로 대체해 놓으셨습니다. 우리가 주님을 사랑한다면 우리는 우상에 절할 수는 없습니다. 우리가 이웃들을 사랑한다면, 그 이웃을 투기하거나 살인하는 것과 같은 나쁜 일들을 하지 않을 것입니다. 우리가 적극적인 명령에 초점을 맞추고 있다면 우리는 '하지 말라'고 금지된 일들을 자동적으로 하지 않게 될 것입니다.

5. 사람이 아닌 하나님께 인정받는 여러분이 되도록 노력하십시오 (딤후 2:15).

우리가 사람들에 대한 두려움에 굴복하게 되면, 굴복하는 만큼 진리를 받아들이는 우리의 능력이 파괴되어 버립니다. 우리가 사람들의 승인을 요구하는 정도나, 아니면 사람들의 거부감에 반응하게 되는 정도의 차이는, 우리가 진리를 어느 정도 알고 있느냐 하는 것과 직접적으로 연관되어 있습니다.

"사람을 두려워하면 올무에 걸리게 되느니라(잠 29:25)." 갈라디아서 1:10에서 바울은, "내가 지금까지 사람의 기쁨을 구하는 것이었더면 그리스도의 종이 아니니라"고 기록하고 있습니다. 주 예수님도 "모든 사람이 너희를 칭찬하면 화가 있도다. 저희 조상들이 거짓 선지자들에게 이와 같이 하였느니라"고 말씀하셨습니다(눅 6:26).

하나님을 알고 하나님께 순종하는 것 이외의 다른 목적 때문에 우리가 성경을 연구하게 되면, 진리에 대한 미묘하면서고 근본적인 왜곡의 문을 열어놓은 셈입니다. 하나님의 말씀을 진실로 알 수 있는 유일한 길은 하나님 자신을 아는 것입니다. 우리는 하나님을 온전히 알기 전까지는 하나님의 말씀을 알지 못할 것입니다. 주님은 다음과 같이 선언하셨습니다.

여호와의 말씀에 내 생각은 너희 생각과 다르며, 내 길은 너희 길과 달라서, 하늘이 땅보다 높음 같이 내 길은 너희 길보다 높으며, 내 생각은 너희 생각보다 높으니라 (사 55:8-9).

하나님을 사람의 관점에서 보면 볼수록 우리는 하나님의 생각과 길을 이해할 수 없을 것입니다.

6. 하나님의 궁극적인 목적에 우리의 주의를 집중해야 합니다. 그렇지 않으면, 하나님의 소소한 목적들 때문에 우리의 마음이 분산될 수 있습니다.

우리의 마음이 생명수 강을 벗어나서 거기로 흘러 들어가는 조그만 지류 때문에 분산되는 경향을 보이게 되면, 성경상의 진리가 극단으로 치닫게 되거나 왜곡되어지는 결과의 대부분을 낳게 됩니다. 하나님의 완전하신 목적은 만물이 하나님의 아들의 형상에 합치되는 것을 보시는 것입니다. 사도들의 비전은 교회가 외적으로 어떤 형태를 취하든지 이에 전혀 상관하지 않았습니다. 그 대신에 사도들은 교회가 누구의 형상을 간직하고 있는지에 대해 지대한 관심을 가졌습니다. 이들은 교회를 외적으로 어떤 형태에 일치시키는 일에는 노력을 경주하지 않으면서도, 바울처럼 "너희 속에 그리스도의 형상이 이루기까지 다시 너를 위하여 해산하는 수고를 하노라"고 선포하였습니다(갈 4:19).

바울도 "뱀이 그 간계로 하와를 미혹케 한 것같이 너희 마음이 그리스도를 향하는 진실함과 깨끗함에서 떠나 부패할까 두려워하노라"고 쓰고 있습니다(고후 11:3). 우리가 진리를 얼마나 많이 알고 있는지에 의해서가 아니고, 알고 있는 진리에 우리가 얼마나 충성하고 있는지에 의해서 우리는 심판을 받게 될 것입니다. 아버지의 주요 관심사는 아들의 형상을 우리가 얼마나 간직하게 되는지에 관한 것입니다.

7. **진리가 우리에게 주어진 것은 '든 사람'이 아니라 '된 사람'을 만들기 위함입니다. 우리가 깨달은 신선한 진리가 우리를 변화시키지 못할 때, 우리는 길에서 벗어나게 됩니다.**

성서적인 진리의 총화(總和)는 우리 안에 예수 그리스도의 형상이 이루어지도록 우리에게 도움을 주는 데 있습니다. "나는 어떤 정의에 대해 지적으로 그저 알기 보다는, 차라리 회개하는 심경을 가질 것이다. 삼위일체 교리에 대해 심오한 용어로 해설할 수 있는 어떤 사람이, 겸손하지 않기 때문에 삼위일체 교리를 도리어 훼손하는 불경한 행동을 한다면, 그 사람은 도대체 무슨 유익을 얻을 수 있겠는가?"라고 토마스 아 켐피스(Thomas a Kempis)는 선언하였습니다.

8. **영원의 관점에서 하나님의 영원하신 말씀을 바라볼 때만이 우리는 그 말씀을 이해할 수 있습니다.**

말씀이 우리의 매일의 삶에 있어 실제적으로 적용할 수 있도록 그 능력을 공급해주는 것은 아주 확실합니다. 그럼에도 불구하고, 아브라함의 경우처럼, 우리는 또한 "원방에서" 오는 약속을 내다 볼 수 있을 때에야 비로소 매일 믿음으로 걸을 수 있게 될 것입니다(렘 46:27).

'믿음의 장'으로 널리 알려져 있는 히브리서 11장에는, 특별한 구원과 큰 약속의 성취를 경험한 믿음의 성도들에 대한 긴 목록이 등장합니다. 이 믿음의 장에는 '우리의 믿음이 실제적인 것이 되기 위해서는, 우리가 하나님의 능력과 생명을 우리의 삶 가운데서 공급받을 수 있어야 한다'는 믿음의 중요한 단면이 한 가지 들어 있습니다. 그러나 이 목록에는 "더 좋은 부활을 얻고자 하여, 악형을 받되 구차히 면하지 아니한 어떤 사람들"과 같이 구체적인 언급이 별로 없는 제2의 그룹도 있습니다(35절).

이 구절이 의미하는 바에 따르면, 이생의 약속은 안개에 불과할 뿐으로 금방 사라지기 때문에, 이것들을 붙잡지 않기로 작정한 사람들이 더러 있다는 것입니다. 그 대신에 이들은 영원한 생명을 위해서 보화를 쌓는 길을 선택하였습니다. 우리는 지금 우리가 받을 보상을 받아버릴까요, 아니면 영원을 위해 저축해 놓을까요? 단순히 우리의 생각으로가 아니라 우리의 마음으로 부활을 실제로 믿기 시작할 때, 우리는 일시적인 것들보다는 오히려 영원한 것들을 위해서 훨씬 더 많이 헌신할 수 있을 것입니다. 우리가 돈 문제보다는 영혼의 문제에 대해 더 많은 주의를 기울이게 될 때, 주님은 더 많은 재정을 우리에게 맡기실 수 있을 것입니다.

빌립보서 3:10-11에서, 사도 바울은 부활에 이르기 위해서 주님의 죽으신 모습을 본받고자 기도하고 있습니다. '주님이 죽으신 모습과 똑 같이, 바울도 자기 추종자들의 대부분이 자기에게서 흩어져 있는 사이에 홀로 죽게 됨으로써' 바울의 기도는 결국 응답받게 됩니다.

바울의 이 땅에서의 마지막 상념은, 자신의 모든 고통과 희생을 통해서 실제로 성취된 것이 무엇이었는지에 대해 궁금히 여기는 것이었을지도 모릅니다. 감옥에서 쓴 자신의 편지들이 오늘날까지 여전히 남아있게 될 것을 바울은 아마 생각하지 못했을 것입니다. 그러나 바울의 편지들은 여태껏 쓰여진 글들 중에서 가장 능력 있는 말씀 중 일부가 되었습니다. 아마 바울은 자신의 편지를 통해서 현시대의 모든 사도들을 합친 것보다도 더 많은 영생의 열매를 여전히 수확하고 있을 것입니다! 바울의 마음이 영원에 초점을 맞추고 있었기 때문에 바울의 말도 영원해진 것입니다.

바울은 하나님의 말씀을 선포했기 때문에 그의 사역이 지금도 계속해서 열매를 맺고 있습니다. 이 점이야말로 사역의 근본적인 관건이 아니겠습니까? 얼마나 많이 우리의 책이 판매되는지, 아니면 얼마나 많은 사람들이 우리의 모임에 참석하는지, 아니면 얼마나 많은 사람들에게 우리가 영향력을 끼치는지, 이것들은 중요하지 않습니다. 관건은 "하나님의 영원하신 말씀을 사역하고 있습니까?" 하는 것입니다.

9. 교정을 받아들일 수 있는 능력은 진리 가운데서 생활하기 위한 필수 요소입니다.

잠언서에는 성경의 진리를 찾는 사람들을 위한 중요한 지침들이 몇 가지 들어있습니다.

훈계의 책망은 곧 생명의 길이라 (잠 6:23).

지혜 있는 자를 책망하라. 그가 너를 사랑하리라 (잠 9:8).

훈계를 지키는 자는 생명길로 행하여도, 징계를 버리는 자는 그릇 가느니라 (잠 10:17).

생명의 경계를 듣는 귀는 지혜로운 자 가운데 있느니라 (잠 15:31).

내 아들아, 지식의 말씀에서 떠나게 하는 교훈을 듣지 말지니라 (잠 19:27).

다른 사람의 교정을 수용하는 능력이야말로 영적인 성숙도와 진정한 영적인 권위를 가늠할 수 있는 가장 확실한 표시입니다. 성숙한 사람은 주님이 그 사랑하시는 자를 훈계하시는 것을 압니다. 생명의 길에 남아 있으려면 주님의 훈계가 꼭 필요합니다. 위로부터 내려오는 권위를 받은 사람들은 훈계 받는 것을 위협으로 느끼지 않습니다. 성숙한 사람들은 타인의 눈에 자신들이 어떻게 비추어 지는지에 상관없이 실수를 재빨리 인정합니다. 이들은 자기들에게 주어진 진정한 권위가 어떤 것이든지 간에 하나님에 의해 만들어지고 유지되어지는 것이지, 사람들의 생각에 의해 좌우될 수 없다는 점을 인식하고 있습니다.

10. 탄력적이지 않으면 진리에 대한 수용 능력이 파괴됩니다.

새 술은 낡은 가죽부대에 담길 수 없습니다(마 9:17). 가죽부대는 가죽으로 만들어지는데 세월이 지나면서 찢어지기 쉽고 표면이 딱딱해 집니다. 새 술은 팽창하는 성질을 갖고 있기 때문에, 낡은 가죽부대를 터뜨리게 됩니다. 그러므로 새 술은 탄력 있고 잘 팽창하는 새 가죽부대에 담아야 됩니다.

사람들도 마찬가지 입니다. 우리가 탄력적이지 않으면 영적인 진리를 수용할 수 없습니다. 진리는 언제나 살아있으며 팽창합니다. 가장 단순한 성서의 진리조차도 그 깊이를 완전히 이해할 수 있는 사람은 하나도 없습니다. 성서의 진리가 우리를 향하여 성장하기를 멈추면, 우리에게 생명을 주는 일도 멈추게 됩니다. 하나님의 말씀에 더욱 더 깊이 뿌리를 내리기 위한 우리의 여정은 계속되어져야 합니다.

앞서 언급한 대로, 그리스도의 신부는 "티나 주름 잡힌 것이 없어야 합니다. 티는 죄를 말하고, 주름은 늙는 것을 말합니다. 참된 교회는 영원한 젊음을 유지해야 합니다. 사람들이 나이 들면서 부득이 하게 갖게 되는 주름살을 교회가 갖고 있어서는 안됩니다. 젊음과 늙음을 구분하는 중요한 특징은 성장에 있습니다. 우리가 영적으로 성장하기를 멈춘다면, 우리는 죽음의 단계에 들어선 것이며, 이로 인하여 우리는 예수님의 재림에 대한 신부의 일부가 될 수 없습니다.

최근에 저는 어린이 사역에 도움이 될만한 일들을 하면서 이를 위해 기도하던 중, 주님으로부터 '네 입김을 치우라' 는 영감을 받게 되었습니다. 어린이들을 '성숙한' 어른들로 만들려고 하지 말라고, 주님은 부드러운 목소리로 말씀하셨습니다. 주님은 어린이들로 하여금 자기들 스스로를 더 많이 닮은 성숙한 그리스도인들을 만들어 내도록 돕기를 원하십니다! 주님이 저에게 보여주신 어린이 사역은 어린이에게 어떤 사역을 하는 것이 아니라, 어린이로 하여금 사역에 종사하게 하는 것입니다. 우리가 하나님의 나라에 들어가기를 바란다면, 어린이를 우리처럼 만드는 것이 아니라, 우리가 어린이처럼 되어야 합니다. 어린이들이 우리에게서 배우는 것보다 더 많은 것들을 우리는 어린이에게서 배울 수 있습니다!

11. 우리 자신이 속지 않으려면, 우리는 속임당할 두려움에서 해방되어야 합니다.

두려움이란 '원하지 않는 어떤 일을 믿는 것' 이라고 어떤 사람이 말한 적이 있습니다. 시간이 흘러가면서, 저도 제 자녀들이 두려움을 배워야 했다는 사실을 알게 되었습니다. 두려움이란 이들에게 꼭 있어야 될 것이 아닙니다. 성경이 인정하는 유일한 두려움은 주님에 대한 순수하고 거룩한 두려움입니다. 우리가 주님에 대한 올바른 두려움을 갖고 있다면, 이 세상에서 더 이상 두려워할 일이 달리 없습니다. 많은 사람들이 하루에 수 시간씩 성경을 읽긴 하면서도, 모든 진리 가운데로 자신들을 인도하시는 주님의 능력보다도 자신들을 속이는 사단의 능력에 대해 더 많은 믿음을 가지고 있기 때문에, 이들은 영적인 어두움 가운데 걷고 있습니다.

양의 성격이 사람과 흡사하기 때문에 성경에서 양은 사람에 대한 비유로서 종종 쓰이고 있습니다. 양은 익숙한 일들의 속박에 쉽게 지배당하는 겁많은 동물입니다. 양은 환경의 변화를 아주 싫어합니다. 사람들도 마찬가지 입니다. 새신자조차도 불과 몇달 사이에 표면이 아주 딱딱해지면서 탄력을 잃어버리고 새로운 진리를 받아들이지 못하는 '낡은 가죽부대' 가 될 수도 있습니다.

이들끼리만 내버려 두면, 양들은 똑 같은 풀밭에만 머물면서 풀의 뿌리까지 곧바로 먹어치움으로써 풀밭을 완전히 망가뜨려 놓습니다. 양들은 잘 아는 풀밭에서 풀의 밑동까지 먹어치울 망정, 아무리 신선하고 푸르러도 잘 알지 못하는 풀밭에는 들어가려 하지 않을 때가 종종 있습니다. 때때로 우리가 꼭 이와 같지 않습니까? 똑 같은 설교나 똑 같은 찬양으로부터 마지막 남은 한 방울의 기름부으심 마저 짜낼 때까지 우리는 반복하여 똑 같은 것을 설교하고 찬양합니다. 그러다가 우리는 우리와 같지 않지만 우리 영혼을 위하여 신선한 양식을 가진 다른 사람들을 두려워하고 거절합니다. 우리가 새로운 곳으로 옮겨갈 생각을 하면서 우리와 조금 다르게 믿는 신자들과 어떤 교류를 갖기 전까지, 우리는 영적인 기아 때문에 연약해져 있을 것입니다. 익숙한 일들로 인한 속박은 수많은 사람들을 파괴해 왔습니다.

좋은 목자는 양들이 있는 풀밭의 풀이 너무 많이 뜯기워서 그 기름부으심이 망가지기 전에 양들을 새로운 풀밭으로 인도하게 됩니다. 이렇게 해야 장래에 똑 같은 풀밭에 다시 돌아올 수 있습니다. 우리도 우리의 영적인 양식을 먹는 장소가 아직도 신선함을 유지하고 있을 때 그곳을 떠나는 법을 배워 두어야, 앞으로 그 양식이 필요할 때 다시 돌아와 신선해진 그 양식을 먹을 수 있을 것입니다. 우리가 똑 같은 특정장소에 너무 오래 머물게 되면, 그 곳은 다 닳아져 망가질 것입니다. 그렇게 되면 우리는 그곳으로 다시 되돌아올 수 없습니다.

양의 유전자의 혈통이 건강하게 유지되려면, 다른 종자의 양과 가끔 교배를 시켜야 합니다. 모든 영적인 운동은 내부 지향적이 되어 다른 그리스도인 단체들과 교류가 끊기게 되면 그 생명력과 능력과 비전을 잃게 되는 일을 피할 수 없습니다. 고립된 단체일수록 극단에 흘러 중대한 오류에 빠지는 것을 피할 수 없습니다.

진리를 망가뜨리는 치명적인 적중의 하나는 영역 구축의 영입니다. 조만간 이로 인하여 모든 교회의 지도자들이 그 본질을 시험당할 것입니다. 이 영은 통제의 영이 활동하도록 문을 열어 놓음으로써 탄력성을 앗아 갑니다. 이 때문에 신자들은 주님으로부터 신선하고 살아있는 물을 받아들일 수 없게 되어 결과적으로 영적인 침체 내지는 죽음을 맞이하게 됩니다.

탄력성을 갖고 변화를 수용하는 일이 중요하게 여겨지는 또 다른 이유가 예레미야 48:11-12에 말씀되어 있습니다.

> 모압은 예로부터 평안하고 포로도 되지 아니하였으므로 마치 술이 그 찌끼 위에 있고 이 그릇에서 저 그릇으로 옮기지 않음 같아서 그맛이 남아 있고 냄새가 변치 아니하였도다. 그러므로 나 여호와가 말하노라, 날이 이르리니, 내가 그 그릇을 기울일 자를 보낼 것이라. 그들이 기울여서 그 그릇을 비게하고 그 병들을 부수리니 (렘 48:11-12).

성서 시대에, 맑은 술을 얻는 방법은 술을 그릇에 가만히 담아 두고 그 찌끼가 그릇 바닥에 가라앉을 때까지 기다립니다. 그러고나서 그릇 윗부분에 고인 맑은 술을 또 새 그릇에 담아두고 불순물이 가라앉을 때까지 또 기다립니다. 술에서 모든 불순물을 제거해 내는 이런 과정이 계속해서 반복됩니다. 주님은 사해 바로 동쪽 지역의 땅인 모압에게 이들이 결코 옛 그릇을 비워 새 그릇으로 옮기지 않기 때문에 찌끼를 갖고 있어서 깨끗하지 않다고 책망하십니다. 우리의 삶에 변화를 줄 때, 우리는 익숙한 일들의 속박으로부터 자유롭게 되어 환경을 의지하지 않고 계속해서 주님을 의지하게 됩니다.

우리의 영적인 삶도 이와 똑 같은 방법으로 정화됩니다. 주님은 우리의 삶의 찌끼가 가라앉을 때까지 한 곳에 우리를 머물게 하십니다. 그리고나서 주님은 새로운 그릇, 즉 새로운 상황이나 환경 속에 우리를 집어 넣으십니다. 이런 새로운 상황은 주님이 우리에게 주시는 가르침의 강조점이 달라졌을 수 있음을 시사합니다. 주님은 우리에게 새로운 일자리를 주심으로써 우리를 다른 단체로 보내실 수도 있고, 우리 단체에 새로운 감독자를 보내주심으로써 새로운 지도체제를 갖게 하실 수도 있습니다. 변화는 우리 인생에 있어서 깨끗함을 유지하기 위해 꼭 필요합니다. 우리는 영적인 면에서 한 곳에만 집착하는 거주자들이 아니라 이곳저곳을 이동하는 일시적인 체류자들입니다.

이 말씀은 변화 그 자체를 위하여 변화를 추구하라는 뜻은 아닙니다. 교회는 적절한 균형 감각을 찾기도 전에 모든 진리를 극단으로 몰고 가는 경향을 갖고 있습니다. 지나칠 정도로 한 풀밭에 국한하여 머물게 될 경우에 대한 해결책으로는, 새로운 것을 듣는 데에만 관심을 가졌던 아덴 사람들처럼 교회에 휙 들렸다가 그냥 사라지는 사람이 되지 않아야 한다는 것입니다. 미성숙한 상태에서 변화가 일어나면, 찌끼가 가라앉을 시간이 없기 때문에 아무 일도 성취될 수 없습니다. 진리가 우리 안에 굳게 뿌리를 내리게 될 때까지 계속 집중적으로 한 곳에 머무를 필요가 있습니다. 그리고나서 주님이 주시는 변화를 우리는 기꺼이 받아들이면서, 이러한 새로운 진리들이 우리의 성숙을 위해 얼마나 필수적인지를 이해해야 합니다.

말씀에 대한 올바른 분별
Rightly Dividing the Word

  수많은 교리나 해석학적 입장들이 그리스도인의 참된 성숙을 실제로는 파괴해 버리는 엄격함과 경직성을 부추기고 있습니다. 이런 입장들은 주님을 핍박했던 바리새인들의 영과 동일한 영을 길러냅니다. 예를 들면, "해 아래는 새 것이 없나니(전 1:9)"?이 말씀의 뜻은 '새로운 이해가 필요한 영역은 더 이상 없다' 입니다?와 같은 특정 성경 구절만을 따로 떼어내어 생각하는데서 이런 입장들이 생기게 됩니다. 어떤 부문에 있어서는 이 말씀이 옳을 수도 있지만, 모든 부문에 다 적용되는 진리로 받아들이게 되면 거짓과 기만이라는 무서운 결과를 낳게 됩니다.

  성경이 기록된 이후에 주님께서는 전적으로 새로운 일들을 정말로 많이 행하셨습니다. 주님께서 "새 일을 행하시고(사 43:19)", "새 일을 고하시며(사42:9)", "새 하늘과 새 땅을 지으실(사 66:22)" 것을 선언하신 다른 성경구절들도 많이 있습니다.

  우리가 제대로 말씀을 이해하려면, 진리의 말씀을 옳게 분별해야 합니다(딤후 2:15). 문맥에 상관없이 특정 성경구절만 따로 떼어내어 해석하게 되면 기만과 파괴를 불러올 수 있습니다. 어떤 구절들은 우리의 필요한 이해를 돕는 일환으로 주님께서 성경에 포함시키셨을 뿐, 사실은 인간의 영의 표현인 경우도 있습니다. 이런 관점에서 본다면, 성경의 각 구절들이 하나같이 하나님과 하나님의 완벽한 의지를 드러내는 하나님의 직접적인 말씀일 수는 없습니다.

  성경에는 실제로 사단이 한 말도 들어 있습니다. 단지 어떤 일이 성경에 기록되었다는 이유만으로, 자동적으로 '하나님의 말씀' 혹은 '하나님의 입장'을 표현하는 것은 아닙니다. 우리로 하여금 무슨 교리를 만드는 데 쓰게 하려는 것이 아니고, 사단의 계략을 더 잘 이해할 수 있게 하기 위하여 어떤 부분들은 성경에 포함되어진 것입니다.

성경은 또한 비통함이나 반역 가운데 빠진 사람들이 한 말도 기록하고 있습니다. 이런 것들 역시 하나님의 입장에서 한 말이 아닙니다. 예를 들면, 어떤 시편 기자는 바빌론의 아이들을 바위에 메치는 자들이 복이 있다고 기록하고 있습니다. 문맥에 상관하지 않고 이 성경 구절만 본다면 주님은 적의 아이들을 메치는 자들을 축복하실 것이라고 결론 지을 수도 있습니다. 사실, 예수님은 우리에게 적을 사랑하라고 명령하셨습니다.

전도서에는 중요한 계시가 담겨 있습니다만, 이 계시의 적절한 적용을 위해서 사람들은 이 책이 "해 아래" 있는 입장, 즉 땅의 관점에서 쓰여졌다는 점을 먼저 이해해야 합니다. 이 관점에서 보면 모든 것이 헛되고 헛된 것처럼 아무런 의미나 목적이 없는 것처럼 보입니다.

전도서에는 성경의 다른 부분과 반대되는 글들이 의도적으로 포함되어 있습니다. 오직 땅의 입장에서만 우리가 만물을 바라본다면, 우리의 관점이 얼마나 왜곡되어질 수 있는지를 보여주는 것이 전도서의 목적입니다. 해 아래 새 것이 없다고 설교하는 사람들 가운데 얼마나 많은 숫자가, 사람과 짐승의 혼이 일반이며, 사람은 짐승과 다를 바 없으며, 이들 모두가 죽게 되면 동일한 곳으로 돌아가기 때문에, 이 중 하나가 다른 하나보다 나을 것이 없다는 점을 또 설교하고 있습니까? 이 말씀은 전도서 3:18-22절에 언급되어 있습니다.

사람이 동물이라는 점을 성경이 말씀한 이유를 확실하게 이해할 수 없기 때문에 짐승이란 단어 앞에 "처럼"이라는 단어를 더한 번역가들도 일부 있습니다. 이런 번역본에는, "처럼"이란 단어가 성경원본에는 발견되지 않기 때문에 보통 이탤릭체로 표기되어 있습니다. 땅의 관점에서 보면, 사람과 동물은 똑 같습니다. 이 점이 전도서의 중점인 것은 맞지만, 하나님의 입장인 것은 아닙니다.

궁극적인 망상
The Ultimate Delusion

하나님의 진리에 대해 온전한 계시를 가졌다고 말하는 사람들은 심각한 망상 속에 빠져 있음이 확실합니다. 이들은 천체 물리학에 대해 모든 것을 안다고 말하는 토착 원주민에 비유될 수 있습니다. 우리는 가장 단순한 영적인 진리에서 조차도 그 지혜와 지식의 깊이와 부요함을 여전히 헤아릴 수 없습니다. 히브리인들에게 보내는 편지에 언급된 멜기세덱의 제사장직과 같은 진리에 대해 그 의미의 초보단계라도 파악하고 있는 사람들이 얼마나 많이 있을까요? 그런데, 이 책의 저자는 이런 주제들을 다 설파한 후에, 자신이 한 말들은 단지 영적인 어린이들이나 먹는 영적인 우유에 불과하다고 말하고 있습니다!

초대 교회의 히브리인들이 단지 우유나 먹어야 하는 수준이라면, 소위 배웠다는 이십세기 교회는 어떤 위치를 점하고 있을까요? 아마 우리는 여전히 모태 속에서 나오지도 못한 채, 수세기 동안 많은 것을 배워도 이해하는 것이 거의 없는 그런 처지일 것입니다. 우리를 낡은 가죽 부대로 재빨리 변화시켜 버리는 선입관이나 거짓된 교리가 우리에게서 떨어져 나갈 때까지, 이것들은 계속해서 참된 교회의 진정한 영적 성숙을 방해할 것입니다.

우리가 우리의 자존심을 억누르고 성서의 증거들에 비추어 우리 자신을 살펴볼 수 있다면, 우리는 충격을 받게 될 것입니다. 오늘날 존재하는 가장 영적이고 강력한 교회조차도 주후 1세기의 제일 미성숙하고 영적이지 못한 교회들의 영적인 키나 성숙도에 결코 미치지 못합니다. 일세기의 교회에는 완성된 성경본도 없었고, 오늘 날 우리들에게는 당연시 되어있는 책이나 테이프, 텔레비전 프로그램, 그리고 일련의 다른 보조 자료 등도 없었습니다. 책이나 교육용 자료들이 도움이 될 수는 있습니다. 그렇지만, 배우는 것은 많아도 여전히 진리의 지식에 이르지 못할 위험성이 우리에게 있지 않겠습니까? 진리와 하나님의 뜻을 성실하게 추구하는 사람들은, 변화를 거부하는 성향처럼 우리의 영적 성숙의 숨통을 막아놓는 것이 달리 없다는 사실을 알고 있습니다.

보수주의는 성장하는데 필요한 질서와 적절한 환경을 유지함에 있어서 제일순위의 조건입니다만, 이것이 교회에 필요한 발전을 가로막고서 그 힘을 약화시키고 있는 속박들을 조장하게 되면 상황이 달라지게 됩니다. 잘된 보수주의는 안정과 성숙이라는 표지를 갖고 있습니다. 하나님의 진리라는 술이 확장될 때, 새로운 교리의 풍조에 따라 매번 휩쓸리지 않도록 교회는 성숙하고 안정된 지도자들을 필요로 합니다. 베드로가 자신의 두 번째 편지에서 말한 것처럼, 굳세지 못하고 무식한 자들이 성경을 왜곡합니다(벧후 3:16). 모든 진리를 극단으로 몰아가고자 하는 사람들이 있습니다. 우리는 미성숙한 극단주의자들의 극단적인 사상을 수용하거나 과잉대응함으로써, 진리를 추구하고 진리 안에서 성장하고자 하는 교회로 하여금, 이들의 영향력하에 있도록 놔두어서는 안됩니다.

하나님의 진리라는 숲이 확장되고 새로운 계시를 받게 되었다는 우리의 말은, 1세기의 교회가 간직했던 정경화된 성경이나 진리에 무엇을 추가하려는 뜻으로 드리는 말씀이 아닙니다. 하나님의 진리에 대하여 현대인이 받은 계시들은, 교회의 발전에 따라 생명력의 증가와 성숙을 가져오게 하였지만, 이 모든 것들은 초대 교회가 소장했던 진리들로서 중세의 암흑시대 동안에 상실되었다가 다시 복원된 것일 뿐입니다.

초대 교회 이후의 각 세대는 이런 모든 진리들이 이미 다 회복된 것처럼 느끼고 있다는 성향을 보여 주었습니다. 그러나 성령은 이와 반대되는 상황에 대한 증거들을 계속해서 조명하고 계십니다. 성령의 조명에 의해서 우리가 진리를 한가지씩 회복할 때마다, 성경의 명명백백한 진리들을 우리가 얼마나 많이 놓치고 있는지 놀라울 따름입니다. 가장 총명하고 가장 영적인 사람들도 보지 못했던 진리들이 지금은 아주 명백해졌습니다. 얼마나 더 많은 진리들이 앞으로 회복되어져야 할까요? 조명하심이 아직 주어지지 않은 관계로, 얼마나 많은 진리들이 아직도 드러나지 않고 있을까요? 우리가 이 일에 답변할 수 있다고 생각하는 순간, 우리는 이미 우리를 연약하게 만드는 영적인 교만 속에 빠지게 되어 진리에 이를 수 없게 됩니다.

12. 우리가 진리 가운데 생활하려면 우리의 첫 사랑을 유지해야 합니다.

비록 하나님의 진리가 계속 확장되고 있다고 해도, 성경의 정경은 완결되었습니다. 성경 스스로 이 사실을 입증하고 있습니다. 성경 자체가 완벽한 하나의 줄거리로 되어 있으며, 결론도 가지고 있습니다. 성경의 가장 초보적인 책이라 할찌라도 누가 그 깊이를 다 이해할 수 있겠습니까? 성경에 적혀 있는 것보다 더 많은 것들이 어떻게 우리에게 더 필요할 수 있겠습니까?

우리가 진리의 모든 것을 가지고 있다고 생각하게 되면 교만에 가득차게 됩니다. 하나님은 교만한 자를 대적하시기 때문에, 하나님의 새로운 술을 담을 수 있는 다른 사람을 모으시려고 우리 주변을 살피셔야 할지도 모릅니다. "성령은 모든 것 곧 하나님의 깊은 것이라도 통달하시느니라 (고전 2:10)." 성령의 인도하심을 따라 우리가 성경을 읽다보면, 읽을 때마다 우리는 더 많은 것들을 보게 될 것입니다. 해 아래 새 것이 없다고 하지만, 우리에게는 새로운 것이 늘 많이 있습니다!

하나님의 말씀은 정지된 연못이 아니라 흐르는 강물입니다! 그것은 흘러가면서 움직이고 어디론가 이동해 갑니다. 말씀과 물이 서로 비슷한 특성을 갖고 있기 때문에, 에베소서 5:26에서는 말씀이 물로 비유되어 있습니다. 이 둘은 그 깨끗함이 유지되려면 계속 흘러가야 합니다. 하나님의 말씀이 우리를 통하여 흘러가는 것이 멈출 때, 그 말씀은 웅덩이 속에 자리를 잡고서 아주 빠른 속도로 그 곳에 고이게 됩니다.

말씀에 대한 새롭고 신선한 통찰력이 개방되어 있다는 말은 무분별하게 우리가 모든 것을 받아들인다는 뜻이 아닙니다. 새로운 말씀을 듣게 되면 그것을 입증하기 위하여 성경을 주의깊게 살폈던 베뢰아 사람들의 뛰어난 영성을 유지해야할 소명이 우리에게도 있습니다(행 17:10-11). 우리는 새로운 일들을 추구하는 것이 아니라 성경상의 건전한 진리를 추구해야 합니다. 우리는 수용적인 태도를 가지고 마음 문을 열고 있어야 되겠지만, 또한 현명해야 합니다.

앞서 말씀드린 대로, 대타락으로 잃어버리게 된 첫 번째 특권은 하나님과의 교제입니다. 이러한 교제의 회복이야말로 진리의 회복과 함께 이 룩되어야 할 제일된 목표입니다. 교제의 회복은 구속의 목적으로서, 구속받은 모든 영혼들의 삶에 있어서 제일순위의 주요 목표가 되어야 합니다. 하나님과 우리와의 교제는 참된 기독교가 간직해야 할 첫 번째 우선순위이며, 기독교와 여타의 모든 종교를 구별 짓는 주요한 쟁점입니다.

참된 기독교에는 하나님과의 연합에 대한 회복이 있습니다. 사람이 하나님과의 교제를 회복하는 이 문제는 성경 전체에 배어들어 있습니다. 기타 다른 이유로 우리가 진리를 추구한다면, 우리가 받아들이는 진리는 왜곡될 것입니다. 우리가 파악하고 있는 이해력의 정도는, 그 이해를 바탕으로 우리가 주님께 얼마나 더 가까이 나아가게 되었느냐에 따라 직접적으로 결정될 수 있습니다. 진리를 분변하는 쟁점은 우리가 하나님에 대하여 얼마나 많이 아느냐 하는 것이 아니고, 우리가 하나님 안에 얼마나 잘 거하고 있느냐 하는 것입니다.

기독교의 특성과 본질이 왜곡되는 가장 큰 요소 중의 하나는 기본적인 진리(우리의 첫 번째 소명은, 사역도 아니고, 단순한 이해력도 아닌, 교제하는 것이다)를 망각하는 우리의 성향에 있습니다. 성경에 대한 참된 이해력은 성경의 저자와 우리가 연합하는 정도에 따라 좌우 됩니다.

Chapter 21

21장

말씀의 씨앗

The Word Is a Seed

예수님은 씨 뿌리는 자의 비유에서 "씨는 하나님의 말씀이라"고 설명하셨습니다(눅 8:11). 씨 자체가 식물의 형체를 갖고 있는 것은 아니지만, 이미 그 씨 안에는 장차 드러날 식물의 유전자 코드가 들어 있습니다. 우리가 말씀 안에 있는 씨의 본질을 이해한다면, 우리 안에 심기워진 말씀의 본질과 그 씨가 자라서 어떻게 될 것인지에 대해 이해할 수 있을 것입니다.

자연계의 씨앗 속에 장성한 식물의 유전자 코드가 들어있는 것처럼, 믿음을 키우기 위해 사람의 생명 속에 처음으로 심기워진 영적인 씨앗은 그 사람의 영적인 삶의 질을 결정하는 요소가 됩니다. 주 예수님이 자신을 따르는 제자가 되는 조건을 결코 양보하시지 않은 이유가 바로 여기에 있습니다. 사람이 처음 받은 말씀의 질이 그 사람의 믿음의 질을 결정하는 역할을 한다는 것을 예수님은 잘 아셨습니다. 우리가 우리의 모임의 숫자나 전도 보고 자료를 메꾸기 위해 처음에 헌신했던 그 기준을 낮춘다면, 우리는 또 전체 교회의 영적인 조직을 약화시키는데 일조를 하고 있는 셈입니다.

모든 씨앗들의 또 다른 중요한 특징은 성장에 적합한 환경적인 조건이 마련될 때까지 스스로 발아를 막는 고유한 구조를 가지고 있다는 점입니다. 성장에 필요한 조건으로는 빛과 물, 그리고 열이 있습니다. 이 세 가지가 모두 적당량 있어야 됩니다. 이 세 가지 중에서 두 가지만 있어도 씨앗은 발아하지 않습니다. 그래서 여전히 겨울일 때에는 습기를 동반한 이상난동(異常暖冬) 현상이 와도 씨앗은 속지 않습니다. 왜냐하면 햇빛도 충분치 않으면 씨앗이 발아하지 않기 때문입니다. 비록 햇빛이 충분한 봄이라 할지라도, 이상한파(異常寒波)나 건기(乾期)가 몰려오면 씨앗은 발아하지 않습니다. 씨앗은 모든 생명의 근원이기 때문에 주님은 씨앗 속에 이러한 비범한 능력을 심어 놓으셨습니다.

이런 일은 영적인 씨앗에 있어서도 그대로 적용됩니다. 하나님은 영적인 씨앗 속에 성장에 적합한 조건이 형성될 때까지 발아하지 못하게 하는 구조체계를 심어 두셨습니다. 영적인 씨앗이 발아하는데도 물과 열, 그리고 빛이라는 동일한 세가지 특성의 양이 적당히 필요합니다. 물은 하나님의 말씀을 지칭합니다. 빛은 말씀을 조명해주는 계시를 말합니다. 열은 올바른 환경을 말합니다.

모든 조건이 적절하게 충족될 때까지 영적인 씨앗도 발아하지 못합니다. 우리는 적절한 조건을 갖추지 않은 사람에게 결단을 강요할 수 있습니다만, 그렇게 되면 우리가 강요하는 수준 정도에서 피상적인 변화가 이루어질 뿐, 그의 삶에 있어서 실제적인 변화는 이루어지지 않습니다.

하나님의 나라를 보려면 거듭난 사람이 되어야 합니다. 하나님의 말씀이라는 이 씨앗은 확실한 회심이 이루어진 그 사람 안에서 발아되어야 합니다. 예수님께서 사람들에게 즉각적인 헌신을 요구하신 경우가 거의 없는 이유가 바로 이 때문입니다. 즉각적인 헌신에 대해 준비가 되었다고 판단되어지는 사람들에게만 예수님은 헌신을 요구하셨습니다. 예수님의 사역 대부분은 교회의 미래 수확을 위해 씨앗을 심는 일에 투자되었습니다.

고린도전서 3:6에서 사도 바울은, 자기는 심었고, 아볼로는 물을 주었으며, 하나님은 수확을 위해 자라게 하셨다고 설명하고 있습니다. 우리의 사역이 효과적이 되려면, 우리에게도 이와 똑같은 분별이 요구됩니다. 언제 심을 것인지, 언제 거둘 것인지, 아니면 적당한 후일에 수확할 수 있도록 하나님께서 다른 누군가를 보내주실 것을 믿고, 이미 심은 씨앗에 언제까지 그저 물을 줘야 되는지 우리는 알아야 합니다.

복음전도에는 '수확중심의 사고방식'이 아주 유행하고 있습니다만, 이것 때문에 복음전도를 위한 이들의 참된 사역이 치명상을 입는 경우가 종종 있습니다. 회심이 실제적인 것인지 아닌지에 상관하지 않고, 우리는 '결단한' 사람들의 숫자만을 헤아리는 것처럼 보입니다. 지금까지 복음전도 대회에서 이루어진 회심의 대다수가 실제와는 다른 것으로 드러났습니다. 그러나 그저 씨앗을 심기만 할 뿐, 전도 보고서에 넣기 위하여 '머릿수'를 헤아리지 않는 전도자들의 경우, 필요한 부분에 대한 지속적인 지원을 거의 받지 못하는 일이 벌어지게 됩니다. 이런 방식으로 일을 처리하다 보면, 우리는 성경상의 중요한 진리를 망각하게 됩니다. 다른 사람들이 충실하게 씨앗을 심기 때문에, 오직 수확만 하는 사람들에게도 수확거리가 생기는 것입니다. 하나님께서 적당한 물과 열과 빛을 공급하실 수 있도록 씨앗을 심고나면, 적당한 때에 거두게 되는 실제적인 과정들이 복음전도에는 들어 있습니다.

진리의 본질

The Nature of Truth

진리의 본질에 대해서 전도서 3:1-8이 말씀하고 있습니다. 이 부문에서 우리가 유의해야 할 첫번째 두 구절은 다음과 같습니다.

천하에 범사가 기한이 있고 모든 목적이 이룰 때가 있나니, 날 때가 있고 죽을 때가 있으며 심을 때가 있고 심은 것을 뽑을[수확할] 때가 있으며 (전 3:1-2).

수확하는 일은 있어야 할 한 단계로서, 사역에 있어서 중요한 한 부분이지만, 씨를 심어야 할 때에 우리가 수확하려 든다면 우리는 속은 것입니다. 속는 것은 하나님의 뜻이 아닙니다. 우리가 하나님의 뜻 가운데 있지 못하면, 적절한 시기 관념이 우리에게 생기지 않을 것입니다.

가르침의 사역도 이와 똑 같습니다. 씨를 뿌릴 때가 있고, 물을 줘야 할 때가 있으며, 수확할 때가 있는 것입니다. 우리의 가르침으로부터 즉각적인 결과를 언제나 기대할 수 있는 것은 아닙니다. 주님께서 지시하시는 대로 우리는 단지 심기도 하고 물도 주고 수확하기도 하는 것입니다. 주님의 씨앗은 주님이 돌보셔야 하고 적당한 때에 주님이 수확하셔야 합니다.

목사들이 느끼는 커다란 좌절감은 이것을 이해하지 못할 때 생기게 됩니다. 수많은 교인들이 목사에게 느끼는 좌절감도 이와 동일한 이유 때문입니다. 목사나 교사가 교인들로 하여금 때도 되기 전에 열매를 내라고 압력을 가한다면, 그 결과 얻게 될 것은 인조 열매일 것입니다. 여러분은 인조사과를 먹어보셨습니까? 교회의 열매가 세상이나 주님을 향하여 내는 맛의 상당 부분이 이런 인조사과와 같습니다!

씨앗이 직면해야 될 시련들
The Seed Must Be Tested

주님은 씨 뿌리는 자의 비유를 통하여 하나님의 말씀이 열매를 맺기 전에 기본적으로 세 가지 측면에서 시련에 직면하게 된다고 말씀하셨습니다. 우리가 받은 이 비유의 진리를 잘 이해하게 되면 우리는 더 많은 영적인 열매들을 맺게 될 것입니다.

첫 번째 시련. 공중의 새들. 이 비유를 해석함에 있어서, 주님은 새들을 사단으로 지칭하셨습니다. "아무나 천국 말씀을 듣고 깨닫지 못할 때는, 악한 자가 와서 그 마음에 뿌리는 것을 빼앗느니라(마 13:19)." 말씀이 열매를 맺으려면 진리에 대한 개인적인 이해가 필요합니다. 사람들이 열매 맺는 일에 압박을 받게 되면, 그 결과로 얻어지는 것은 참된 성령의 열매가 아닙니다.

주님은 사역하시다 말고, 사람들이 자신을 누구라고 말하는지 제자들에게 물으신 적이 한번 있었습니다. 더러는 선지자라고 말하기도 하고, 더러는 엘리야라고 생각하기도 하고, 또 더러는 부활한 세례 요한으로 간주하기도 한다는 것이 제자들의 답변이었습니다. 그러자 주님은 "너희는 나를 누구라 하느냐"는 말씀으로 제자들의 답변을 재촉하셨습니다(마 16:15). 제자들이 주님의 제자가 맞는다면 주님에 대한 타인들의 소문을 흉내 낼 수는 없을 것입니다. 제자들은 스스로의 힘으로 예수님을 알아야만 합니다.

이 점은 여전히 진리입니다. 우리의 목사나 혹은 우리가 좋아하는 선생이나 작가나 전도자가 예수님이 어떠한 분이라고 말하는 것이 중요하지 않습니다. 우리는 아버지로부터 예수님이 누구신지 나름대로 각각 계시를 받아야 합니다. 다른 사람의 믿음 때문에 우리의 구원이나 은혜가 얻어지는 것은 아닙니다. 다른 사람이 아는 예수님으로 우리의 이해를 바꿀 수는 없습니다. 예수님은 우리 자신의 예수님이 되어야 합니다. 예수님에 대한 계시와 예수님이 우리에게 주시는 진리로써 열매를 맺을 수 있도록 그런 진리에 대한 모든 계시를 우리 나름대로 각각 갖고 있어야 합니다. 그렇지 않으면, 씨앗을 훔치려고 반드시 등장하게 되는 공중의 새들에게 우리는 쉽사리 먹히게 될 것입니다.

지도자의 위치에 있는 사람들이 특별히 이런 종류의 시련에 유의하도록 해야 합니다. 예수님을 향한 개인적인 헌신이 계속되지 않으면, 우리의 사역에는 진정한 열매가 생기지 않습니다. 우리가 섬기는 사람들의 '아멘 소리'에 우리는 그저 만족할 수 없습니다. 우리가 섬기던 사람들이 말씀에 대한 독자적인 이해력 없이 우리를 따른 것이라면, 시련이 오게 될 때 우리의 업적은 전혀 남아있지 않을 것입니다.

가르치는 사람들은 말씀을 듣고 진리를 분변하기 위하여 스스로 성경을 샅샅이 살펴보는 베뢰아 사람들의 고상한 정신을 항상 진작시켜야 합니다. 추종자들의 맹신을 요구하는 지도자에게는 눈먼 추종자들만이 남게 될 뿐입니다. 참된 믿음은 눈을 멀게 하지 않습니다. 참된 믿음은 진리를 조명시켜 주고 이해시켜 주는 바로 그 근본입니다.

말씀을 이해하지 못하는 사람들은 말씀을 도적질 당하게 될 것입니다. 사람들의 도전은 말씀을 진지하게 대한다는 증거인 것을 알기 때문에, 참된 영적 권위를 가진 사람들은 사람들의 도전을 두려워하지 않고 오히려 감사하게 생각합니다. 실제로는 말씀에 무관심한 사람들만이 자기들이 받는 가르침에 대해 결코 따져보지 않습니다.

다시 말씀드리지만, 참된 기독교는 그저 진리를 정확하게 파헤치는 능력이나 성서의 권면에 맞게 잘 행동하는 것에 달려 있지 않습니다. 참된 기독교는 다름 아닌 그리스도와의 연합에 있습니다. 이런 연합은 우리의 생각 속에서가 아니라 우리의 마음속에서 이루어집니다. 이것은 "여러분 안에 계신 그리스도로서 곧 영광의 소망"입니다(골 1:27). 오직 진리가 우리의 마음에 와 닿을 때만이 이런 연합이 우리의 생명이 됩니다. 요즈음에는 진리를 소유한 사람들이 아니고 진리를 사랑하는 사람이라야 거짓으로부터 보호를 받게 됩니다. 진리가 우리의 마음에 와 닿을 때만이 우리는 진리를 사랑하게 됩니다.

두 번째 시련. 씨앗이 당하는 그 다음의 큰 시련은 얄팍함입니다. 어떤 사람들은 큰 기쁨으로 말씀을 받았으면서도, 말씀 때문에 고난이나 박해가 일어나면 즉시 그 받은 바를 포기해 버립니다.

근대 기독교가 끼친 해악 중의 하나는 가장 빨리 성장하는 것을 아주 높게 평가해 버리는 경향을 보여온 점입니다. 씨 뿌리는 자의 비유를 통해서 주님께서 우리에게 경고하시는 일들이 종종 이런 것들입니다. 어떤 씨앗은 뿌리가 작거나 깊지 못해서 빨리 싹이 틉니다. 큰 형태로 성장하는 것이나 빨리 성장하는 것이 반드시 하나님이 인정하시는 사항은 아닙니다. 어떤 일의 수명이 오래 가려면, 가지를 빨리 뻗어낸다고 해서 다 된 것이 아니라, 그 뿌리를 깊이 내리기 위해 꾸준히 노력해야 되는 것입니다. 기초가 부실하면 나머지 건물이 아무리 튼튼하게 지어진다고 해도, 붕괴의 위험이 있기 때문에 의미가 없습니다. 건물이 더 크면 클수록 기초를 내리누르는 압력도 더 증가될 것이기 때문에, 그 위험도 그만큼 더 커지게 됩니다.

우리는 "의의 참나무" 라고 불려지고 있습니다(사 61:3). 이러한 비유가 아주 적절한 것은 하나님이 우리 안에서 빚고 싶어 하시는 인격적인 특성과 정확한 관련을 맺고 있기 때문입니다. 건강한 참나무라면, 최소한 주변에 나뭇가지를 펼치고 있는 땅 넓이만큼의 뿌리 체계를 가지고 있습니다. 참나무의 경우처럼, 우리도 우리 뿌리 체계의 한계를 벗어날 정도로 우리의 가지(=우리의 손을 뻗은 거리)를 펼쳐서는 안될 것입니다. 우리가 이 한계를 벗어난다면, 참나무의 경우처럼 폭풍이나 강풍이 오면 넘어지게 될 위험에 처하게 될 것입니다.

참나무에는 신자에게 적용될 수 있는 또 하나의 특성이 있습니다. 실제로 참나무는 건기(乾期)에 더 튼튼해 집니다. 보통의 여름 날, 장성한 참나무는 증산작용이라 불리는 일련의 과정을 통하여 대기 가운데로 약 사십 갤론의 수분을 방출합니다. 그러나 가뭄이 들면, 참나무는 대기 속으로 수분을 방출하는 것을 멈추고, 수분을 뿌리로 내려 보내어 뿌리를 땅 속

더 깊숙한 곳까지 자라게 하여, 더 깊은 땅 속의 수분을 찾게 만듭니다.

우리는 메마르고 힘든 시절을 한탄하지 말아야 합니다. 이로 인하여 우리의 선(善)이 이루어지게 되기 때문입니다. 참나무처럼, 우리는 더 깊은 물을 발견할 수 있는 유인책으로 이를 삼아야 합니다. 하나님은 우리 각자에게 결코 마르지 않을 생수의 샘물을 공급해 주셨습니다. 이 샘에 나아가는 방법을 익히게 된다면, 우리의 삶은 결코 메마르지 않을 것입니다.

예수님께서는 "나를 믿는 자는 성경에 이름과 같이 그 배에서 생수의 강이 흘러나리라"고 말씀하셨습니다(요 7:38). 우리가 메마르게 되는 것은 너무 얄팍한 토대위에 거하고 있기 때문입니다. 메마른 모든 시절의 의미는 결코 마르지 않는 '근원'을 발견하는 계기가 되도록 우리를 도와준다는데 있습니다.

세 번째 시련. 이 세상의 근심과 염려가 세 번째 시련입니다. 흔들리지 않는 하나님의 나라는 "이 세상에 속하지 않았습니다(요 18:36)." 우리가 그리스도 안에 있으면, 이 세상을 향하여 우리는 죽게 되어 있습니다. 우리가 이 세상을 향하여 죽어버렸다면, 세상이 우리에게 할 수 있는 일이 무엇이겠습니까? 죽은 사람은 두려워할 수도, 화를 낼 수도, 거절감을 느낄 수도 없습니다. 죽은 사람은 이 세상의 일들을 바랄 수도, 탐낼 수도 없으며, 따라서 이것들을 얻든지 잃든지 간에 여기에 과도하게 신경쓸 수도 없습니다.

누가복음 14:33에서 주 예수님은 몸소 분명하게, "너희 중에 누구든지 자기의 모든 소유를 버리지 아니하면 능히 내 제자가 되지 못하리라"고 말씀하셨습니다. 이 말씀의 의미가 우리가 주님을 따르려면 우리의 소유를 다 팔아야 한다는 것이겠습니까? 반드시 그럴 필요는 없습니다. 주님께서 이 땅에 계실 때 주님을 따르던 모든 사람에게 글자 그대로 이렇게 요구한 것은 아니었기에, 오늘 날 문자적으로 우리가 우리 모두에게 이렇게 요구할 필요는 없습니다. 그러나 예수님 당시에 글자 그대로 이런 일을 요구받은 사람들이 더러 있었으며, 오늘 날에도 주님을 따르는 몇몇의 사람들에게는 이런 일이 요구되어질 것입니다. 이러한 요구가 문자적이든지 영적이든지 간에, 우리의 '모든' 소유에 영향이 미치게 될 것을 우리는 압니다.

'자기의 모든 소유'를 포기하지 않으면 '아무도' 주님의 제자가 될 수 없음을 주님은 분명히 말씀하셨습니다. 어떤 사람들의 경우에, 젊은 부자 관원처럼 이러한 요구가 문자적으로 이루어질 수도 있습니다. 또 다른 사람들의 경우에는, 무엇을 얻든지 못 얻든지 간에, 이러한 소유에 의해서 우리가 영향받지 않도록, 우리의 소유에 대한 우리의 집착으로부터 철저히 분리되도록 요구받을 수도 있습니다. 우리가 진정한 제자가 되려면 물질로부터의 분리를 이룩해야 합니다. 우리의 보물 있는 그 곳에, 우리의 마음도 있습니다(마 6:21). 우리의 믿음은 바로 마음에서 이루어집니다. 사도 바울은 디모데에게 보내는 자신의 편지에서 다음과 같이 우리를 경계하고 있습니다.

> 그러나 지족하는 마음이 있으면 경건이 큰 이익이 되느니라. 우리가 세상에 아무 것도 가지고 온 것이 없으매, 또한 아무 것도 가지고 가지 못하리니, 우리가 먹을 것과 입을 것이 있은즉, 족한 줄로 알 것이니라. 부하려 하는 자들은 시험과 올무와 여러가지 어리석고 해로운 정욕에 떨어지나니, 곧 사람으로 침륜과 멸망에 빠지게 하는 것이라. 돈을 사랑함이 일만 악의 뿌리

가 되나니, 이것을 사모하는 자들이 미혹을 받아 믿음에서 떠나 많은 근심
으로써 자기를 찔렀도다. 오직 너 하나님의 사람아, 이것들을 피하고, 의와
경건과 믿음과 사랑과 인내와 온유를 좇으며, 믿음의 선한 싸움을 싸우라.
영생을 취하라 (딤전 6:6-12)

　마음으로가 아니라 머리로만 믿을 때, 우리는 물질에 얽매이게 되는 것을 알 수 있습니다. 우리의 마음으로 믿을 때, 일시적인 것들보다 영원한 것들을 더 실제적으로 느끼게 됩니다. 일시적인 것들 때문에 우리가 더 이상 멍에를 멜 수는 없습니다. 우리의 보물이 실제로 하늘에 있다면 우리의 마음도 그 곳에 있게 될 것입니다.

　그런데 이 세상의 근심과 염려가 모두 다 물질적인 소유와 관계된 것은 아닙니다. 그 중 일부는 사람들의 칭찬을 구하는 답답한 노예 상태에 기인하기도 합니다. 이런 경우에도 일시적인 것이 영원한 것을 누르고 우세를 보이게 됩니다. 예수님은 "너희가 서로 영광을 취하고 유일하신 하나님께로부터 오는 영광은 구하지 아니하니 어찌 나를 믿을 수 있느냐?"라고 물으셨습니다(요 5:44). 아무리 영적인 사람이라 할지라도 "그리스도께 헌신하는 단순함"(고후 11:3)을 고수하지 않고 사람의 영광과 인정을 구하게 되면, 비통함을 가져다주는 믿음의 원수가 되어 버립니다.

　하늘에 계신 우리 아버지와의 은밀한 관계를 계발하는 것이야 말로, 믿음을 키우기 위해 우리가 할 수 있는, 보다 적극적인 일들 중 하나입니다. 주님은 우리에게 은밀한 가운데 구제하고 은밀한 가운데 기도하라고 말씀하셨습니다. 우리가 사람의 인정을 받기 위하여 일하게 되면, 그 결과로 얻게 될 일시적이고 덧없는 인정 때문에, 우리는 해당되는 상급을

모두 다 받은 셈이 됩니다. 우리가 오직 아버지 앞에서 일을 하게 되면, 하늘에 우리의 보물이 쌓이게 됩니다. "네 보물 있는 그 곳에는 네 마음도 있느니라(마 6:21)." 하늘에 우리의 보물이 쌓여지고 있는 만큼, 장차 사라지게 될 모든 일들로 인하여 삶을 허비하지 않고, 우리는 영원한 일들을 위해 그 만큼 더 많은 주의를 기울이게 될 것입니다.

믿음의 결핍은 기본적으로 세상 것들에 대한 근심과 염려에 기인한 경우가 종종 있습니다. 이러한 일은 바람직하지 않을 뿐 아니라, 그리스도의 참된 제자라면 받아들일 수 없는 것입니다. 우리의 보물이 그리스도와 함께 하늘에 있다면 우리의 마음도 그분과 함께 그 곳에 있을 것입니다. 그렇게 되면, 우리 마음이 옥토 밭이 되어, 어떤 이는 삼십 배로, 다른 이는 육십 배로, 또 다른 이는 백배로 참된 믿음의 열매를 맺게 될 것입니다. 겨자 씨 같이 조그만 믿음만 있어도 산을 옮길 수 있다고 주님은 말씀하셨습니다. 겨자씨는 우리가 가진 씨앗 중에서 가장 작은 씨앗일지 모르지만, 하나님께 드려지게 되면 놀라운 결과를 가져올 수 있습니다.

비록 한 끼의 식사량에도 거의 미치지 못하였지만, 엘리야는 과부에게, 그녀가 가진 음식과 기름을 모두 내어 놓으라고 요구했습니다. 그녀가 그에게 그것을 모두 주게 되자, 그녀의 음식이 결코 떨어지지 않게 되었습니다. 그녀가 자기에게 있는 조그마한 음식 조각을 아꼈었다면, 그녀는 굶어 죽었을 것이 거의 확실합니다. 그녀의 조그마한 음식 조각이 하나님께 드려지자, 무한한 공급원이 되어버린 것입니다. 우리의 삶도 마치 이와 같습니다. 영원에 비하면 우리는 안개와 같습니다. 모든 것을 하나님께 드려서 하나님이 그것을 처리하실 수 있게 해보시지 않겠습니까? 그렇게 하다보면, 우리는 영원을 접촉할 수 있는 장소로 스스로 나아가게 될 것입니다.

Chapter 22

성경 해석상의 기본 원칙들
Fundamentals of Bible Interpretation

본장에서는 올바른 성경 해석에 대한 기본적인 원칙들을 다루고자 합니다. 그러고나서 성경 해석에 있어서 가장 기본적이면서도 서로 상반되는 두 가지 해석법에 대해서 각각의 장점과 단점을 곁들여 잠깐 살펴보고자 합니다.

올바른 성경 해석의 첫 번째 원칙은, 성경이 교훈과 책망과 바르게 함과 의로 교육하기에 유익한 최종적인 권위를 갖고 있다는 사실과, 이러한 성경이 하나님의 사람으로 온전케 하며 모든 선한 일을 행하기에 온전케 한다는 사실을 이해하는 것입니다(딤후 3:16-17). 성경에 접근하는 우리의 자세까지도 성경이 말씀하고 있는 성경관에 의해 결정되어야 합니다. 올바른 성경해석의 유일한 방법론은 성경의 저자들이 성경의 다른 구절들을 언급할 때 사용하고 있는 원칙을 사용하는 것입니다.

성경에 최종적인 권위가 있다고 주장하는 입장은 종종, "아닙니다, 예수님이 교회의 머리이시기 때문에 예수님께 최종적인 권위가 있습니다"는 주장에 의해 저항을 받게 됩니다. 그러나 예수님 자신도 자신의 행동과 가르침의 근거를 찾기 위해 성경의 권위에 반복적으로 의지하셨습니다. 사단 혹은 대적하는 사람들의 도전에 직면했을 때, 예수님은 "나는 하나님의 아들이다. 나는 내 자신의 권위로 이런 일들을 하고 있다"고 대답하셨을 수도 있습니다. 그러나 예수님은 언제나 "기록되었으되"라는 말씀 위에 예수님 자신의 입장이 근거하고 있음을 유의하여 말씀하셨습니다. 예수님께서 성경에 이렇게 전념하셨다면 우리도 훨씬 더 많이 성경에 전념해야 될 것입니다.

성경은 무엇을 말씀하고 있습니까?
What Does the Bible Say?

진리와 명철을 진지하게 추구하는 사람이라면, 성경 속에 교리에 대한 최종적인 권위가 들어 있다는 사실에 대해 시비를 걸 사람은 거의 없습니다. '성경은 실제로 무엇을 말씀하고 있습니까? 와 같은 소위 '심오한 질문' 이 아니라면, '성경이 말씀하신다' 는 말씀은 모든 의문점에 종지부를 찍게 됩니다. 다양한 성경 해석 학파들은 이 점에 있어서 서로 충돌하는 경우가 종종 있습니다.

동일한 성경 해석 학파 안에서도, 어떤 구절 하나에 대한 해석에 있어 수많은 다양한 의견이 나올 수 있습니다. 이와 같이 서로 다른 방법론과 결론을 대부분 이해하고 평가할 수 있는 '좌표'를 적어도 갖기 위해서는 성경 해석에 있어서 극단적인 두 학파 간의 차이점을 우리가 이해하고 있어야 합니다.

해석학을 연구함에 있어서 우리의 일차적인 목표는 진리의 말씀을 옳게 분변할 수 있다는 것입니다(딤후 2:15). 우리가 성경 말씀을 삶 속에서 실천하고 가르치려면 성경이 무엇을 말씀하고 있는지를 먼저 정확하게 파악하고 있어야 합니다. 그 다음 부차적인 목표는, 성숙의 과정 속에 있는 성도나, 급부상하고 있는 사역자들, 그리고 그리스도의 몸 안에서 지도자적인 위치에 있는 사람들로 하여금, 이들이 불가피하게 직면할 수밖에 없는, 혼란스러운 수많은 가르침이나 파괴적인 이단들에 대해서 그 근본적인 원인을 이해할 수 있게 하는 것입니다. 거짓된 가르침의 근본적인 원인을 이해하지 못하면 이것들과 싸우는 우리의 권능이 제한을 받게 될 것입니다.

해석학의 체계에 있어서 가장 극단적인 두 가지 이론의 가치를 평가하려면, 우리는 두 극단적인 체계를 너무 일반화시켜서도 안되고, 우리가 극단적인 입장이라고 분류해 놓은 가르침의 일부를 다른 사람들이 사용할지도 모른다는 이유 때문에 이들을 '극단적'이라고 판단해서도 안됩니다. 대다수의 선생이나 사역자, 그리고 신자들은, 성경을 접근함에 있어서 이 양극단 사이의 어디엔가 위치해 있습니다. 이 두 가지 입장에는 각각의 장점이 있고, 성경을 기록한 저자들도 이 두 가지 방법을 사용했었기 때문에, 대부분의 성경 연구가들은 알든지 모르든지 간에 이 두 가지 입장을 조금씩 다 취하고 있습니다.

이러한 두 가지 접근법의 가치를 평가하는 목적은 귀중한 것을 찾아서 활용하고, 장애물을 피하기 위한 것입니다. 이러한 극단적인 입장 중 어느 한쪽의 가르침을 지지하는 사람들 사이에서도 각 성경 구절의 해석에 있어서 도출해 낸 그 결론이 서로 동일하지 않다는 점을 우리는 알고 있어야 합니다.

문자적 해석법
The Literal Method of Interpretation

문자적 해석법은 대부분 극보수적인 복음주의 학파에서 받아들여지고 있는 견해입니다. 이 대목에서 극보수주의 진영과 단순 보수주의 진영 사이의 차이점을 알아볼 필요가 있습니다. 보수주의자들은 성경의 영감설과 무오설을 전심으로 믿지만, 성경 해석에 있어서는 보다 자유로운 입장을 취합니다.

극보수주의자들이 자유주의라고 생각하는 진영에 속한 사람들 대부분이 사실은 보수주의자인 점 또한 눈여겨 봐야 합니다. 보수주의자들은 성경의 영감설과 무오설을 신봉하면서, 또 성경 해석의 기본적인 방법으로서 문자적 해석법을 따르고 있습니다. 그러나 이러한 보수주의자들은 독특한 해석법이 필요한 것처럼 보이면, 자유롭게 다른 해석법을 활용하기도 합니다.

진짜 자유주의자들은 성경 무오설이나 영감설을 믿지 않습니다. 제가 극보수주의자라는 용어를 쓰는 이유가 바로 여기에 있습니다. 저는 제대로 된 보수주의자들을 지지하고 싶지만, 이들이 더욱 극단으로 흐르면 제게는 맞지 않습니다.

완전한 문자적인 해석법의 기본적인 신조는 "성경이 영감에 의해 기록되었다고 하여 해석 자체가 불필요하다는 말은 아니며, 어떠한 성경 구절도 성경 원문의 해석을 통하지 않고는 우리에게 그 의미를 보여줄 수 없다"란 말로 요약될 수 있습니다. 이러한 말은 안전하고 실질적인 것으로 들리는데, 이러한 방법은 성경을 안전하고 실질적으로 이해할 수 있는 좋은 시작점이 될 수 있습니다. 그럼에도 불구하고 분명한 것은 성경 스스로가 이러한 원칙을 반복해서 위반하고 있다는 점입니다. 성경의 일부 저자들이 성경의 다른 구절을 해석함에 있어서 종종 이런 원칙을 벗어나기도 합니다. 또 해당 구절이 분명히 비유로 표현되어 있으면, 문자적인 해석법을 통해서는 어떠한 적절한 해석도 나올 수가 없습니다.

예를 들어, 갈라디아서 4:21-31에서 바울이 "이 두 여자들('사라'와 '하갈')은 두 언약이라"고(24절) 비유로 표현한 대목을 생각해 보십시다. 이 구절은 성경 해석에 있어서 비유나 신화를 거부하는 극보수주의자들에게 커다란 가시가 되어 왔습니다.

이외에도, 성경이 그 의미를 갖기 위해서는 비유로 해석되어져야 될 구절들이 많이 있습니다. "하나님의 어린 양"이라고 불리우신 예수님을 생각해 보십시다. 어린 양으로서의 예수님의 역할을 이해하지 않고서는 사람이 되신 예수님의 목적을 다 이해할 수 없지만, 이러한 칭호가 문자적인 뜻으로 쓰여지지 않은 것은 확실합니다. 우리는 또 예수님을 언급할 때 대제사장, 즉 "다윗 왕의 보좌"에 앉아계시는 "멜기세덱의 반차를 좇는 영원한 제사장"으로 표현하기도 합니다만, 이 외에도 비슷한 예는 수없이 많습니다.

문자적 해석법을 활용하지 않으면 그 결과로 혼란과 조롱을 함께 겪게 될 것입니다. 예수님이 문자 그대로 양과 염소를 심판하러 다시 오신다거나, 아니면 풀이 지옥에 갈 것이라는 말을 우리는 믿어야 합니다. 이러한 오류를 벗어날 수 있는 유일한 방법은 '해당 성경 구절을 기록한 저자가 말하고자 하는 뜻'에 의거하여 해석해 내는 방법입니다. 이러한 방법은 유용하긴 하지만, 단순히 저자의 의도를 해석해 냄에 있어서는 여전히 상당히 다양한 의견이 받아들여지고 있습니다. 성경의 저자 자신들도 자기들이 기록하고 있는 말씀을 항상 알고 있거나 이해하고 있었던 것은 아니었습니다.

Chapter 23

23장

영적인 법칙들에 있는 보편적인 문제점들

The Universal Problem with Spiritual Principles

어떤 영적인 법칙들이 모든 상황에 다 적용되지 않는다고 해서 그 용도가 폐기되는 것은 아닙니다. 우리의 기본적인 법칙에 문제가 생긴다고 해서 다른 극단으로 치우치지 않도록 우리는 조심해야 합니다. 법칙은 언제나 일관성이 있어야 하고 예외가 있어서는 안된다고 생각하는 경향이 우리에게 있습니다. 모든 법칙에는 약간의 예외가 있는 것이 정설입니다.

진리를 아는 지식에 이르려면 우리가 가장 소중하게 여기는 법칙들을 가끔은 수정하거나 심지어 변경하기도 해야 한다는 것을 깨닫는 겸손이 필요합니다. 성서 해석에는 어떠한 절대적인 법칙도 존재하지 않는다고 주장하거나, 이러한 주장은 바로 주님의 계획에 따른 것이라는 논리에는 논쟁의 여지가 남아 있습니다. 주님은 자기 백성들이 법칙에만 의존하여 성서를 이해하는 것을 원하시지 않습니다. 주님은 자기 백성들이 자신을 의지함으로써 진리를 아는 지식에 이르기를 원하십니다. 그렇다고 해서, 법칙 고유의 유용성이 없어지는 것은 아닙니다. 우리는 단지 법칙의 한계를 인식하고 있으면 됩니다.

가장 훌륭하고 가장 일관성이 있는 성서 해석의 법칙에도 한계가 있다는 사실을 깨닫게 되면 교회는 율법주의의 무서운 중압감에서 해방되게 됩니다. 우리가 진리를 받아들이려면, 성령께서 우리를 인도하셔야 합니다. 우리로 하여금 생명의 길로 인도하는 광범위한 구역 안에 거할 수 있도록 도와주는 법칙들이 있는 것은 사실이지만, 이 법칙들이 성서적인 근거를 아무리 잘 갖추고 있는 것처럼 보여도, 우리가 이런 법칙들만을 의존하게 되면, 성령의 음성을 들을 수 있는 장소로부터 우리는 이미 떠나있게 됩니다.

지난 몇년 동안, 저는 성서 해석학에 대한 책들을 적어도 일 년에 한두 권씩 읽으려고 노력해 왔습니다. 그런데, 이 모든 책들은 진리를 추구함에 있어서 단지 말로만 성령의 인도를 받아야 한다고 얘기하고 있습니다. 이런 책들이 선전하고 있는 방법론을 보면 성령의 인도함을 받을 수 있는 여지를 남겨두지 않는 것이 보통입니다. 반대로, 이런 책들에 소개된 수많은 법칙들은 실제로 성경 해석에 있어서 주님의 음성을 듣는 신자들의 능력을 소멸시키는데 쓰여지고 있습니다.

성서 해석학에 대한 모든 책들을 제가 다 읽은 것은 아니기 때문에, 나머지 모든 책의 내용도 이럴 것이라고 저는 단정하지 않습니다. 그러나 제가 읽은 책들 가운데 이러한 내용이 압도적으로 많긴 해도, 저는 이런 책들을 읽음으로써 여전히 유익을 얻고 있습니다. 이런 고기를 먹을 때면, 뼈다귀들을 조심해야 하는데, 특히 조심해야 될 큰 뼈다귀들이 조금 있습니다.

함정을 피하려고 하면 그 함정은 더욱 커집니다
Trying to Avoid Traps, They Make Bigger Ones

문자적 해석을 신봉하는 학파에 속한 사람들 중의 일부는 누가 보기에도 명백한 성경상의 비유를 다루는 문제에 대한 접근법으로서, '성경을 기록한 사람들에게만 그 비유를 해석할 수 있는 권위가 주어져 있다'는 부차적인 법칙을 만들어 놓았습니다. 이런 법칙을 주장하는 것조차도, 성경은 비유가 아니며, 언제나 문자적으로 이해해야 한다는 이들 학파의 기본적인 명제에 모순을 일으키고 있습니다. 더군다나, 성경을 기록할 수 있는 권위를 가진 사람들만에게만 그 비유를 해석할 수 있는 권위를 허락할 수 있다는 이들 학파의 명제는 훨씬 더 위험한 가정에 이를 수 있는 또 다른 문을 열어 놓고 있습니다.

다니엘은 그가 받은 말씀을 마지막 때까지 잘 감추어 두고 그 책을 봉함하라는 명령을 받았습니다(단 12:4). 다니엘에게 보여진 계시의 일부분에 따르면 그가 본 것이 비유였음이 확인되어 집니다. 예를 들어, "네가 본 바 두 뿔 가진 수양은 곧 메대와 바사 왕들이요"(단 8:20), 네 짐승은 "장차 세상에 일어날 네 왕이라(단 7:17)"고 되어있습니다. 성경을 기록한 사람들에게만 그 비유를 해석할 수 있는 권위가 주어져 있다면, 아직까지 다니엘이 해석하지 못한 많은 부분들에 대해서는 누가 해석할 수 있겠습니까? 다니엘의 대부분은 여전히 신비에 싸여 있습니다. 이뿐 아니라 여러 가지 비유가 언급된 내용을 담고 있는 계시록과 같은 여타의 모든 예언서에 대해서는 누가 해석할 수 있겠습니까?

사도들은 우리를 위해 이런 예언들을 해석해 놓지 않았습니다. 하나님은 그저 우리의 애를 먹이시려고 이런 비유를 주셨습니까? 절대로 그렇지 않습니다! 명쾌한 해석을 내놓을 수 있는 사람이 있을 때, 그 사람에게만 성경을 기록할 수 있는 권위가 부여되는 것입니까? 물론, 그렇지 않습니다! 성서 해석에 있어서 안전을 기하기 위해 계발된 수많은 법칙들이 문제를 훨씬 더 악화시키는 문호를 개방해 주고 있습니다.

성서 해석의 모든 법칙 속에는 쉽게 눈에 띄는 몇 가지 모순점들이 있습니다. 수많은 정직한 신학자들이 이런 사실을 인정하고 있습니다. 모든 규칙에는 예외가 있는 것처럼 보이지만, 그렇다고 해서 자동적으로 그 규칙 자체의 유용성까지 없어지는 것은 아닙니다. 규칙 자체를 모두 배제해 버리는 사람들이야말로 모든 이단 중에서도 가장 유해한 몇몇 이단에 빠지게 됩니다. 이들은 율법주의로부터 자유를 추구하다가 성서의 율법무용론에 빠지게 됩니다.

적절한 규제가 주는 역할은 기차의 철로가 주는 역할과 비슷합니다. 이 두 가지는 가고 싶은 곳이라면 어느 곳이든지 무작정 가는 것을 억제하는 역할을 합니다. 적절한 규제가 없다면, 결국에는 움직임 자체가 사라지게 될 것입니다! 기차를 구속하는 철로는 또 그 지어진 본래의 목적에 맞도록 기차로 하여금 신뢰를 바탕으로 자유롭게 속도를 내어 달리게 합니다. 성서 해석에 있어서 적절한 규제는 사람들로 하여금 파멸을 가져오는 실수에 빠질 염려 없이, 자유롭게 성경을 탐험하고 진리에 이를 수 있게 해줍니다.

 문자적 해석법은 적절한 성경 해석의 기본으로써, 성경이 성경을 해석할 때 가장 많이 쓰고 있는 방법입니다. 그렇다고 해서, 문자적 해석법만이 유일한 방법이라는 의미는 결코 아닙니다. 극단적인 견해를 갖게 되면 불가피하게 모순과 역과민반응에 빠지게 됩니다. 이러한 견해를 갖고 있는 수많은 사람들이 탄력적인 사고를 조금이라도 접하게 되었다면, 극단으로 흐르지는 않았을 것입니다. 보수적이고 복음적인 성서해석학의 발달을 통하여 수많은 성서해석의 탁월한 법칙들이 계발되었습니다. 이런 방법론으로부터 파괴적이고 반동적인 요소를 배제하고 좋은 요소를 선택하는 것이 우리에게 필요합니다.

반동(反動)의 위험
The Danger from Reactionaries

 문자적인 성서 해석법과 극단적 반대를 이루는 견해를 우리는 비유적 해석법이라고 부릅니다. 의심할 여지없이 성경의 많은 부분은 비유로 되어 있기 때문에, 성경을 제대로 이해하기 위해서는 때때로 비유적 해석법이 활용되어야 합니다.

 그러나 성경 해석의 기본적 방법으로서 비유적 해석방식을 활용할 경우, 원래의 의도와는 달리 더 많은 부분의 성경을 비유적으로 이해하려 하는 성향에 빠지게 됩니다. 성경을 비유적인 시각으로 먼저 바라보게 되면, 믿음의 주요 근간이 되는 교리들이 약화될 위험성이 있습니다. 이러한 방식은 보통 미리 결정된 견해나 교리를 정당화할 목적으로 산발적으로 언급된 구문이나 구절을 임의로 해석해 버리는 '자유 연상법'에 빠지는 결과를 낳게 됩니다.

비유적인 해석법은 그 스스로의 논리적 귀결상, 파괴적인 이단으로 그 끝을 맺는 경우가 잦습니다. 그렇다고 해서, 과민 반응을 보이면서 이 방법 전체를 거절하는 것도 문제가 있습니다. 우리가 이 방식을 폐기해 버리면, 배의 한쪽 면에서 떨어지는 것은 막을 수 있을지 모르나, 반면에 배의 다른쪽 면에서 우리는 떨어지게 됩니다. 극단적인 양 진영의 견해에 반동하게 되면 성경을 왜곡하는 길로 나아가게 됩니다.

전술한 바와 같이, 새 포도주는 신축성이 있고 잘 늘어나는 새 가죽부대를 필요로 합니다. 극보수적인 복음주의 학파의 성경 해석학은 성경을 존중하고 공경하는 확고한 의지를 지닌 지지자들로 인하여 치명적이고 침투력이 강한 휴머니즘의 한 형태로 나아가게 됩니다. 이러한 휴머니즘은 실제로 하나님을 대체해 버릴 수 있습니다. 인간, 즉 과학적인 인간이 성장하여 성경의 해석자가 되었다고 합시다. 그러면 과거에 하나님이 우리 사이에 오셔서 사셨을 때, 인간이 하나님 자신의 모든 움직임을 방해하려고 했던 것처럼, 그 결과로 하나님의 새로운 모든 운동을 방해하는 경직된 태도나 '무릎 경련' 식의 편집증이 찾아들 것입니다. "의문은 죽이는 것이요, 영은 살리는 것이라(고후 3:6).:

극단적인 비유 해석법을 사용하는 사람들은 그 치명적인 잠재력 때문에 보통 근대적 형태의 영지주의에 굴복하게 됩니다. 이들은 보통 오직 소수의 선구자들만이 감추어진 성경의 참된 의미를 이해할 수 있다는 믿음을 지속적으로 갖고 있습니다. 보통 이로 인하여 교만이라는 가장 치명적인 형태 중의 하나가 횡행하게 됩니다.

사람들이 한 가지의 성경 해석 법칙만을 고수하게 되면, 진리를 수용하기 위해서 필요한 주님과의 개인적인 만남으로부터 유리되게 됩니다. 이제는 더이상 법칙만을 고수하지 않는 사람들이 진리로 인도하시는 성령의 능력을 인식하게 될 것입니다. 중세에 라틴어로 된 미사가 신자들로부터 살아있는 말씀을 빼앗아 버렸던 것과 똑같이, 성서해석학에 있어서 보수적이고 복음적인 수많은 법칙들로 인하여 오늘날에도 거의 비슷한 일이 벌어지고 있습니다. 이러한 제도는 신자로 하여금, 제사장으로서 고유한 기술이 있는 '전문가'를 의지하게 만듭니다.

교회가 극보수주의자들의 성경 해석 법칙을 일부 수용했더라면, 사실 가장 파괴적인 이단 중의 일부를 피할 수 있었을 것입니다. 그러나 이렇게 극보수주의자들을 수용하려다가, 교회는 또 주님의 모든 방문을 거의 다 놓치고 있습니다. 똑같은 일이 극보수주의자들의 영적인 조상인 바리새인들에게 일어났었습니다. 교회를 이단으로부터 보호하기 위해 고안된 수많은 치유책들이 근절대상이었던 질병보다 더 많은 해악을 끼치는 것으로 판명되었습니다.

비유에 대한 이해
Understanding Allegory

비유적인 성서 해석법은 기본적으로 성경에 감추어진 더 깊은 의미를 발견하려고 시도합니다. 성경에는 일부 감추어진 의미가 들어 있는 것이 확실합니다. 보다 확실한 이런 사례들 중 일부가 다니엘서나 계시록과 같은 예언서에서 발견되고 있습니다. 히브리서에는 옛 언약의 의식과 경험 중에서 새 언약의 성취를 위한 모형이나 '전형'이 되고 있는 수많은 구절들에 대한 해설이 담겨 있습니다. 간단한 예 하나로, 예수님을 "대제사장"이라고 묘사한 대목을 들 수 있습니다. 또, 예수님을 "우리의 유월절"이나 "광야에서 이스라엘을 따라 다녔던 반석"으로 언급하고 있는 고린도전서나, 우리가 이미 다루었던 말씀인 갈라디아서 4:21-31, 그리고 그 밖에도 신약 성경의 수많은 다른 책들 속에 이러한 예들이 포함되어 있습니다.

수많은 성서 학자들은 전형론을 비유적 해석법과 구분되어지는 별도의 해석법으로 보아 왔습니다. 이렇게 구분되어지는 경우가 있긴 하지만, 성서에서 말하는 전형이란 사실은 비유에 해당됩니다. 전형론은, 비유가 쓰여진 사실을 계속 부인하는 가운데, 성경에서 발견되는 확실한 비유의 사례들을 설명하기 위해 종종 쓰여지고 있습니다. 그러나 비유와 전형 간에는 실제로 아무런 차이가 없다는 논란이 제기되고 있습니다.

비유적인 해석법을 사용하는 수많은 사람들은, 전적으로 성령을 의존하려는 시도를 통하여 성경을 해석할 수 있다고 주장합니다. 이러한 주장의 동기는 확실히 귀중한 면이 있습니다. 문제점은 성령께서 가르치신 것과 사람의 마음속에서 기인한 것, 더 나쁜 경우는 악령이 가르쳐 준 것을 분별해 낼 수 있어야 한다는 데에 있습니다.

주님은 친히, "내 양이 내 목소리를 알아들을 것"이라고 말씀하셨습니다. 주님의 목소리를 분간해 낼 수 있는 능력이야말로 참된 그리스도인의 삶에 있어서 가장 중요한 요소 중의 하나입니다. 그러나 비극적인 것은 성서적인 참된 제자훈련을 통한 준비가 부실하기 때문에, 수년간의 체험을 바탕으로 주님의 음성과 기타 다른 목소리를 분간해내는 경지에

도달한 그리스도인들이 거의 없다는 점입니다. 그런데 대부분의 그리스도인들은 그들의 영적인 삶이 시작될 무렵에 성서해석에 대한 기본적인 교리나 훈련 방식에 대한 틀을 이미 갖추게 됩니다.

선생이란 성서해석의 올바른 원칙을 사용할 줄 아는 사람만을 뜻하지 않습니다. 선생이란 교리를 정확하게 해석해 낼 수 있는 사람만을 뜻하지도 않습니다. 참된 선생이란 스승님이 스승의 교회의 필요를 충족시키기 위해 스승 자신을 드러내시는 그릇으로 쓰여지는 사람을 뜻합니다. 그러나 현대 교회의 교리 형성에 큰 영향을 끼친 선생들 중에서 얼마나 많은 자들이 스승님이신 예수님의 인격과 본성을 참으로 투영해 내고 있는지에 대해 우리는 질문해야 합니다.

이것이 바로 주님께서 장로들을 통하여 교회의 지도자를 삼으신 확실한 이유입니다. 장로란 그저 현명한 사람이라고 해서 되는 것이 아닙니다. 장로는 연세가 지긋한 사람이 되는 것입니다. 교회의 지도자가 되는 사람들에게 연령이 강조되어지는 이유는 연륜을 통하여 드러나는 경험 때문입니다. "오직 경험만이 사람들의 실수를 막아줄 수 있고, 실수를 통해서 사람들은 경험을 얻게 된다"고 누군가 한번 말한 적이 있습니다. 주님은 자신의 어린 양이 자신의 목소리를 알게 될 것이라고 말씀하시지 않았습니다. 주님은 자신의 양-온전히 발육하고 성숙한 사람들, 즉 경험을 가진 사람들이 자신의 목소리를 알게 될 것이라고 말씀하셨습니다.

물론, 단지 육체적으로 나이가 들었다고 해서 지혜와 경험을 보장해 주는 것은 아닙니다. 교회사에 있어서 가장 파괴적인 이단 중의 일부는, 인생의 어느 시점까지 아주 풍성한 삶을 살았던 일부 사람들의 만년에 찾아 들었습니다. 그렇지만 연령과 경험은 우리로 하여금 보통 바른 길에

서서 주님의 음성을 구분할 수 있게 해줍니다. 양이 그 목자의 음성을 아는 이유는 양이 목자와 함께 더 많은 시간을 보냈기 때문입니다.

더 확실한 기초
More Sure Foundations

바울은 "그리고, 맡은 자들에게 구할 것은 충성이니라"고 설명하고 있습니다(고전 4:2). 신뢰성이 입증된 사람이나 "신뢰할만하다"고 판명된 사람들만을 우리가 받아 들여야 한다고 주님은 규정하셨습니다. 예레미야는, "누가 여호와의 회의에 참여하여 그 말을 알아들었으며, 누가 귀를 기울여 그 말을 들었느뇨?"라고 물었습니다(렘 23:18). 여기서 "참여하여"라는 단어는, 주님의 말씀을 들어야 하고, 또 주님의 말씀을 보아야 하는 필요성 때문에, 주님께 오랫동안 충성하였음을 암시해 주는 말입니다.

무슨 권세로 그런 역사를 베푸셨는지에 대해 질문을 받으신 예수님은 질문자에게 다음과 같은 역질문을 통해서 답변하셨습니다. "요한의 세례가 하늘로서냐, 사람에게로서냐?(막 11:30)." 예수님의 의도는 이들의 질문을 비껴가려는 것이 아니었습니다. 예수님 자신의 질문에 대한 답이 그들의 질문에 대한 답이었던 것입니다. 예수님은 하나님의 아들이시고 바로 우주의 창조주이시지만, 예수님은 자신에 대한 사람들의 신임을 얻고 계셨을 뿐아니라, 그러한 신임에 대해 묻기도 하셨습니다. 인류의 구속자로서 예수님은 '사람의 아들'로 오셔야 했기 때문에, 이 점은 중요합니다.

세례 요한은 율법과 선지자로 된, 옛 의례에 속한 마지막 사람이자 대표자였습니다. 하나님과 동행한 사람들은 맨 처음부터 메시야의 도래를 예언했습니다. 요한은 이들 모두를 대표하면서, 이들 모두가 말하고 있는 분을 지목하기 위하여 태어난 사람이었습니다. 어떤 의미에 있어서, 이들 모두는 주님의 길을 예비하였으며, 주님을 대망하는 가운데 사람들에게 세례를 베풀었습니다. 예수님은 요한을 '옛 의례'에 속한 자라고 경멸하지 않으셨습니다. 예수님은 요한에게 세례를 받으심으로써 요한과 요한이 대표한 사람들을 다 존중해 주셨습니다. 이 때 예수님은 자신의 사역을 베푸셨던 그 권세로서 이 세례를 인정하셨습니다.

주님 자신의 삶과 행동은 그리스도인의 가장 기본적인 교리가 됩니다. 우리보다 앞서가신 선배들께 우리 자신을 헌신함에 있어서 우리는 주님의 모범을 따라야 하지 않겠습니까? 우리보다 앞서가신 선배들의 가르침과 사역에 우리 자신을 몰입하지 않는다면, 우리의 영적인 권위는 아무리 잘해도 한계 속에 있을 것입니다.

이 말은 전세대의 영적인 가르침과 실천사항 모두를 전적으로 받아들여야 한다는 뜻이 아닙니다. 세례 요한은 완벽한 사람이 아니었으며, 확실히 주님을 충분히 이해하지도 못했습니다. 예수님께 세례를 베풀고 난 이후에도, 그는 나중에 예수님이 자기가 고대하던 그분이신지에 대해 물었습니다. 그럼에도 불구하고, 우리가 전진하기에 앞서 우리보다 앞서가신 선배들께 먼저 순종하도록 하나님은 규정하셨습니다. 이렇게 해야, 우리는 뿌리와 안정감, 그리고 튼튼한 기초를 확보한 다음 이를 안전하게 구축해 놓고, 성경에 담긴 진리에 대한 완전한 계시를 추구하기 위하여 계속 앞으로 나아갈 수 있게 됩니다.

우리가 마틴 루터의 가르침을 되돌아보면, 고풍스러울 정도로 기본적인 사항들로 구성된 것처럼 보일지 모릅니다. 오늘날의 관점에서 관찰하고 이해한다면, 그의 가르침들 중의 더러는 정말 그렇기도 합니다. 그의 가르침들 중의 더러는 오류를 담고 있어서, 그 결과 유대인 박해에 대한 신학적 근거를 나찌당에게 제공하기까지 하였습니다. 그러나 루터는 그 당시의 참담한 어두움에 대조되는 크나큰 빛으로 서있던 자였습니다. 그가 가지고 있던 빛으로 인해 그가 이룩해 놓은 업적은 여태껏 그 유례를 찾아볼 수 없으며, 교회사에 있어서 그보다 더 큰 예언적인 목소리가 일어났던 적도 없습니다.

 마르틴 루터에게는 후세 사람들과 같은 성경에 대한 폭넓은 이해가 없었을지 모르지만, 후세 사람들이 더 큰 빛을 얻을 수 있도록 그가 길을 닦아 놓았습니다. 또 수많은 다른 사람들이 오늘날 우리가 이해하고 있는 성경의 깊이를 가능하게 하기 위하여 길을 닦아 놓았습니다. 주님께서 요한을 귀중히 여기셨던 것처럼, 우리는 가능한 모든 방법을 다 동원하여 이들을 귀중히 여겨야 합니다. 이들이 길을 닦아놓은 방법을 우리가 인식하다 보면, 펼쳐지는 하나님의 계획을 우리는 계속해서 분명하게 알게 될 것입니다. 이러다 보면, 우리가 현재 서있고, 장차 나아가야 될, 더 큰 확신의 터가 우리에게 주어질 것입니다.

Chapter 24

24장

현대 교회의 커다란 약점

A Great Weakness of the Modern Church

현대 교회를 쇠약하게 만드는 심각한 약점 중 하나는 역사에 대한 우리의 무지입니다. "역사를 모르는 사람들은 그것을 반복해야 하는 운명에 처해 있다"는 격언이 있습니다. 우리가 이 격언을 교회사에 비추어 조명해 볼 때, 이 격언의 진실성은 제대로 입증됩니다. 모든 영적인 세대는 이전의 것과 똑같은 통상적 실수를 범하는 경향을 보여주고 있습니다. 선배들의 가르침을 거부하게 만드는 교만함에서 우리가 빠져 나올 때까지 이러한 비극적 악순환의 고리는 끊어지지 않을 것입니다.

옛것을 이해한다고 해서 하나님이 원하시는 새로운 것을 받아들이는 데 방해가 되는 것은 아닙니다. 도리어 그렇게 함으로써 우리는 극단에 치우치는 일 없이 새로운 것을 받아들일 수 있는 더 든든한 기초를 보유하게 됩니다. 우리가 새로운 빛을 받아들일 때면, 우리가 이미 알고 있던 시각에서 그 빛을 볼 필요가 있습니다. 이러한 기초위에 서있지 않으면, 새로운 계시는 우리 자신의 편견과 개인적인 약점에 의해 왜곡되게 될 것입니다. 이런 점들이 비유적 성서 해석법의 해악들이었습니다.

가장 색다르고 가장 파괴적으로 성경을 왜곡하는 일이 비유적 해석법의 성향을 가진 사람들에 의해서 발생했습니다. "하나님께서 이것을 나에게 보여주셨다"라는 말을 가지고 논쟁한다는 것이 어려울지도 모르지만 필요한 상황이라면, 우리는 그것을 따져봐야 합니다.

베드로는 "천국 열쇠"를 받았으며 자타가 공인하는 교회의 지도자로서 자리매김을 하였습니다. 그가 새로운 일(복음을 이방인에게 전하는 일)을 시도하였을 때, 심지어 그도 교회의 장로들로부터 이의를 제기 받았습니다. 그의 행동양상이 하나님께로부터 기인한 것인지에 대한 여부가 성경과 그 열매를 통해서 확증될 때까지, 그의 새로운 가르침은 다른 지도자들로부터 시험을 받았습니다.

바울도 동일한 이유로 그가 받은 계시를 예루살렘에 가지고 갔습니다. 이 두 지도자들이 이러한 도전을 받을 필요가 있었다면, 우리가 주님으로부터 새로운 말씀을 들었다고 주장하게 되기까지 얼마나 많은 도전을 우리는 서로 주고받아야 하겠습니까? 진정한 영적 권위를 가지고 생활하는 사람들은 그러한 도전에 겁을 먹지 않습니다. 바울의 경우에서처럼, 이들의 영적인 신장과 성숙도가 이러한 일을 제대로 처리할 수 있을 만큼 장성해 있는 한, 자기들에게 도전하는 사람들을 찾아내기 위해 필요하다면 이들은 먼 길도 찾아갈 것입니다. 이것이 바로 어떤 교리를 진리로 확증 받는 성서적 방법입니다.

우리는 주님의 음성을 직접 듣고 새로운 일을 받기 위하여 서로가 서로에게 은혜를 주어야 하지만, 성경에 비추어 철저한 검색이 이루어질 때까지 새로운 계시를 받아들여서는 안됩니다. 사도들이 이방인에게 전도하는 일에 대해 검토하게 되었을 때, 수많은 관련 성경 구절과 주님 자신의 몇 가지 말씀이 이들의 기억에 떠올랐습니다. 이러한 과정을 통하여, 베드로의 행동과 그의 새로운 계시에 대한 정당성은 더 깊이 입증되는 도움을 얻었습니다.

베드로는 유대교의 규례상 정결치 못한 짐승들이 담긴 보자기가 내려오는 환상과, 이것들을 "잡아 먹으라"는 말씀을, 비몽사몽간에 보고 듣게 된 일 때문에 이방인에게 나아가게 되었습니다(행 10:13). 이 일에 대해서 수많은 해석들이 가능합니다. 그러나 성령께서 이방인에게 임하시는 것을 보고, 베드로는 직접적인 확증을 얻게 되었고, 따라서 더 많은 확신 속에 이 일을 해석할 수 있게 되었습니다. 그의 해석에 더 많은 확신이 생기게 되자, 그의 다음 행동에 더 많은 확신을 심어주게 되었습니다. 공회가 성경에 비추어 이 문제를 모두 조사하게 된 것이 또 보증이 되었습니다. 그 결과로, 이방인에게도 복음이 전파되면서 이방인의 시대가 열리게 되는, 가장 큰 전략적인 변화가 교회사적으로 일어나게 되었습니다.

이러한 일련의 확인 과정이 있기 전에도, 이방인에게 나아간 베드로의 행동은 분명 올바른 것이었습니다. 이러한 일이 모두 다 이해되지 않았을 때에도, 교회는 거의 언제나 새로운 땅에 들어가서 새로운 방향으로 나아갔습니다. 이러한 행동은 '믿음으로 행한다'는 말의 의미가 어떠한 것인지를 최소한 부분적으로나마 보여주었습니다. 그러나 어떤 새로운 일이 교회 전체에 새로운 가르침으로 선포되려면, 그에 앞서 분별이 가능한 열매(즉, 이방인이 성령을 받은 사건)와 함께 성경의 확증이 있어야 됩니다.

확증용으로 쓰여지는 성경 구절들은 우리가 경험하기 전에는 애매모호하고 불분명할 때가 종종 있지만, 경험의 과정을 통하여 그 의미가 분명해지게 됩니다. 확증을 통하여 성경의 의미가 분명해지게 되면, 그 진리는 확신을 주는 교리로서 자리를 잡게 됩니다.

종교개혁 전체의 영적인 과정 가운데 빛이 증가하고 성서에 대한 깨달음이 증가되는 일이 발생했습니다. 이와 같이 빛과 깨달음이 모두 다 증가되면, 중세 암흑시대 동안 잃어버렸던 진리의 회복이 교회에 있게 됩니다. 교회사를 대충으로 훑어보아도 약 천 이백년에 달하는 기간 동안, 교회가 진리와 깨달음을 잃어버린 채 일종의 조직적 행동양식에 빠져 있었음을 알 수 있습니다.

잃어버린 진리의 회복을 꾀하는 어떤 조직적 행동양식이 약 육백년 전에 시작되었고, 그것은 현재까지 분명히 지속되고 있습니다. 교회가 회복해야 할 모든 계시를 이제 우리가 소유하고 있다고 생각한다면, 이것은 주제넘은 것일 뿐 아니라 장차 불행을 불러오는 요소가 될 것입니다. 비록 '새로운' 진리의 회복이 이루어질 때까지 그에 상응한 성경의 계시를 우리가 발견하지 못한다 해도, 그러한 '새로운 진리'는 그 어떤 것이든지 성서적으로 입증된 '옛' 진리의 회복일 뿐이라고 말하는 것이 안전합니다.

비유적인 해석법에 내재된 첫 번째 문제는 그 본질상 상당한 주관이 개입될 수 있다는 점입니다. 각 개인의 독특한 편견이나 교리, 불안심리, 거부감과 쓴뿌리 등에 따라 해석의 내용이 쉽게 희석되고 왜곡됨으로써 혼란이 생길 수 있다는 점입니다. 계시는 주님으로부터 받은 직접적인 깨달음이라고 정의되어 지는데, 이러한 계시는 다른 지도자나 성경이 요구하는 성서적인 시험을 통과할 수 있으며, 또 통과해야만 합니다. 이렇게 해야 '자유 연상법'의 영향을 받았거나 그와 유사한 경향의 실상을 깨닫고 그로부터 벗어날 수 있게 됩니다.

이 두 여자에 대한 얘기에 그렇게 중요한 의미가 담겨 있다면, 하나님의 목적을 자유 연상법은 성서상의 다른 선례들과의 분명한 연계성을 확인해 보지도 않고서, 성서의 비유에 대한 의미를 독자적으로 해석하는 것으로 그 끝을 맺습니다. 파멸을 가져왔던 다수의 이단들이 이런 과정을 통하여 생성되었습니다. 그럼에도 불구하고, 두 여자는 "두 언약이다"라고 선언함으로써 바울은 이러한 비유적 해석법을 활용하고 있음을 보여주고 있습니다. 사라와 하갈의 얘기를 읽은 독자라면 그 누구이든지 간에, 여하한 방법으로도 이 두 여자가 옛 언약과 새 언약의 대표자라는 결론을 도출해 낼 수는 없을 것입니다. 어떤 특정한 형태의 해석학이나 해석체계를 활용한다고 해서 이러한 결론을 이끌어 낼 수 있겠습니까?

조명의 가르침이 담긴 비슷한 얘기들이 성서에 들어있을 것이라고 기대하는 것이 잘못된 일입니까? 영적인 이해력과 통찰력이 아주 얄팍한 사람들만이 룻기와 에스더, 아가서, 그리고 기타 다른 책들 속에 비유로써 표현된 심오하고 강력한 가르침들을 깨닫지 못한 채 그저 책을 읽기만 할 것입니다. 히브리서의 저자는 아브라함과 이삭의 얘기로 거슬러 올라가서 이것을 '전형'이라고 당당하게 설파하고 있습니다(히 11:19). 그는 또 바깥 장막에 대해서도 이와 마찬가지로 '상징' 혹은 '전형'으로 풀이하고 있습니다. 시간이나 지면 관계상 성서에 나오는 허다한 다른 예들을 모두 다 열거할 수는 없습니다.

　신약의 사도들이나 저자들이 성서의 비유를 이해하지 못했다는 관점에서 성경을 이해하려고 하면 그것은 불가능합니다. 더군다나, 이들이 비유를 활용한 것은 교리를 세우려 함이 아니고, 단지 교리를 설명하기 위함이었습니다. 바로 이 점에서부터 비유적 해석법에 치우친 허다한 사람들이 성서의 진리에서 벗어나기 시작합니다.

　주님께서 말씀으로 우리를 가르치실 때 문자적인 방법과 비유적인 방법을 둘 다 활용하셨던 점에는 논쟁의 여지가 없습니다. 이 두 가지 방법을 올바른 시각에서 바라볼 수 있는 능력을 갖추고 있지 않다면, 우리는 성경을 올바로 이해할 수 없을 것입니다. 성경말씀의 판단과 성령의 인도하심 사이에서 균형감각을 우리가 터득하게 될 때에만 올바른 성경 이해가 가능합니다.

Chapter 25

25장

신약성경이 제 2의 율법이 될 때
When the New Testament Becomes Another Law

성경은 아주 엄청나게 경이로운 선물입니다. 성경은 아주 경이로운 선물이기 때문에, 주님과의 살아있는 관계를 대체해 버릴 정도로 우상이 되기 쉽습니다. 주님 자신을 대체하는 것이나, 혹은 우리를 모든 진리 가운데로 인도하기 위해 주님께서 보내신 성령을 대체하는 것에 성경의 의도가 있는 것은 결코 아닙니다.

아이러니컬하게도, 고린도전서 13:10의 "온전한 것이 올 때에는 부분적으로 하던 것이 폐하리라"는 구절에 대한 해석에 있어서, 극보수적인 문자주의 학파에 속한 사람들이 '자유연상법'에 의거하여 극도로 주제넘은 해석 사례 중 하나를 만들어 냈습니다. 이들은 본 구절에서 말하는 "온전한 것"이란 말이 성경을 지칭하고 있다고 주장합니다. 이러한 해석을 지지하는 성서적인 근거가 절대적으로 존재하지 않음에도 불구하고, 또 이러한 해석에 분명히 상충되는 성경 구절들이 다수 존재하고 있음에도 불구하고, 이러한 주장이 제기되고 있는 것입니다.

이제 우리에게는 성경이 있기 때문에 성령의 은사가 더 이상 필요없다는 세대주의자들의 입장을 정당화시키려고 이러한 교리가 이용되어지고 있습니다. 온전한 것이 올 때에는 부분적으로 하던 것이 폐하리라는 이 성경 구절이 말씀하는 바는, 예언의 은사를 겨냥한 말씀이 아니고, 지식의 영역을 가리키는 말씀입니다. 온전한 것이 오게 되면, 그 때에는 지식도 더 이상 필요없게 될 것이 틀림없습니다. 벌써 지식이 필요없게 되었습니까? 우리가 아주 잘못된 입장을 정당화시키려고 하다보면, 성경을 분명히 왜곡하는, 이와 같은 잘못을 우리는 훨씬 더 쉽게 저지르게 됩니다.

종교개혁 시기 중에, 교황의 말을 성경의 권위보다 더 중요시하는 로마 카톨릭 교회의 관행에 대항하여, 프로테스탄트 진영에는 "솔라 스크립투라"(Sola Scriptura="오직 성경")의 외침이 생기게 되었습니다. 최근에 극보수주의자들은 교회 내에 계시적인 예언 은사의 수용을 막기 위하여 이와 동일한 외침을 끌어들여 활용하고 있습니다. "주께서 이와 같이 말씀하셨다"는 말을 사용하는 것이, 이들에게는 성경보다 더 높은 권위를 교황에게 부여하는 것에 비견되었습니다. "주께서 이와 같이 말씀하셨다"는 귀중한 이 말씀이 남용되고 있는 증거들은 분명히 많습니다. 그러나 극보수주의자들은 이렇게 과민반응을 보이면서도 진리와 성경의 신성함을 무시하게 될까봐 껄끄러워 하고 있습니다. 과민반응은 왜곡을 낳고 거짓을 진작시키기까지 합니다.

우리가 가지고 있는 원칙을 변증하고 변호하다 보면, 여타의 기본적인 우리의 믿음을 위반하면서까지 성경의 의미를 왜곡하려 드는 커다란 위험 속에 빠지게 됩니다. 우리가 성경을 진정 겸허한 마음으로 읽게 된다면, 우리의 입장을 정당화시키기 위해서가 아니라, 우리의 견해를 교정하기 위해서 성경을 읽게 될 것입니다. 성경으로 하여금 우리가 말하고 싶은 것을 대신해서 말씀하게 할 것이 아니라, 성경으로 하여금 성경이 말씀하시는 바를 말씀하시도록 해드려야 합니다.

대부분 우리는 구약을 율법의 입장에서, 신약을 은혜의 입장에서 사고하도록 가르침 받았습니다. 그러나 이러한 사고가 반드시 옳은 것은 아닙니다. 옛 언약은 의문(儀文)이고, 새 언약은 영(靈)입니다. 우리가 신약을 옛 언약의 마음가짐으로 읽는다면, 신약도 우리에게 율법이 될 뿐입니다. 그 결과로, 우리의 종교는 죽은 종교가 되어, 의(義)의 기초를 우리 하나님과의 살아있는 관계에 두지 않고, 기록된 계명에 순응하는 것에 두게 됩니다. 그러나 우리가 구약을 새로운 언약의 마음가짐으로 읽는다면, 구약은 살아있는 진리로 우리에게 다가올 것입니다.

성경은 일종의 목적이 아니라, 일종의 수단입니다. 우리의 목표는 주님의 책을 아는 데 있는 것이 아니라, 그 책 속의 주님을 아는 데 있습니다. 그리스도의 몸 안에 있는 수많은 실수와 파당들은 성경에 무슨 오류가 있어서 생긴 것이 아닙니다. 이런 실수와 파당들은 우리가 그것을 받아들였기 때문에 있는 것입니다. 우리가 신약성경을 곡해하면서 만들어 낸 율법과 원칙 중 일부는 바리새인들이 옹호했던 율법주의를 흉내 낸 것들입니다! 그 결과로, 우리는 '아들'의 형상에 잘 부합하기 보다는, 차라리 의문(儀文)에 더 잘 부합하고 있는 우리의 모습을 발견하게 되면서, 우리의 성숙도와 영성의 현주소를 종종 짐작하게 됩니다. 진정한 영적 성숙은 오직 우리 안에 계신 예수님이 형상화될 때에만 이룩되어지는 것입니다.

예수님께서 율법을 완성하기 위해 오셨다는 것은, 율법에 명기된 행위에 국한하여 완성하신다는 뜻이 아닙니다. 사실, 예수님은 수많은 새로운 선례들을 남기셨습니다. 예수님께서는 기록된 말씀에 대해서 아주 조심스러운 자세를 취하셨습니다. 그런데 예수님께서는 무슨 권위로 일하고 계시는지에 대해 질문을 받으셨을 때, 그 당시 이스라엘에서는 완전히 새로운 선례였던 요한의 세례를 지목하셨습니다.

주님께서는 교회, 사도의 직위, 전도자, 목사 그리고 그 밖의 수많은 다른 선례들을 만들어 놓으셨습니다. 사도들에게는 여태껏 살아왔던 생활양식을 재정립할 수 있는 재량권뿐 아니라, 예배와 교회의 권위에 대한 새로운 절차들을 확립할 수 있는 재량권까지도 주어졌습니다.

성경에 합치된다는 말은 구체적으로 '명기된' 점만을 행한다는 뜻이 아닙니다. 성경의 증언에 합치되기 위해 충실을 기하는 사람들은 성경과 상충되지 않는 일들을 행할 수 있게 됩니다. 성경이 주어진 의도는 영적인 안전과 풍족한 결실을 보장하는 범위 안에서 우리를 지켜줄 수 있는 일반적인 지침서가 되는데 있습니다. 성경의 의도는 제 2의 율법이 되는데 있지 않습니다.

수많은 사람들이 개인적으로 동의하지 않거나 이해하지 못하는 일들에 대해 정죄하려고 할 때, '비성서적'이라는 판단 기준을 이용합니다. 이러한 판단 기준이 신약성경의 명백한 가르침에 위배되지 않는 행동을 거부하는데 쓰여질 경우, 새 언약의 은혜와 충돌을 일으키게 됩니다. 이러한 기준을 가지고 타인을 쉽게 정죄했던 사람들이, 동일한 그 기준에 의해 스스로를 점검하다 보면, 자신들에게도 여러가지 점에서 잘못이 있음을 발견하게 될 것입니다.

교회에 가장 널리 퍼져있는 전통 가운데는 성경에서 그 유례를 찾아볼 수 없는 것들도 몇 가지 있습니다. 이러한 예로서는, 교회 건물, 주일학교, 교회나 교단의 조직망과 같은 대다수 대중교회의 행정, 다양한 형태의 예배, 지역을 초월한 친교단체, '의료' 선교사, 선교회, 민간에 널리 알려진 수많은 형태의 영적 전투, 그리고 기타 수많은 것들이 추가될 수 있습니다! 성경에서 발견되지 않는 사례들은, 교육용 테이프, 책, 서점, 탁아소, 가정집의 모임이 아니면서 주일이 아닌 주중 어떤 날에 모이는 것 (안식일은 실제로 토요일이었음에도 불구하고), 등등 무한대로 많이 있습니다. 그러나 이런 사례들이 성경에서 발견되지 않는다 하여, 마치 하나님의 뜻을 거스르는 것처럼 '비성서적'이라고 말한다면 그것은 어불성설입니다.

물론, 성경에서 구체적으로 권위를 부여하지 않은 모든 일들은 폐기되어져야 한다고 주장하는 사람들도 일부 있습니다. 성경의 단순함으로 돌아가자는 주장에는 충분한 이유가 있습니다만, 성경에 명기되지 않은 행동이나 실천강령들에 대해 '비성서적'이라는 이유를 들이대는 것은 곤란합니다. 그러다 보면, 더 엄격한 형태의 율법주의에 빠질 뿐입니다. 우리의 행동이 성경에 기록된 내용과 상충되지 않는 한, 성경에 구체적으로 명기되지 않은 일들도 자유롭게 행할 수 있는 것입니다.

누군가에게 어떤 새로운 일에 대한 인도함이 느껴진다면, 우리는 그 일을 시작할 수 있는 자유를 그들에게 주어야 합니다. 그리고 나면, 그 열매로써 그 일을 판단할 수 있는 권리뿐 아니라 책임까지도 우리에게 주어지게 됩니다. "은혜와 진리는 예수 그리스도로 말미암아 온 것이라(요 1:17)." 은혜는 행할 수 있는 자유를 의미하고, 진리는 우리의 행위에 대한 열매가 시험을 통과하거나 통과해야 되는데서 오는 자각을 의미합니다.

교회 행정에 대한 문제를 예로 들어 보십시다. 이 문제는 주님의 교회 안에서 예수님의 주권에 관련되기 때문에 아주 중요합니다. 그러나 '신약성경 상의 교회 모델'을 선전하고 있는 사람들이 왜곡해 버린, 성서의 수많은 세부적인 내용들에 대해서, 주님께서 온전한 응답을 주고싶어 하셨다면, 주님께서는 훨씬 더 구체적인 내용을 이미 말씀을 통하여 언급하셨을 것입니다. 제가 연구한 바에 따르면, '신약성경 상의 교회 모델'은 종종 기본적인 문제에 있어서도 서로가 모두 다릅니다. 우리는 종종 성경의 입장을 확인하려 들지만, 성경이 그만큼 분명하고 구체적인 것은 아닙니다. 이러한 방식을 계속 시도하다 보면, 비록 교회의 일치와 풍성한 결실을 가져오기 위한 것이라고는 하나, 결국 분열만 가져올 뿐입니다.

교회가 교회의 모델인 것이 아니라, 예수님이 교회의 모델인 것입니다. 교회의 생존을 위해서 우리가 성장해 가야 할 목표는, 어떤 외적인 형식이나 절차에 있는 것이 아니라, 예수님께 있습니다. 외적인 형식에 너무 집착하게 되면, 교회 안에 계시는 예수님의 형상을 이루는 일로부터 우리의 주의가 분산되어질 것입니다.

교회 행정이 성서의 단순한 사례들로 복귀하게 되면, 그 결과로 교회에는 권능과 열매가 크게 나타날 것입니다만, 이러한 일이 '율법'에 의해서 실행되어질 수는 없습니다. 예수님이 높임을 받고, 우리의 모든 왕관이 예수님의 발 앞에 던져질 때에만, 유일하게 타당한 교회 행정이 실행되어 집니다. 진정한 교회 행정은 우리 가운데 예수님을 왕으로 인정하는데서 이루어지게 됩니다. 그렇게되면, 우리는 '그리스도께 헌신하는 단순함을 벗어나서,' 기만에 의한 왜곡된 형태의 교회 행정 속으로 빠져 드는 성향을 다시는 보여주지 않을 것입니다.

교회 안에 올바른 사람들이 없다면, 아무리 좋은 형태의 교회 행정이라 할지라도 여전히 나쁜 행정이 되어버릴 것입니다. 사실 잘못된 형태의 행정 때문에 올바른 사람들조차도 그 효율성에 제동이 걸릴 수는 있지만, 진정한 영적 권위의 기초는 어떤 제도 속에 있는 것이 아니라, 주님의 권위가 사람 안에서 그리고 사람을 통해서 역사되어질 때 발견되어 지는 것입니다. 올바른 사람이 진정한 영적 권위 가운데 생활하게 되면, 가장 좋은 형태의 행정을 펼치는데 필요한 지혜를 얻게 될 것입니다. 우리에게 새로운 포도주가 생길 때까지, 새로운 가죽부대는 필요하지 않습니다. 새로운 포도주는 새로운 가죽부대에게 그 스스로의 요구대로 정의를 내려줄 것입니다. 그러나 그 반대의 경우는 일어나지 않습니다.

물론, 우리는 전혀 실수하고 싶지 않지만, 만약 실수를 하게 된다면, 은혜 편에 서서 실수하는 것이 우리에게 더 좋고 더 안전합니다. 그렇지 않으면, 우리는 십자가를 무효화시켜 버리는 위험에 빠지게 됩니다. 교회사적으로 가장 중요한 회의를 끝내고 난 후에 (그 제정된 규정을 정경화된 성경 속에 포함시킨 유일한 사례임) 회의 참석자들은 다음과 같이 결론을 지었습니다:

성령과 우리는 이 요긴한 것들 외에, 아무 짐도 너희에게 지우지 아니하는 것이 가한 줄 알았노니, 우상의 제물과 피와 목매어 죽인 것과 음행을 멀리 할지니라. 이에 스스로 삼가면, 잘되리라. (사도행전 15:28-29)

초대교회 지도자들은 여기에 포함되지 않은 다른 모든 행동에도 허락해 주었습니까? 이들은 절도, 질투, 저주 등과 같은 문제들에 대해서는 언급조차 하지 않았습니다. 물론, 그렇다고 해서 이런 죄들이 정당화되는 것은 아닙니다! 신약성경의 의미가 단순히 제 2의 율법이 되는 데에 있지 않은 이유는, 성령에 순종할 수 있는 자유가 우리에게 주어져 있기 때문입니다. 우리는 율법에 따라 살도록 부르심 받지 않았습니다. 우리는 주님께 순종하며 살도록 부르심 받았으며, 주님께서 우리로 하여금 주님의 본성을 거스르는 일들을 행하도록 인도해 가시는 일은 결코 없을 것입니다.

우리는 한 때 율법('우리의 옛 남편'이라고 불리움)과 결혼했었지만, 지금은 그리스도와 약혼한 사이가 되었습니다. 재혼한 여자가 여전히 옛 남편을 기쁘게 하기위해 혈안이 되어 있다면 현재의 남편이 기뻐할 수 있겠습니까? 우리도 우리의 '옛 남편'인 율법의 반응에 대해 계속해서 신경 쓴다면, 그리스도를 기쁘게 해드릴 수 없을 것입니다.

신약성경에 언급된 구체적 지침들은, 우리로 하여금 성령의 인도하심에 의존하게 하면서, 문제에서 충분히 벗어날 수 있게 해주는데 그 의미를 두고 있습니다. 성경의 의도는 우리로 하여금 주님께 가까이 머물게 하면서 주님의 목소리를 듣고 주님을 의지해야 하는 일을 촉진시켜 주는 데 있습니다. 이런 점 때문에 일부 사람들의 경우 이런 자유를 남용할 수 있는 여지가 많이 생기지 않겠습니까? 예, 그럴 수 있는 의도가 충분히 있습니다. 우리에게 불순종할 수 있는 자유가 없다면, 마음으로 순종할 수 있는 자유도 없는 것입니다.

성령께서는 성경 뿐 아니라 성경을 제외한 모든 것 안에 계신 예수님께로 우리를 인도하시기 위해 보내심을 받았습니다. 성령 없이 성경을 읽다보면 선악에 대한 지식을 얻을 뿐입니다. 선악에 대한 이러한 지식은 에덴동산의 경우에서처럼 오늘 날에도 여전히 사망으로 끝을 맺게 됩니다. 사람이 어느 정도는 자기 행동의 외양을 변화시킬 수 있지만, 오직 하나님만이 마음을 변화시키실 수 있습니다. 우리가 선악에 대한 지식으로 판단을 행하게 되면, 외형 내지 형식을 따라 판단하게 될 것은 필연적입니다. 주님께서는 사람의 마음을 바라보시면서, 자신의 아들의 마음을 지닌 자를 찾고 계십니다. 성령에 의해 살아가는 사람들은 형식에 그다지 신경 쓰지 않으며, 성령에 의한 분별을 추구합니다.

우리가 의문(儀文)에 순응하는 일에 우리의 모든 것을 바칠 수 있겠지만, 우리가 여전히 잘못된 영을 지니고 있다면 거기에 무슨 유익이 있겠습니까? '성서적인' 것에 대해서는 무지하더라도, 올바른 영을 지니는 것이 우리에게는 더 나을 것입니다. 사람들이 매사에 성서적인 기준과의 합치를 추구한다고 해서, 반드시 잘못된 영(靈)을 소유하고 있는 것은 아니지만, 이들이 예수님처럼 되려고 노력하기 보다는, 성서적인 기준을 율법적으로 순응하려고 하면, 그 영(靈)이 잘못될 수도 있습니다.

성경 또한 말씀이기 때문에 말씀이신 예수님을 사랑하는 사람들이라면 역시 성경을 사랑할 것입니다. 성경은 당연히 존중되어져야 합니다. 그렇지 않으면, 우리는 결국 하나님의 정도에서 벗어나 표류하게 될 것이며, 우리 영혼의 원수가 유혹거리를 가지고 왔을 때, 의지할 바 없이 흔들리게 될 것입니다. 그러나 말씀이신 주님과 우리와의 개인적인 관계가 성경으로 대체되어서는 결코 안됩니다. 성경이 주님을 대체하는 것이 아니라, 주님께 우리를 인도해야 합니다.

성경이 올바르게 활용된다면, 주님으로부터 우리의 깊은 내면에 이르는 직접적인 교통수단이라는 자체적인 목적에 맞는 역할을 담당하게 됩니다. 말씀은 생수입니다. 말씀은 계속 새로워지는 포도주입니다. 말씀이 우리에게 새롭지도 신선하지도 않게 될 때, 우리가 먼저 점검해야 할 부분은 우리가 활용하고 있는 해석내용이나 방법에 있는 것이 아니라, 주님과의 관계에 있습니다. 우리가 주님께 점점 가까이 나아갈수록, 성경이 단순한 율법서나 역사서로써가 아니라, 우리를 위하여 기록된 하나님 자신의 사랑의 이야기로서 다가오게 됩니다.

우리는 통째로 먹어야 합니다
We Must Eat the Whole Thing

이스라엘이 애굽으로부터 해방을 경험한 날인 유월절을 지키도록 맨 처음 명령을 받았을 때, 어린 양을 남기지 말고 통째로 먹으라는 명령을 받게 됩니다. 우리가 그리스도께 참예하려면, 이와 같이 우리는 그리스도의 모든 것을 가지고 있어야 됩니다. 앞에서 말씀드린대로, 성서해석의 근본적인 원칙을 시편 119:160의 "주의 말씀의 강령은 진리오니"라는 말씀에서 찾아볼 수 있습니다. 성서의 어떠한 진리도 여타의 성경 구절로부터 고립되어 홀로 서있을 수는 없습니다. 낱낱의 구절들은 성경의 여타 증언들과 서로 잘 맞아떨어져야 합니다.

바로 이러한 이유 때문에 바울이 우리에게 "하나님의 인자(仁慈)와 엄위(嚴威)를 보라"고 권면한 것입니다 (롬 11:22). 역사적으로 볼 때, 사람들은 하나님의 인자와 엄위 중의 한 가지 면만을 보면서, 이 편 혹은 저 편만을 택하는 극단에 치우쳐 왔습니다. 이 두 가지 면을 함께 보지 않으면, 우리는 하나님의 본질을 제대로 이해하지 못할 것입니다. 하나님의 인자만을 보는 사람들은 종종 거짓된 은혜를 진작시킵니다. 이러다 보면, 이들의 성화되지 않은 자비(=하나님이 인정치 않으시는 일에 자비를 베풀어 주는 것)때문에, 주님께서 이들에게 엄위를 표출하시게 될 때가 종종 있습니다.

하나님의 엄위만을 보는 사람들은 보통 외형의 정결을 꾀하는 경건의 형태를 연출해내긴 하지만, 사람들의 마음을 변화시키기에는 너무 완고하고 무기력합니다. 하나님은 사랑이시지만, 하나님의 사랑은 사람들의 감상적인 사랑과는 아주 다를 때가 종종 있습니다. 하나님의 엄위에 비추어 바라보지 않고는 하나님의 사랑을 다 이해할 수 없습니다. 마찬가지로, 하나님의 인자를 떠나서는 하나님의 엄위도 다 이해할 수 없습니다.

아모스 3:7에서 주님은, "주 여호와께서는 자기의 비밀을 그 종 선지자들에게 보이지 아니하시고는 결코 행하심이 없으시리라"고 말씀하십니다. 본 구절에서 '선지자들'이란 단어가 복수형임을 유의하십시오. 진리의 모든 것이 어떤 한 개인이나, 기관, 혹은 운동을 통해서 드러날 것이라고 기대해서는 안됩니다. 어떤 한 개인이나 기관에 자신을 국한시키는 사람들은 결국 단편적인 진리에 자신을 제한하게 됩니다.

우리로 하여금 "온전함을 이루어 하나가 되게" 해달라고 주 예수님께서는 절박하게 기도하셨습니다(요 17:23). 모든 교회가 함께 연합하게 될 때까지, 우리는 모든 진리를 다 소유할 수는 없을 것입니다. 한 사람의 '선지자'나 지도자만의 음성을 듣는 사람들은 위험합니다. 이들은 이미 어떤 종파나 이단의 일원이 되어 있거나, 아니면 현재 이러한 종파나 이단으로 탈바꿈하는 중에 있는 단체의 일원일 수도 있습니다. 성경을 균형있게 보지 않고, 단지 한 가지 진리나 교리만을 극단으로 강조하는 사람들의 정황도 이와 똑 같습니다.

성경의 여타 증언과의 상관관계를 고려하지 않고 낱낱의 성경 구절만을 가지고 교리를 세우다 보면, 교회는 거짓된 파멸의 가르침을 계속 양산해 내는 주된 온상이 되고 말 것입니다. 성경에는 서로 모순되는 것처럼 보이는 역설적인 일들이 들어 있습니다. 이러한 역설들은 하나님의 안배에 따라 그렇게 자리잡고 있으면서, 극단의 입장에 흐르지 않도록 균형을 잡아주는 역할을 하고 있습니다. 진리는 이러한 역설 사이의 균형잡힌 긴장 가운데서 보통 발견되어 집니다.

하나님이 일부분만을 계시해 주신 일을 가지고, 사람들이 어떤 논리적인 결론에 도달하려고 하다가, 그 결과로 대부분의 이단이 생기게 되었다고 폴 케인이 말한 적이 있습니다. 대부분의 이단이 생기게 된 수많은 사례들을 보면, 이 점이 진리인 것이 여실히 증명되고 있습니다. 주님께서는 부분적으로 한 가지만 유익해도, 이에 알맞는 몇 가지 것들을 계시해 주셨습니다. 주님의 목적을 이루어 드리고, 주님의 구원 안에서 생활하려면, 지금 당장은 주님께서 계시해 주신 부분적인 진리들이 우리에게 필요할 뿐입니다. 영적으로 불가사의한 일이 있을 때 우리는 계속해서 주님과 주님의 은혜를 의지하게 됩니다. 우리가 진정으로 영적인 권위 가운데 생활하려면, 이렇게 주님을 의지하는 것이 필수적인 일입니다. 아담과 하와가 초유의 '타락'으로 그 끝을 맺게 된 것은 바로, 하나님께서 의도적으로 감추어 두신 것을 알고 싶어하는 마음을 가졌기 때문이었습니다. 그 때 이후로, 이와 똑 같은 유혹에 빠져 타락으로 그 끝을 맺게 되는 일이 수없이 더 많아지게 되었습니다.

솔로몬은, "일을 숨기는 것은 하나님의 영화요, 일을 살피는 것은 왕의 영화니라"고 말했습니다(잠 25:2). 주님은 하나님의 도를 알고 싶어하는 열정을 가지고, 탐구와 연구에 매진하는 심령을 원하십니다. 그러나 하나님의 도를 알기위해 나아오는 사람들은, 하나님의 말씀이 완전무결한 것에 대하여 최상의 존경심을 가지고 있어야 합니다. 주님께서 직접 계시하신 것에 다른 어떤 것을 덧붙이고 싶은 우리의 성향을 버려야 합니다.

지식을 사랑하고 지식을 탐구하는 것은 올바른 일이지만, 지식은 목적 자체가 아니라, 목적에 이르는 일종의 수단임을 우리는 늘 깨달아야 합니다. 주님 자신을 아는 것이 우리의 목적이 되어야 합니다. 하나님에 대한 지식들이 아무리 참되고 시의적절 할지라도, 이것들을 아는 것만이 우리의 목표가 될 수는 없습니다. 하나님과의 관계를 더욱 친밀하게 유지하지 않고 지식만을 추구하다 보면, 우리는 '우쭐해지게 되어' 즉, 우리는 교만하게 되어, "하나님이 물리치시는 교만한 자"로 전락하게 됩니다(약 4:6).

주님에 대한 참된 지식을 가지고 있는 사람들은 점점 더 겸손하게 될 것입니다. 우리가 주님과 주님의 도에 대해 더 많이 알면 알수록, 우리 자신의 눈에 비친 주님은 그만큼 더 크게 보이게 되고, 우리는 그만큼 더 작게 보이게 됩니다. 욥은 아주 의로운 사람이었기 때문에 그의 이야기를 접해본 사람들이라면 누구나 다 그의 고결한 인격 때문에 아마 죄의식을 느꼈을 것입니다. 욥이 자신의 세 재판관에게 한 말 속에는, 과학을 통해서 극히 최근에야 밝혀진 우주에 대한 깨달음들이 계시되어 있습니다. 그러나 주님께서 욥에게 나타나시자 욥은 부끄러움에 처하게 되었습니다. 욥은 즉각적으로 자신의 주제넘음과 부족한 지식을 깨닫고 다음과 같이 선포하였습니다:

무지한 말로 이치를 가리우는 자가 누구이이까? 내가 스스로 깨달을 수 없는 일을 말하였고, 스스로 알 수 없고 헤아리기 어려운 일을 말하였나이다. 내가 말하겠사오니, 주여 들으시고, 내가 주께 묻겠사오니 주여 내게 알게 하옵소서. 내가 주께 대하여 귀로 듣기만 하였삽더니, 이제는 눈으로 주를 뵈옵나이다. 그러므로, 내가 스스로 한하고 티끌과 재 가운데서 회개하나이다 (욥 42:3-6).

그 두려운 날에 우리가 주님 앞에 서게 될 때, 우리들 중에서 얼마나 많은 사람들이 욥이 느꼈던 것과 같은 주제넘음과 미완성의 느낌을 갖게 될까요? 얼마나 많은 자신만만했던 주장들이 주님의 불꽃같은 눈 아래서 불에 사그라지고 타버리게 될까요? 우리의 유일한 희망은 아마 주님을 찾는 일을 멈추고 주님을 바라보기 시작하는 일일 것입니다. 주님을 찾기 위하여 성경을 뒤지는 것도 좋은 일입니다만, 주님과 더불어 성경을 뒤지는 것도 또한 중요합니다. 우리가 주님에 관하여 말씀을 선포하는 것은 좋습니다만, 우리가 주님의 임재 안에서 말씀을 선포하고 있다는 확실한 인식을 가지고 말씀을 선포할 때에만 우리는 안전할 것입니다.

연주회에서 기립 박수를 받았던 어떤 피아니스트에 대한 이야기를 예전에 들은 적이 있습니다. 청중들이 엄청나게 경탄하는 광경에 놀란 나머지, 반주를 담당했던 다른 연주자가 그 피아니스트에게, "이렇게 좋은 반응을 얻다니 아주 보람있군요"라고 말했다고 합니다. 그 피아니스트는 "예, 그래요. 그런데, 당신은 저기 발코니 가장자리에 서있는 남자분이 눈에 보이세요? 그이가 바로 단장이에요. 그이가 고개만 조금 끄덕거렸다는 사실이, 내게는 이 엄청난 기립 박수보다 훨씬 더 큰 의미를 지니고 있지요!"라고 대답했다는 것입니다. 그 피아니스트는 청중보다 그 단장을 더 신경 쓰며 연주를 하였던 것입니다. 우리도 생명으로 인도하는 진리의 도상에 머물려면, 이 피아니스트와 똑같이 행동해야 합니다.

모라비안 선교사 한 사람이 "기독교의 기본적인 진리 가운데는 그 중요성 때문에 사람들 간에 합의가 이루어져야 되는 것들이 몇 가지 있다. 이런 것들을 제외한 여타의 모든 교리들에는 자유로운 재량이 있어야 한다. 그리고 이 모든 일들에 있어서 사랑이 있어야 된다"고 예전에 말한 적이 있습니다. 믿음의 핵심이 되는 교리들에 있어서는 단호한 입장을 취하면서도, 그것들을 고수하는 모든 사람들을 '친구로 맞아들일 수' 있도록 우리는 각오를 다져야 합니다.

핵심적이지 않은 교리들에 대해서는 다양한 견해를 가질 수 있는 자유를 그리스도인들에게 보장해 줄 수 있어야 합니다. 우리가 이러한 자유를 인정하고 지켜주지 않는다면, 우리 중 어느 누구도 마음속에 진리에 대한 온전한 지식을 얻기가 어렵게 될 것입니다.

"이 모든 일에 있어서, 사랑이 있어야 됩니다." 우리 하나님께는 그 어떤 것도 불가능하지 않습니다. 하늘을 펴신 하나님께는, 각 사람으로 하여금 교리마다 똑같이 믿게 만드는 것이 작은 일일 것입니다. 그러나 우리가 모든 교리를 아주 똑 같이 믿는 것보다, 우리가 서로를 사랑하는 것이 더 중요하기 때문에, 하나님은 교리마다 똑같이 만드시지 않으셨습니다. "경계의 목적은 청결한 마음과 선한 양심과 거짓이 없는 믿음으로 나는 사랑이니라(딤전 1:5)."

Chapter 26

26장

우리는 여기에서 어디로 가고 있는가?
Where Do We Go from Here?

    그리스도인의 삶에는 우리의 죄를 용서받는 것, 다시 말하면, 우리의 죄성으로부터 구원을 얻는 것(출애굽으로 상징됨) 이상의 훨씬 더 큰 의미가 들어 있습니다. 이런 것들은 장기간의 영광된 여정으로 들어가는 시작 단계에 불과할 뿐입니다. 광야란 우리의 소명과 목적(우리의 약속의 땅) 안으로 들어갈 수 있도록 우리를 준비시켜 주는 장소입니다. 우리가 받은 부르심의 목적을 성취하려면, 우리는 지금 영적인 여정 중에 있으며 완수해야 할 목적을 가지고 있다는 점을 이해하는 것이 아주 중요합니다.

    다음과 같은 바울의 말을 다시 반복하여 보십시다. "저희에게 당한 이런 일이 거울이 되고 또한 말세를 만난 우리의 경계로 기록하였느니라(고전 10:11)." 우리는 지금까지 구약성경을 통하여 꾸준하게 수집된 수많은 영적인 교훈들 중에서 단지 몇 가지만을 살펴보았습니다. 이 외에도 연구하고 파악해야 될 영적인 교훈들은 훨씬 더 많이 있습니다. 이러한 교훈들 중 일부는 본 시리즈의 후편들에서 다루어질 것입니다.

구약은 실제로 믿음과 은혜로 이루어진 신약시대의 기초가 되기 때문에 구약을 이해하는 것이 우리에게는 중요합니다. 그런데 주후 1세기의 교회가 가지고 있었던 유일한 성경책이 구약성경이었음을 우리는 종종 간과해 버립니다. 신약성경에 언급된 '성경'이라는 단어는, 그 모두가 소위 구약성경을 지칭하는 말입니다. 초대교회가 그리스도에 대한 교리를 세우고, 그리스도를 해석하는 기초로 삼은 것이 바로 구약성경이었습니다.

그렇다고 해서, 신약성경의 중요성이 경시되어서는 안됩니다. 기본적으로 신약성경은 처음 믿기 시작한 그리스도인들을 교훈하고 교정하는 내용과 함께 구약성경에 대한 아주 간단한 주석이 가미된 형태로 구성되어 있습니다. 신약성경의 모든 교리들은 구약성경을 참조하여 정립되어 있습니다. 주 예수님을 약속된 메시야로서 분명하게 확인해 주고, 인류를 향한 하나님의 계획에 있어서 예수님의 위상을 올바로 설정해 준 것도 바로 구약성경이었습니다. 다음의 성경말씀에서 볼 수 있듯이, 사도들은 하나님의 왕국에 대해 자기들이 받은 계시가 올바르다는 것을 증명하고, 예수님이 약속된 메시야라는 점을 증명하기 위해서 율법서와 선지서를 활용했습니다.

나의 복음과 예수 그리스도를 전파함은, 영세 전부터 감취었다가 이제는 나타내신바 되었으며, 영원하신 하나님의 명을 좇아 선지자들의 글로 말미암아, 모든 민족으로 믿어 순종케 하시려고 알게하신바 그 비밀의 계시를 좇아 된 것이니, 이 복음으로 너희를 능히 견고케 하실 하나님께 (롬 16:25-26).

저희가 일자를 정하고 그의 우거하는 집에 많이 오니, 바울이 아침부터 저녁까지 강론하여 하나님 나라를 증거하고 모세의 율법과 선지자의 말을 가지고 예수의 일로 권하더라(행 28:23).

　주 예수님의 직위와 사역을 묘사하기 위해 신약성경이 활용하고 있는 용어는 율법서와 예언서에 있는 용어를 따온 것입니다. 구약의 모형을 따라서 예수님은 이스라엘 백성과 주님 사이의 중재자였던 대제사장으로 불리우셨습니다. 율법서에 제시된 모형에 따라, 예수님은 율법서에서 백성들의 죄를 대속해 주는 어린 희생양이신, 하나님의 어린 양으로 불리우셨습니다.
　율법에 우리의 생각이 미치다 보면, 우리는 보통 모든 계명을 부담스럽게 여기게 되는데, 이러한 영역은 율법서 본연의 목적 가운데 적은 일부분인 것입니다. 율법서의 주목적은 '우리를 그리스도께 인도하는 학교선생'이 되는데 있습니다. 율법서는 사실상 신약의 교회를 위한 예언적인 청사진을 담고 있습니다. 주후 1세기의 교회는 '대제사장'이나 '하나님의 어린 양'과 같은 모든 용어들에 대한 적절한 실례들을 가지고 있었기 때문에 이것들의 의미를 쉽게 이해할 수 있었습니다. 우리로 하여금 이러한 의미를 조사할 수 있도록 우리가 지니고 있는 성경의 한 부분으로서 구약성경이 여전히 우리에게 주어져 있습니다. 구약을 이해하는 것이 1세기의 교회에 중요했던 것처럼, 오늘날의 우리에게도 똑같이 중요합니다.

주님께서 엠마오로 가는 도상의 두 남자를 꾸짖어 말씀하신 것을 보면, "미련하고 선지자들의 말한 모든 것을 마음에 더디 믿는 자들이여! . . . . 이에 모세와 및 모든 선지자의 글로 시작하여 모든 성경에 쓴바 자기에 관한 것을 자세히 설명하시니라"고 되어 있습니다(눅 24:25, 27). 그러나 이에 앞서서 주님은 "모세를 믿었더면 또 나를 믿었으리니 이는 그가 내게 대하여 기록하였음이라. 그러나 그의 글도 믿지 아니하거든 어찌 내 말을 믿겠느냐?"고 말씀하셨습니다(요 5:46-47).

모세에게 주어진 율법과 그 율법 위에 해설을 가미한 선지자들은, 우리를 향한 하나님의 계획과, 주 예수님의 직위와, 주 예수님과 우리의 관련성에 대해서 아주 확실한 그림을 보여 주었습니다. 예수님이 행하신 모든 역사와 신약성경에서 확립된 모든 교리들은 구약성경에 그 기초를 두고 있습니다.

우리가 구약성경을 신약성경의 기초라고 하는 것은, 율법을 지키는 일이 기독교의 기초라는 뜻으로 말하는 것이 분명히 아닙니다. 예수님은, "모든 선지자와 및 율법의 예언한 것이 요한까지니"라고 말씀하셨습니다(마 11:13). 율법서는 일종의 예언이었습니다! 율법서는 수 천년 전의 시간대에 경이적인 정확도를 가지고 교회시대 전체를 위해 주어진 일종의 예언적인 개론이었습니다. "천지가 없어지기 전에는 율법의 일점일획이라도 반드시 없어지지 아니하고 다 이루리라"고 주님이 말씀하신 의미가 바로 이런 것입니다(마 5:18). 율법서의 가장 미세한 부분조차도 지난 이천년 동안 정확하게 성취되어 온 예언이었음이 분명함에도 불구하고, 대부분의 교회는 이 점을 완전히 등한시 해왔습니다! 대부분의 교회는 율법서가 일종의 예언이라는 이렇게 단순한 진리 하나를 제대로 파악하지 못함으로써, 역사의 장이 펼쳐질 때마다 벌어지는 일들을 이해하지 못했습니다.

율법서를 보다보면, 얼마나 다양한 양상들이 성취되었고, 따라서 이제는 그것들이 사라지고 없는지에 대해 우리는 역사적으로 확인할 수 있습니다. 예수님이 갈보리에서 자신을 희생제물로 드림으로써 율법서의 제사법을 성취하였기 때문에, 그 직후부터 제사의 의식은 더 이상 드려지지 않았습니다. 이와 마찬가지로, '손으로 짓지 아니한 성전인' 교회가 들어서게 된 이후에는, 물리적 형태의 성전은 소멸되거나 '사라지게' 되었습니다.

일반적으로 교회가 율법서의 예언적인 성향을 이해하지 못했기 때문에, 성경 가운데 예언적인 책들에 대해서, 특히 다니엘서나 계시록과 같이 상징으로 가득찬 책들에 대해서는 올바른 이해가 불가능하였습니다. 다니엘은 자기 자신의 예언에 대해서, "다니엘아, 마지막 때까지 이 말을 간수하고 이 글을 봉함하라"는 말씀을 듣게 됩니다(단 12:4).

사실 우리가 마지막 때에 이르고 있다는 가장 확실한 증거 중 하나는, 우리가 이해할 수 있도록 이러한 책들이 지금 열려지고 있다는 사실입니다. 자유연상법이나 혼란에 빠지지 않고서 이러한 책들을 이해할 수 있는 열쇠는, 율법서가 일종의 예언이 되어가는 과정을 파악하는데 있습니다. 예언서에 있는 모든 예언적인 상징들은 율법서에 있는 모형들이나 그림자들 속에 내재되어 있습니다.

우리가 율법서에 분명히 예언된 일들의 역사들을 살펴보기 시작하면, 하나님의 계획은 교회의 마지막 때 사역에 그 초점을 집중하고 있음을 알 수 있습니다. 이러한 사실은 마지막 때를 맞이하여 하나님의 계획을 성취해 드리고자 하는 우리의 목적의식에 믿음과 확신을 더하여 줍니다. 예수님께서는 모세로부터 모든 선지자에 이르는 이 모든 성경책에서 예수님 자신을 보셨습니다. 예수님은 자신이 누구신지 알고 계셨으며, 기록된 내용을 따라 자신의 계획과 목적을 깨닫고 계셨기 때문에, 예수님이 "기록되었으되"라고 말씀하실 때면 권위가 동반되었습니다. 주님이 성경 안에 우리의 목적을 어떻게 개략적으로 잡아놓으셨는지에 대해 우리가 분명히 깨닫기 시작하게 되면, 우리도 더 큰 믿음과 담대함, 그리고 권위 가운데로 진입하게 될 것입니다. 우리의 기초가 깊으면 깊을수록, 그만큼 더 많은 것을 그 위에 세울 수 있을 것입니다.

하나님이 늘 말씀하시는 것 중에서 가장 위대한 성경말씀이 서가에서 먼지를 뒤집어쓰고 있음에도 불구하고, 오늘날 수많은 사람들은 하나님께 말씀을 받기위해 동분서주합니다. 천사들은 우리의 이런 모습을 보면서 이것이 사람이 겪는 비극 중에서 가장 큰 비극이라고 생각할 것이 틀림없습니다. 본서의 마지막 몇 개 장에는, 성경 속에 있는 무상의 가치를 지닌 보물을 찾아내지 못하도록 보통사람들을 방해할 목적으로 구축되어진 주요한 장애물 중 몇 가지를 제거하기 위한 시도가 들어 있습니다. 어떤 물건의 가치를 높여주는 것은, 그것이 희귀한 것인지, 아니면 구하기 어려운 것인지에 따라 달려 있습니다. 지식은 싸구려가 될 수도 있습니다만, 하나님의 도를 아는 지식은 무상의 가치를 지닌 보물로서 주의 깊고 근면한 연구를 통하여 얻어집니다.

역사적으로 볼 때 모든 영적인 대각성이나 대부흥, 혹은 대개혁은, 사람들이 성경의 진리를 각성하게 될 때 일어났습니다. 그러나 전시대를 통틀어 가장 위대한 하나님의 역사는 과거의 사건이 아니고, 미래의 사건이 될 것입니다. 여타의 모든 경우에서처럼, 바로 성경이 열려질 때, 하나님의 가장 위대한 역사는 점화될 것이며, 바로 성경에 대한 사랑을 바탕으로 그것은 끊이지 않고 영원히 계속될 것입니다.

가장 위대한 영적인 진보가 있었던 시대에는, 이에 상응하여 하나님의 말씀에 대한 갈급함이 팽배했던 것을 모든 신자들은 아마 기억할 것입니다. 우리를 그렇게 진보할 수 있도록 몰아가는 근본적인 열정은 하나님의 말씀이신 예수님께 더 가까이 나아가고 싶은 열망에서 나옵니다. 예수님은 하나님의 말씀이시기 때문에, 우리가 예수님을 더 많이 사랑하면 할수록, 그만큼 더 많이 우리는 하나님의 말씀을 사랑하게 될 것입니다.

교회가 용기를 얻게되면, 온땅 도처에 영적인 씨앗을 퍼뜨리게 됩니다. 주님의 임재처럼 교회에 용기를 더해주는 것은 달리 없습니다. 주님의 임재를 누리기 위해서 우리가 취할 수 있는 유일한 일은 주님을 구하는 것입니다. 우리가 주님께 가까이 나아가면, 주님은 우리에게 가까이 오시겠다고 약속하셨습니다(야고보 4:8). 오래 지속되는 진정한 부흥의 열쇠는 그 첫사랑을 유지하는 교회에 달려 있습니다.

어떤 사람이 사랑에 빠지게 되면, 그(녀)가 하고 싶은 유일한 일은 그(녀)가 사랑하는 사람에 대해서 이야기하는 것입니다. 그런 열정적인 사랑을 가져본 경험이 있는 자라면 누구든지, 이생에서 경험할 수 있는 일 중에서 이와 비견될 수 있는 것은 달리 아무것도 없음을 알게 될 것입니다. 이것을 이름하여 '첫사랑', 즉 사랑이 최우선인 길이라고 부릅니다. 그러한 열정을 계속해서 유지하는 비결을 깨달은 사람들이 거의 없긴 하지만, 깨달은 사람들의 경우, 이들의 결혼과 삶은 최고의 충족감을 얻게 됩니다.

모든 그리스도인들은 회심 직후에 이런 '첫사랑'을 경험하게 됩니다. 여느 사람들과 달리 이런 감정을 더 오랫동안 간직하는 사람들도 더러 있습니다만, 사람들의 결혼생활이 그렇듯이, 대부분은 시간이 지나면서 첫사랑을 잃어갑니다. 첫사랑을 잃어버리는 사람들의 대부분은, 소위 배운 대로 영적 생활에 속한 모든 영적 활동들을 하다 보면, 예수님으로부터 정신이 분산되기 때문에 그렇게 되는 것입니다. 머지않아 성전의 주님을 예배하는 대신에, 주님(교회)의 성전을 예배하기 시작하는 것입니다.

신부가 가정을 지키는 것은 신랑을 위함인데, 그 신랑보다 가정사에 더 많은 신경을 쓰는 신부처럼 되기 쉬운 위험성이 우리에게는 있습니다. 이 신부에게 자기 신랑과의 첫사랑으로 돌아가고 싶은 마음이 있다면, 그 신부는 가정을 우선적으로 돌봄으로써 원하는 것 이상의 훨씬 더 좋은 가정을 만들려고 노력할 것입니다. 사랑은 변화되고 성숙되기 마련이지만, 우리 결혼생활의 질은 우리 '첫사랑'의 열정이 그 안에 얼마나 많이 유지되고 있는가에 의해 측정될 수 있습니다.

하나님의 은혜란 하나님의 교회에 이런 첫사랑을 회복시켜 주는 것을 그 목적으로 합니다. 하나님은 이 땅에 여태껏 없었던 가장 강력한 전염성을 가진 일, 즉 자신의 아들을 향하여 하나님께서 갖고 계신 그 사랑을 이 세상 가운데 바야흐로 펼치시려고 하십니다. 주님께 더 가까이 나아가는 사람보다 더 강력한 전염성을 가진 것은 이 세상에 없습니다. 하나님의 사랑보다 더 퍼지기 쉬운 것은 피조세계에 달리 없습니다. 하나님의 사랑에 감염된 사람과 접촉하는 자는 누구든지 마찬가지로 그것에 감염되게 됩니다! 하나님의 사랑에 감염된 사람들에게는 치료약이 없습니다! 이러한 열정을 간직한 사람은 주님께 더 가까이 나아가지 않고는 살아갈 수 없습니다.

신부가 "와주세요"라고 말하기 전에는 주님께서 돌아오시지 않을 것입니다. 대부분의 교회가 실제로는 주님이 돌아오시는 것을 아직은 원하지 않습니다. 그렇게 되면 자기들의 계획에 너무나 많은 차질이 생길 것이기 때문입니다! 주님의 얼굴을 맞대면하고 싶어 못견뎌할 만큼, 바야흐로 우리는 다시 주님과의 사랑에 빠져들려하고 있습니다. 우리가 주님께 예배드리는 시간이 아니라면, 우리는 주님께 기도를 드릴 것입니다. 우리가 주님께 기도드리는 시간이 아니라면, 우리는 주님에 대한 말씀을 그저 읽고 싶어서라도 성경을 상고하게 될 것입니다. 우리가 주님에 대해 말하는 것을 멈출 수 없기 때문에, 주님을 증거하는 것이 이제는 늘상 있는 자연스러운 일이 될 것입니다.

종교가 주는 압박감, 과장된 보도, 그리고 영적인 세계의 정치학 등과 같은 껍데기들이, 하나님의 아들을 향한 이러한 사랑 때문에 사라지게 될 것입니다. 먼저는 자기 스스로 주님과 가장 친밀한 관계를 유지하면서, 다른 사람들도 주님과 친밀한 관계를 유지할 수 있도록 도와주는 사람들이, 말세를 당한 교회의 지도자가 될 것입니다. 이러한 점들이, 가장 단순한 용어로, 진정한 영적 지도자들이 갖춰야 할 자격요건들입니다.

이 말은 성서의 학문성을 부정하는 말이 아니라, 진리 자체를 사랑하는 참된 학문성으로서 그 터가 세워져간다는 것을 뜻하는 말입니다. 우리가 주님을 더 잘 알고, 주님을 더 완벽하게 섬기기 위하여, 이러한 사랑의 발로에서 더 열심으로 더 깊이 탐구해 간다면, 우리는 결코 마르지 않는 생명수의 샘물을 발견하게 될 것입니다.

우리는 여정 중에 있지만, 광야에서 목적도 없이 계속 맴돌기만 해서는 안됩니다. 우리는 광야를 가로질러 약속의 땅에 이르러야 하기 때문에, 더 이상 머물지 않아도 되는 광야에서 머물고 싶어하는 욕망을 버려야 합니다! 우리는 우리의 목적에 맞도록 꾸준히 우리의 비전과 행로를 유지해 나가야 합니다. 본 시리즈는 네 권의 책이 나올 때까지 그 여정이 계속될 것입니다. 제3권에서는 먼저 광야를 경험해야 하는 제일 중요한 이유, 즉 주님을 위한 처소를 짓는 일에 대해서 우리는 시간을 내어 살펴볼 것입니다.

주님이 주님의 백성들 가운데 거하실 수 있도록 이스라엘 백성들이 성막을 건축했던 곳이 바로 광야였습니다. 성경 상의 예언적 진리 중에서 가장 강력하고 중요한 것들 중의 몇가지가, 주님께서 자신의 처소를 예비하시기 위해 지시하셨던 말씀 가운데 밝히 드러나 있습니다. 약속의 땅에 이르는 것이 중요하긴 합니다만, 주님께서 우리 가운데 거하실 수 있도록, 우리는 먼저 시간을 내어 주님의 처소를 잘 지어야 합니다. 주님의 임재 가운데 거하는 것이야말로 우리의 약속을 쟁취하는 것보다 훨씬 더 중요합니다. 주님이 계시지 않는다면, 아무리 영광스러운 최고의 약속의 땅이라고 할지라도 끔찍한 장소로 바뀌게 될 것입니다.

여정의 시작

지은이 릭 조이너
옮긴이 김영민

초판발행 2007년 2월 25일
2쇄발행 2011년 5월 30일

펴낸이   대표 허철
펴낸곳   도서출판 순전한 나드
등록번호 제2010-000128
주 소   서울 강남구 역삼동 774-31 2층
도서문의 02) 574-6702 / 010-6214-9129
         FAX 02)574-9704
홈페이지 www.purenard.co.kr
인쇄처   예원프린팅

ISBN 978-89-91455-68-9 03230